汽车营销实务

主　审　齐方伟
主　编　曾金凤　徐　磊
副主编　杨秀丽　李佳音
史雪飞　尹　乾　贾敬伟

北京理工大学出版社
BEIJING INSTITUTE OF TECHNOLOGY PRESS

内容简介

本书以任务导向式教学为基础，重视学习者实际技能的培养，全书分为11个研究项目，同时以汽车4S店的经营模式为依据，把汽车营销理论与汽车营销实际工作结合起来，并利用了大量真实典型的案例进行说明。

本书分析了汽车营销岗位的任职资格和岗位职责，详细的阐述了汽车销售的十大流程：潜在客户开发、接待准备、客户接待、需求分析、产品介绍、试乘试驾、售前跟踪、议价成交、交车流程和售后跟踪。其中在产品介绍流程中重点介绍了汽车六方位绕车介绍法和FAB法则。同时将客户接待技巧、需求分析技巧、异议处理技巧、促进交易技巧等每一流程涉及的汽车营销技巧贯穿于每一流程中。

本书可作为高等院校汽车类专业汽车营销课程的教材供师生使用，也适合汽车销售行业从业人员作为参考资料或供汽车爱好者阅读等。

图书在版编目（CIP）数据

汽车营销实务/曾金凤，徐磊主编．—北京：北京理工大学出版社，2014.8

ISBN 978-7-5640-9588-8

Ⅰ．①汽……　Ⅱ．①曾…　②徐…　Ⅲ．①汽车-市场营销学　Ⅳ．①F766

中国版本图书馆CIP数据核字（2014）第194801号

出版发行／北京理工大学出版社有限责任公司
社　　址／北京市海淀区中关村南大街5号
邮　　编／100081
电　　话／（010）68914775（总编室）
　　　　　82562903（教材售后服务热线）
　　　　　68948351（其他图书服务热线）
网　　址／http：//www.bitpress.com.cn
经　　销／全国各地新华书店
印　　刷／北京慧美印刷有限公司
开　　本／787毫米×1092毫米　1/16
印　　张／16.75
字　　数／386千字
版　　次／2014年8月第1版第1次印刷
定　　价／49.80元

责任编辑／陆世立
文案编辑／陆世立
责任校对／周瑞红
责任印制／马振武

图书出现印装质量问题，请拨打售后服务热线，本社负责调换

前言

PREFACE

目前，中国汽车市场是最具潜力的汽车市场，世界汽车制造业巨头无一不在努力地抢夺中国汽车市场这块肥肉。中国汽车的产量与销量迅猛增长的同时，汽车行业的竞争形势也更加严峻。在国内汽车行业激烈竞争的情况下，汽车企业要想立于不败之地，就必须充分满足广大消费者的需求。现今社会，广大消费者的需求千差万别，不仅对有形汽车产品要求更高，消费者对无形的服务水准要求也逐渐提升，更多的汽车企业面临着“汽车人才”的短缺。因此，要想提高我国汽车企业的营销服务水平，就需要培养大批的真本领、高素质的汽车营销人才。

近年来，中国的各大高校都开设了汽车技术服务与营销专业，为社会培养真本领、高素质的汽车人才。也是由于这些原因，编者根据自己的销售经验和教学经验，编写了《汽车营销实务》一书。编者本着理论与实践相结合的思想来编写此书，以全面培养学生的综合素质，提升学生的综合能力为基础，把提高学生的职业能力放在了首位。本书主要阐述了汽车营销人员应具备的素质、汽车销售流程（潜在客户开发、接待准备、客户接待、需求分析、车辆展示、车辆试乘试驾、售前跟踪、缔结成交、交车流程、售后跟踪）、汽车营销技巧、FAB 介绍法与六方位绕车介绍法等知识，并且分析了汽车消费者的购买行为，只有真正地了解了消费者的购买行为特点，才能够更好地运用相应的销售技巧。

汽车营销是一项挑战性、实践性极强的工作，汽车销售员仅凭掌握一些汽车营销的基础理论是难以在优胜劣汰的竞争市场中取得主动的。“销售有法，销无定法。”根据不同的国情和环境，掌握汽车营销的方式和方法，研讨一些汽车营销的案例和技巧，无疑对提高汽车营销员独立分析问题、解决问题的能力有积极的作用。

这些知识对学生来说是非常宝贵的财富。本书是结合了一些专家的思想和本人的一些实践经验进行编写的，即使学生没有工作经验，在认真学习了本书之后，也会对汽车、汽车企业、汽车销售方法与技巧有很深刻的了解，成为真正的应用型人才。

本书由曾金凤、徐磊任主编，杨秀丽、李佳音、史雪飞、尹乾和贾敬伟任副主编。曾金凤负责项目 1、项目 10、项目 7、项目 8 和每章的任务书的编写，徐磊负责项目 2 和项目 3、项目 4 的编写，李佳音和史雪飞共同负责项目 5 和项目 6 的编写，杨秀丽、尹乾和贾敬伟共同负责项目 9 和项目 11 的编写。全书由齐方伟与主编共同审稿。

由于编者水平有限，加之时间仓促，书中难免有不足、不当或疏漏之处，恳请读者及业内专家批评指正。

编　者

目录

CONTENTS

项目 1

认识汽车4S店

项目目标

◆ **知识目标**：1. 了解汽车4S店的概念和汽车4S店的组织结构；

2. 了解汽车4S店销售部门的组织结构、各岗位的任职资格和岗位职责；

3. 掌握客户级别的管理方法和三表一卡的使用。

◆ **能力目标**：1. 能够运用客户级别的管理方法进行客户级别的确认；

2. 会填写客流量信息表、营业日报表、潜在客户等级推进表和客户信息卡。

◆ **情感目标**：用丰富的汽车4S店的知识武装自己，不断提高自身的业务素质，从自己的实际情况出发，从根本上认识汽车销售服务的实质，把自己的热情投入到汽车销售业务知识的学习上。

开篇案例赏析

小李马上要毕业了，学校把她安排到广州实习，可是她不想离开自己的父母，于是拒绝了学校给的大好机会。幸运的是，她参加当地很有名的汽车集团企业的面试，居然初试成功了，这可是意想不到的机会啊，她开心得不得了。这家汽车集团企业旗下有很多汽车4S店，这可是她当初最想去的地方啊！因为那里看上去很高档，而且工作人员都穿得干净整齐，她恨不得马上就穿上这身漂亮的制服。但是，还要进行复试才可以的。复试很快就到了，她觉得自己复试应该没什么问题，毕竟自己是学汽车专业的。复试采用了笔试的形式，卷子发到手一看，题目都很熟悉。第一题就是汽车4S店的定义，但她左思右想都没想起来，可是明明学过的，怎么都答不上呢？还有十大流程是什么也无从写起，最后只能瞎写，心想没有人细看。就这样，小李的复试没有成功，她很伤心，伤心的同时也很后悔，上了这么多年的学，连一张卷子都不能及格，回头想想这都是多简单的知识啊！

从小李的经历中，我们要知道，这不仅仅是我们面试需要的知识，关于汽车4S店相关的知识是我们作为将来的汽车销售人员必须要了解的知识，这些知识是我们从事这份工作的基础。

项目实施

任务 1.1 访问汽车 4S 店

任务名称	访问汽车 4S 店
任务组织	将学生分成若干小组,4 ~ 8 人一组。通过学生自荐或推荐的方式选出每组组长,明确组长的职责:负责本团队的组织、协调工作,带头示范,督促、帮助其他组员完成相应工作。教师及时检查学生完成情况,组织学生相互交流,适当给予提示与建议,并针对共性以及重难点问题在课堂上组织讨论和讲解
任务内容	1. 任意选择品牌走访汽车 4S 店,了解汽车 4S 店的环境、结构; 2. 观察 4S 店的人员组织结构,销售工作人员的着装、妆容、表情、动作等; 3. 与销售顾问进行沟通,了解该店的汽车销售情况; 4. 小组总结,每组派一名代表汇报
任务实施	4S 店名称: 地址: 走访时间: 该店环境: 现有销售顾问________名,与你接触的销售顾问的姓名:____________ 交谈内容: 该店销售人员的仪容仪表:

续表

任务名称	访问汽车4S店
任务实施	该店的销售状况：
任务总结	在调研和讨论的基础上，形成小组的分析报告，并制作PPT进行汇报，同学互评、教师点评，然后综合评定本次各个小组的成绩
自我评价	♡ 优　♡ 良　♡ 中　♡ 及格　♡ 不及格
教师评阅	♡ 优　♡ 良　♡ 中　♡ 及格　♡ 不及格

任务1.2　根据对销售部的了解做自我职业定位

任务名称	根据对销售部了解做自我职业定位
任务组织	将学生分成若干小组，4～8人一组。通过学生自荐或推荐的方式选出每组组长，明确组长的职责：负责本团队组织、协调工作，带头示范，督促、帮助其他组员完成相应工作。教师及时检查学生完成情况，组织学生交流，适当给予提示与建议，并针对共性以及重难点问题在课堂上组织讨论和讲解
任务内容	1. 以小组为单位，评价小组的每个成员的优缺点； 2. 进行自评，了解自己的优缺点； 3. 根据任务1.1，分析汽车行业对服务人才的要求，做个人职业定位，规划自己的发展，并说明理由

续表

任务名称	根据对销售部了解做自我职业定位
任务实施	小组成员对我的评价： 我的自评： 我的优点： 我的缺点： 我适合的岗位： 理由是： 我的人生发展规划：
任务总结	在调研和讨论的基础上，形成小组的分析报告，并制作 PPT 进行汇报，同学互评、教师点评，然后综合评定本次各个小组的成绩
自我评价	♡ 优　♡ 良　♡ 中　♡ 及格　♡ 不及格
教师评阅	♡ 优　♡ 良　♡ 中　♡ 及格　♡ 不及格

任务1.3 根据情景模拟填写三表一卡

任务名称	根据情景模拟填写三表一卡
任务组织	将学生分成若干小组,4～8人一组,通过学生自荐或推荐的方式选出每组组长,明确组长的职责:负责本团队组织、协调工作,带头示范,督促、帮助其他组员完成相应工作。教师及时检查学生完成情况,组织学生交流,适当给予提示与建议,并针对共性以及重难点问题在课堂上组织讨论和讲解
任务内容	根据下面的销售情景的内容,填写《来店客户登记卡》《营业日报表》《潜在客户等级推进表》和《客户信息卡》(接待日期为7月7日)
任务实施	销售顾问:您好,欢迎光临××4S店,我是本店的销售顾问××,这是我的名片,请问您怎么称呼? 客户:我姓李。 销售顾问:李先生您好,您是第一次来店吗? 客户:是的。 销售顾问:请问有什么我可以帮助您的? 客户:我想看看车。 销售顾问:李先生这边请,您之前有中意的车型吗? 客户:没有。 销售顾问:哦,那李先生您今天是怎么过来的? 客户:开车。 销售顾问:那您开的是什么车呀? 客户:×××。 销售顾问:×××车啊,那可是款豪华大气的车啊,驾驶乘坐都非常舒服,您可真有品位啊!不知道李先生是从事什么工作的呢? 客户:公务员。 销售顾问:国家公务员,可真是太好的工作了,您的工作可真让人羡慕啊!那您今天是给谁选车呢? 客户:给我妻子,她今天有事没来,我先随便看看。 销售顾问:不知道您妻子对车都有什么要求啊? 客户:她刚考下来驾驶证,只要安全、开起来方便就行。 销售顾问:嗯,那您的购车预算是多少啊? 客户:十万元左右。 销售顾问:十万元左右,这个价位的车型还真是挺多的,您都看过什么车呀?

续表

任务名称	根据情景模拟填写三表一卡
任务实施	客户:A 车、B 车、C 车。 销售顾问:这几款车都挺好的,不过我根据刚才对您的需求的了解,我觉得我们店的 × × 车更适合您的妻子,我先简单给您介绍一下吧? 客户:行。 ……(介绍过程略) 销售顾问:以上就是我对 × × 车的介绍,李先生您觉得怎么样? 客户:挺好的,不过也得等我妻子再看看,我这就走了,回去和她商量一下。 销售顾问:哦,这样啊,那您给我留个联系方式吧!一旦有什么促销活动也方便我联系您啊! 客户:好的,13 × × × × × × × × ×。 销售顾问:好的,李先生别忘带好随身物品,感谢您的惠顾,欢迎下次光临!
任务总结	在调研和讨论的基础上,形成小组的分析报告,并制作 PPT 进行汇报,同学互评、教师点评,然后综合评定本次各个小组的成绩
自我评价	♡ 优　♡ 良　♡ 中　♡ 及格　♡ 不及格
教师评阅	♡ 优　♡ 良　♡ 中　♡ 及格　♡ 不及格

相关知识链接

随着时代的进步和经济的发展,人们的生活水平与消费意识的不断提高,汽车已经成为重要的交通工具,汽车营销活动也成为现代营销研究关注的焦点之一。汽车的产销量在持续地增加,汽车品牌也不断地增多,汽车 4S 店也在蓬勃发展。因此,了解汽车 4S 店的现状和掌握汽车营销的相关知识,是每一位 4S 店从业人员首要的学习任务。

1.1　汽车 4S 店概述

1.1.1　汽车 4S 店的概念

汽车 4S 店是集整车销售(sale)、售后服务(service)、零配件供应(sparepart)以及信息反馈(survey)于一体的汽车服务企业,如图 1 – 1 所示。

4S店是一种以“四位一体”为核心的汽车特许经营模式，是一种个性突出的有形市场，具有渠道一致性和统一的文化理念，4S店在提升汽车品牌、汽车生产企业形象上的优势是显而易见的。

4S店是1998年以后才逐步由欧洲传入中国的，由于它与各个厂家之间建立了紧密的产销关系，具有购物环境优美、品牌意识强等优势，一度被国内诸多厂家效仿。

图1-1

4S店一般采取一个品牌在一个地区分布一个或相对等距离的几个专卖店，按照生产厂家的统一店内外设计要求建造，投资巨大，动辄上千万，甚至几千万，豪华气派。4S店是集汽车销售、售后、配件和信息服务为一体的销售店，一家投资2 500万元左右建立起来的4S店在5～10年之内都不会落后。在中国，4S店还有很长的一段路要走。

4S店模式这几年在国内发展极为迅速。汽车行业的4S店就是汽车厂家为了满足客户在服务方面的需求而推出的一种业务模式。4S店的核心含义是“汽车终身服务解决方案”。现在也有了6S店一说，除了包括整车销售、售后服务、零配件供应、信息反馈以外，还包括个性化售车和集拍(集体竞拍，购车者越多，价格越便宜)。

1. 汽车4S店的功能

(1) 整车销售

如图1-2所示，整车销售是汽车营销活动的中心内容，是汽车4S店的基本职责，是为零配件供应、维修、信息反馈等工作带来潜在客户的关键环节。在销售工作中，要始终坚持“可持续发展”的营销理念，所有部门密切配合，共同关注客户的“后续需要”，在兼顾社会利益的同时，为4S店的整体效益做出贡献。

整车销售包括进货、运输、验收、储存、销售等环节。在4S店销售的汽车大多是汽车生产企业直接发货的车辆，价格是由汽车生产企业指定的统一售价。

图 1-2

(2) 售后服务

售后服务是现代汽车经销企业服务的基本组成部分。汽车售后服务指 4S 店在车辆售出后为客户提供的车辆保养、故障维修等服务。售后服务可以使企业与客户建立长久的、良好的往来关系,为企业积累宝贵的客户资源,以求生产和销售环节的利润最大化。随着汽车市场发展,汽车 4S 店更应该致力于提高车辆的维修保养质量、规范服务程序和严格诚信服务,不断提高客户满意度,巩固客户资源,使汽车企业获得更大的利润。

(3) 零配件供应

零配件供应是汽车售后服务的基本保证。从销售利润来看,在国外成熟的汽车市场中,整车销售利润约占整个汽车利润的 20%,汽车装饰、改装以及汽车用品的利润约占 20%,而 50% ~60% 的利润是在汽车零配件及服务领域中产生的。

4S 店的零配件是由汽车生产企业提供的,具有质量保证,价格自然要比普通的维修店高一些。汽车的零配件被分为四类:一是汽车正常使用中因到期自然老化、失效而必须更换的消耗件,如皮带、胶管、各种滤芯等;二是在汽车运行中,因自然磨损而容易失效的易损件,如离合器摩擦片、制动片、活塞、活塞环等;三是组成汽车的主要的、价值较高的基础件,如曲轴、缸体、缸盖等;四是汽车发生意外时损坏的事故件,如前后保险杠、车身覆盖件、冷凝器、水箱等。

(4) 信息反馈

信息反馈是汽车 4S 店的一个重要的功能。汽车 4S 店直接接触客户,有条件及时、准确地了解当前的市场动态,将汽车产品的使用性能、客户满意度等情况反馈给汽车生产企业。这对于汽车生产企业提高产品质量、开发满足客户需求的新产品、提高产品的市场占有率等具有重要的意义。

2. 4S 店的优势

(1) 信誉度方面

4S 店有一系列的处理客户投诉、意见、索赔的管理办法,给车主留下了良好的印象,而普通改装店由于人员素质、管理等问题,经常是出了问题找不到负责人,相互推诿,相互埋怨,会给车主留下非常恶劣的印象。以前 4S 店没有经营汽车用品,车主没有选择,只有去零售改装店。现在4S店经营这方面的业务,车主肯定不会舍近求远,4S店将是他们的第一选择。

(2) 专业方面

由于4S店只针对一个厂家的系列车型,有厂家的系列培训和技术支持,在车的性能、技术参数、使用和维修方面都是非常专业的,做到了"专而精"。而汽车用品经销商接触的车型多,对每一种车型都不是非常的精通,只能做到"杂而博",在一些技术方面多数是只知其一不知其二。所以在改装一些需要技术支持和售后服务的产品时,4S店有着很大优势。

(3) 售后服务保障方面

随着竞争的加大,4S店越来越重视服务品牌的建立,重视客户的满意度,加上4S店的后盾是汽车生产厂家,所以在售后服务方面可以得到保障。特别是汽车电子产品和汽车影音产品在改装时要改变汽车原来的电路,为以后的售后服务带来麻烦。如果对于本店改装的车,4S店可以对车主承诺保修,消除车主的后顾之忧,那将是吸引车主改装的重要手段之一。在4S店改装一些技术含量高的产品是车主的首选,同时还能避免与零售改装店直接的价格竞争。

(4) 人性化方面

在4S店能让车主真正享受到"客户就是上帝"的感觉,累了有豪华的休息室,渴了有各种饮品,无聊可以看杂志、书刊、报纸,还可以上网、打台球、下棋等,如果着急用车还有备用车供客户使用,整个流程有专门的服务人员为客户打理,不用自己操心就能完成整个业务,而汽车用品改装店根本做不到这些方面。

1.1.2 4S店的组织结构图

作为一名销售顾问,首先应该了解汽车4S店的组织结构,了解各部门之间的关系。这样在工作中才能更好地和各部门进行沟通、协调,提高工作效率。

汽车4S店主要由销售部、售后服务部、客户服务部、行政部、财务部、市场部、人力资源部等部门组成。每一个部门又包含了许多下属部门,例如:市场部包含了市场策略、市场活动和广告制作等职位。下面将详细介绍各部门的组织结构。

1. 4S店总体结构(图1-3)

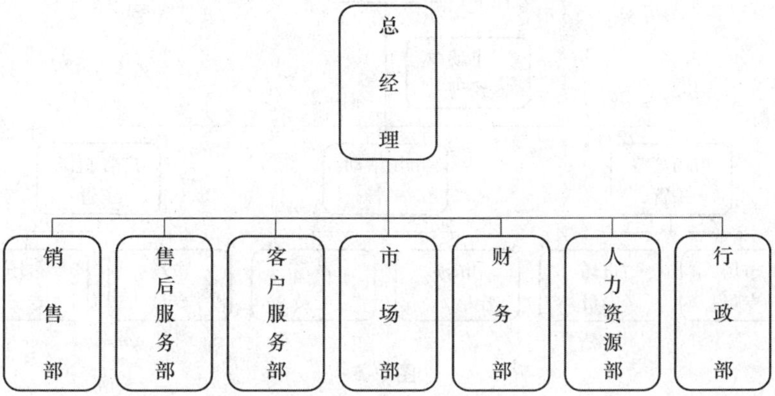

图1-3

2. 售后服务部组织结构图(图1-4)

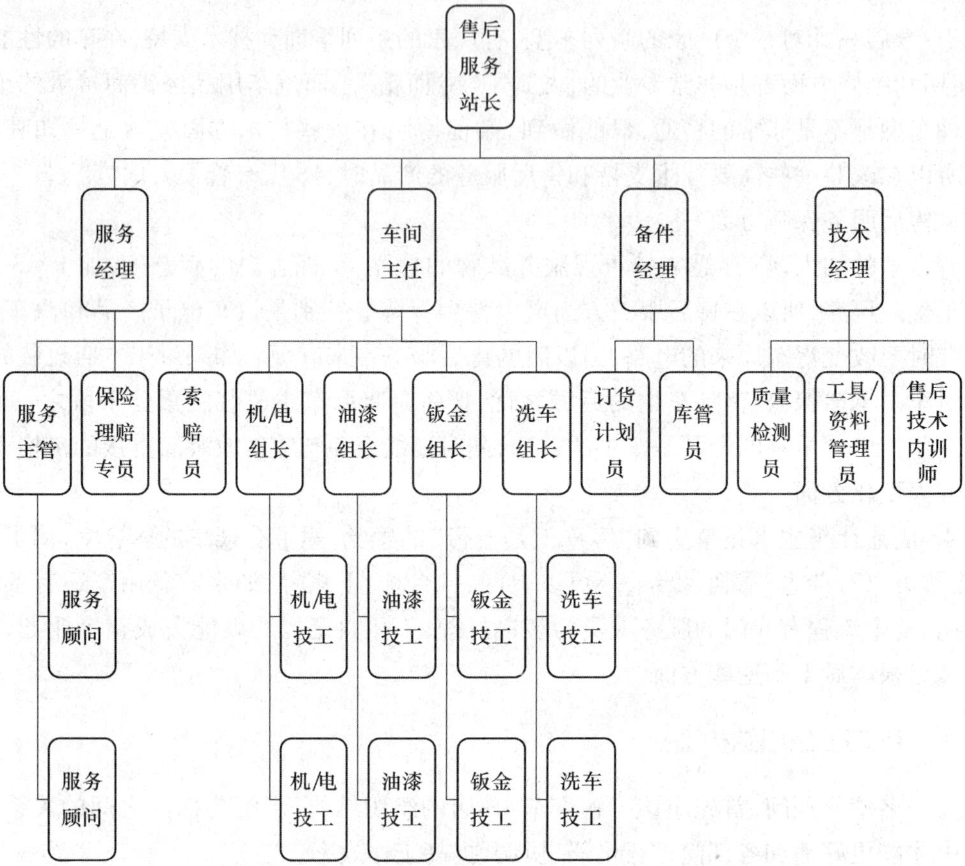

图1-4

3. 市场部组织结构图(图1-5)

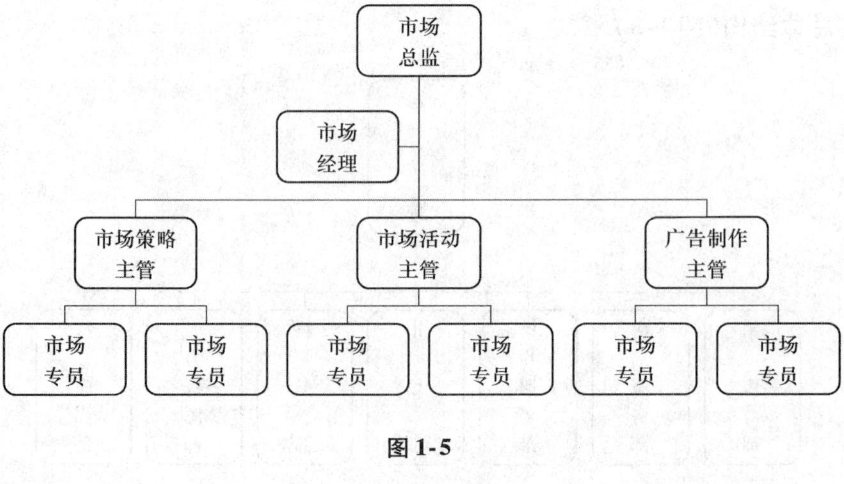

图1-5

4. 客户服务部组织机构图(图1-6)

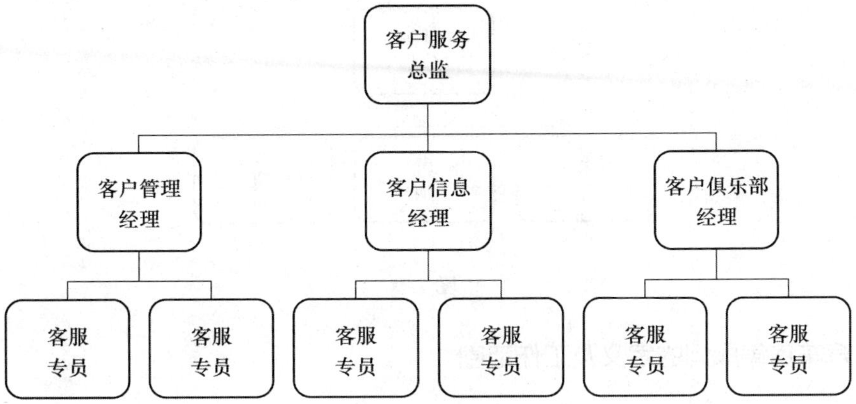

图1-6

5. 行政部组织结构图(图1-7)

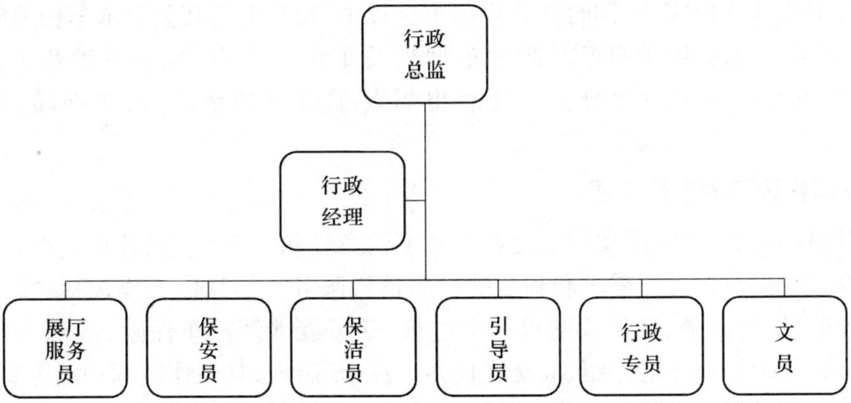

图1-7

6. 人力资源部组织结构图(图1-8)

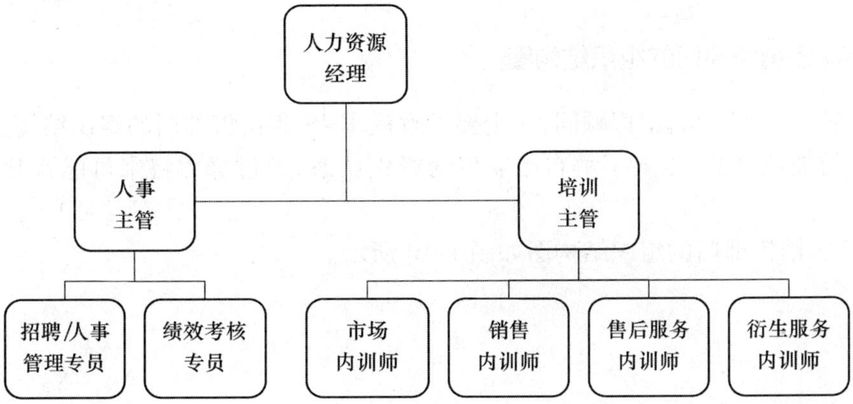

图1-8

7. 财务部组织结构图(图 1-9)

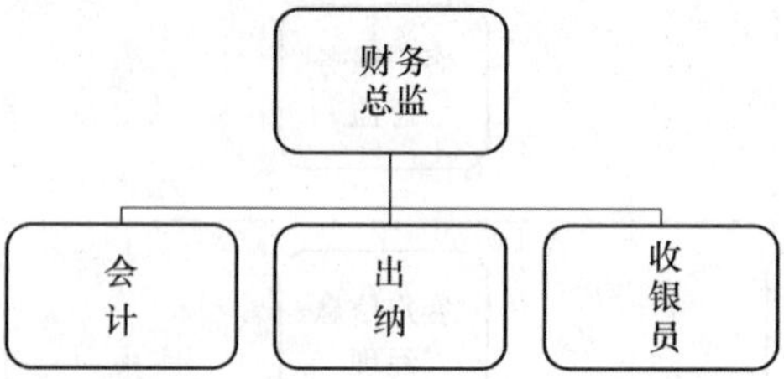

图 1-9

1.1.3 汽车销售顾问的定义及工作范围

1. 汽车销售顾问的定义

汽车销售顾问是指经过专业的品牌车型与汽车相关知识的培训,在指定的汽车销售场所接待客户,通过销售技巧,分析客户需求,为客户讲解车辆,并为客户办理交车手续及相关服务,将车完好无损地交给客户,同时在客户用车过程中,及时解答其关于本车相关问题的人员。

汽车销售顾问既要熟悉自己品牌的车型以及车型的卖点,也要熟悉竞争品牌车型的相关知识,以便为客户做对比分析。同时也需要了解汽车精品、汽车保险、汽车贷款等业务。

2. 汽车销售顾问的工作范围

汽车销售顾问的工作范围实际上也就是从事汽车销售的工作,但其立足点是客户的需求和利益,向客户提供符合客户需求和利益的产品销售服务。其具体工作包括:客户开发、客户跟踪、销售导购、销售洽谈、销售成交等基本过程,还可能涉及汽车保险、落籍、装饰、改装、贷款、交车、理赔、年检等业务的介绍、成交或代办。在 4S 店内,其工作范围一般主要定位于销售领域,其他业务领域可与其他相应的业务部门进行衔接。

1.2 汽车销售部门管理

1.2.1 4S 店销售部门的组织结构图

作为汽车 4S 店的一名销售顾问,一定要了解汽车 4S 店销售部门的组织结构是怎样的,了解自己部门的地位,同时也要了解自己职位的级别状态,通过努力将来可能晋升的职位有哪些等。

汽车 4S 店销售部门的组织结构图如图 1-10 所示。

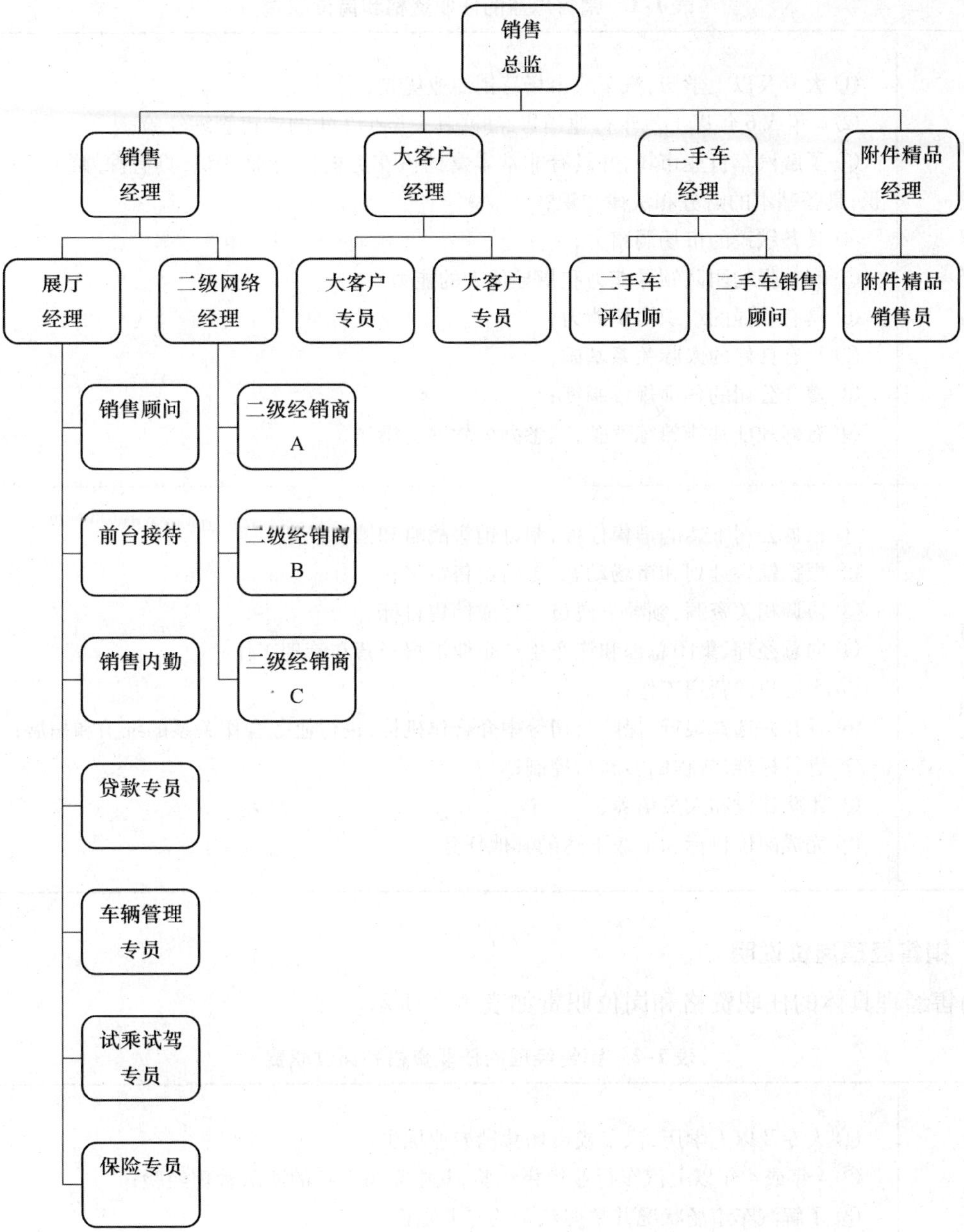

图 1-10

1.2.2　销售部门各岗位说明

1. 销售总监岗位说明

销售总监具体的任职资格和岗位职责如表 1-1 所示。

表 1-1　销售总监的任职资格和岗位职责

任职资格	① 大专及以上学历，汽车或市场营销专业优先； ② 6 年或 6 年以上汽车行业销售经验，其中至少 2 年的销售管理经验； ③ 了解汽车行业市场，并具有非常丰富的汽车方向的专业知识，具有深厚的汽车营销知识；具备基本的财务和法律知识； ④ 具备敏锐的市场洞察力； ⑤ 有较强的团队领导能力和指导他人的能力； ⑥ 具有较强的组织协调能力； ⑦ 具有良好的人际关系基础； ⑧ 遵守公司的各项规章制度； ⑨ 有驾驶证并能熟练驾驶，熟悉办公软件的操作
岗位职责	① 根据公司下达的销售任务，制订销售战略和销售计划； ② 根据销售计划和市场动态，更新销售策略； ③ 协调相关资源，领导下属员工完成销售目标； ④ 向总经理、集团总部和汽车生产企业汇报经营和管理工作； ⑤ 大客户的营销工作； ⑥ 寻找并选择银行、保险公司等中介合作机构，进行业务合作关系的维护和拓展； ⑦ 进行标准、流程的实施与控制； ⑧ 团队建设和人员培养； ⑨ 完成岗位目标和上级下达的其他任务

2. 销售经理岗位说明

销售经理具体的任职资格和岗位职责如表 1-2 所示。

表 1-2　销售经理的任职资格和岗位职责

任职资格	① 大专及以上学历，汽车或市场营销专业优先； ② 4 年或 4 年以上汽车行业销售经验，其中至少 1 年的团队管理经验； ③ 了解汽车市场状况并掌握汽车的专业知识； ④ 具有良好的沟通能力，掌握汽车销售技巧知识； ⑤ 熟悉业务流程及基本的财务和法律知识； ⑥ 具有良好的团队领导能力和较强的团队合作精神； ⑦ 遵守公司的各项规章制度； ⑧ 有驾驶证并能熟练驾驶，熟悉办公软件的操作

续表

岗位职责	① 协助销售总监制订销售战略和销售计划； ② 协助销售总监进行市场销售策略的执行与更新； ③ 根据销售任务和销售策略，组织下属完成销售目标； ④ 协助销售总监评估、拓展、维护与银行、保险公司等中介合作机构的合作关系； ⑤ 大客户的投诉处理； ⑥ 优化销售流程，监督销售流程的贯彻执行情况； ⑦ 搞好团队建设和人员培养工作； ⑧ 完成岗位目标和上级下达的其他任务

3. 大客户经理的岗位说明

大客户经理的任职资格和岗位职责如表1-3所示。

表1-3 大客户经理的任职资格和岗位职责

任职资格	① 大专及以上学历，汽车或市场营销及相关专业优先； ② 具有3年以上汽车行业销售经验； ③ 掌握一定的营销知识、汽车产品知识和社交礼仪知识； ④ 工作大胆、具有开拓精神； ⑤ 思维敏捷、善于沟通，具有团队合作能力； ⑥ 遵守公司的各项规章制度； ⑦ 有驾驶证并能熟练驾驶，熟悉办公软件的操作
岗位职责	① 制订大客户发展计划及开发策略； ② 领导大客户销售顾问开展大客户营销工作； ③ 监督大客户销售顾问的大客户营销工作； ④ 销售任务的分解、执行，检查及改善计划； ⑤ 完成岗位目标和上级下达的其他任务； ⑥ 大客户部的员工培训工作

4. 二手车经理的岗位说明

二手车经理的任职资格和岗位职责如表1-4所示。

表 1-4　二手车经理的任职资格和岗位职责

任职资格	① 大专及以上学历，汽车或市场营销相关专业优先； ② 3 年或 3 年以上的销售管理经验； ③ 掌握一定的汽车营销知识和汽车产品知识； ④ 掌握一定的汽车构造及维修相关知识； ⑤ 掌握市场中各种品牌汽车的相关配置及销售状况； ⑥ 了解二手车市场以及竞争对手的相关信息； ⑦ 具有良好的组织协调能力、沟通能力及团队合作能力； ⑧ 遵守公司的各项规章制度； ⑨ 有驾驶证并能熟练驾驶，熟悉办公软件的操作
岗位职责	① 协助销售总监进行二手车团队建设工作； ② 明确销售目标和公司预算，制订二手车销售和收益计划； ③ 制定二手车相关的销售策略； ④ 协调内部资源，完成二手车置换与销售的目标； ⑤ 二手车销售顾问的培训工作； ⑥ 完成岗位目标和上级下达的其他任务

5. 展厅主管的岗位说明

展厅主管的任职资格和岗位职责如表 1-5 所示。

表 1-5　展厅主管的任职资格和岗位职责

任职资格	① 大专及以上学历，汽车或市场营销相关专业优先； ② 2 年或 2 年以上的销售管理经验； ③ 掌握一定的汽车营销知识和汽车产品知识； ④ 具有良好的组织协调能力、沟通能力及团队合作能力； ⑤ 遵守公司的各项规章制度； ⑥ 有驾驶证并能熟练驾驶，熟悉办公软件的操作
岗位职责	① 展厅销售管理、5S 监督； ② 展厅销售计划的编制、实施、考核及改善方案； ③ 展厅工作人员的工作分解； ④ 客户投诉处理； ⑤ 完成岗位目标和上级下达的其他任务； ⑥ 店内活动的制定

6. 销售顾问的岗位说明

销售顾问的任职资格和岗位职责如表 1-6 所示。

表1-6 销售顾问的任职资格和岗位职责

任职资格	① 大专及以上学历，汽车营销及相关专业优先； ② 形象好，气质佳； ③ 掌握汽车营销相关知识； ④ 具有良好的销售沟通能力和较强的执行力； ⑤ 遵守公司的各项规章制度； ⑥ 有驾驶执照、熟练掌握各类办公软件的操作
岗位职责	① 全面贯彻落实销售的核心流程； ② 负责车辆的销售，完成既定的销售目标； ③ 搜集区域市场信息，为上级领导提供决策支持； ④ 建立、完善客户信息系统，做好客户管理工作； ⑤ 保证展车的清洁，做好展厅5S维护； ⑥ 处理客户的售后服务、技术支持事宜，对不能解决的问题，提交给相关人员，并协助其工作； ⑦ 不断学习销售知识，进行自我提升； ⑧ 完成岗位目标和上级下达的其他任务

7. 大客户顾问的岗位说明

大客户顾问的任职资格和岗位职责如表7-1所示。

表1-7 大客户顾问的任职资格和岗位职责

任职资格	① 大专及以上学历，汽车营销及相关专业优先； ② 1年以上汽车销售经验； ③ 掌握一定的汽车营销知识； ④ 具有良好的沟通能力和业务拓展能力； ⑤ 遵守公司的各项规章制度； ⑥ 有驾驶执照、熟练掌握各类办公软件的操作
岗位职责	① 开发政府机关、企事业单位等批量购买客户，开展全方位营销工作； ② 搜集潜在大客户信息，进行整合分析，达成交易； ③ 建立、完善客户信息管理系统； ④ 为大客户提供全方位的服务； ⑤ 不断学习销售知识，进行自我提升； ⑥ 完成岗位目标和上级下达的其他任务

8. 前台接待的岗位说明

前台接待的任职资格和岗位职责如表1-8所示。

表 1-8　前台接待的任职资格和岗位职责

任职资格	① 大专及以上学历，汽车营销及相关专业优先； ② 掌握全面的汽车营销知识，具有良好的沟通能力； ③ 较高的销售技巧和公关技巧； ④ 吃苦耐劳、具有良好的职业道德和敬业精神； ⑤ 善于介绍新知识，较强的学习能力； ⑥ 熟练使用办公软件； ⑦ 遵守公司的各项规章制度
岗位职责	① 负责前台接待工作，记录客流量信息表； ② 接听电话并记录电话来访的客户信息； ③ 分配有需求的电话客户给汽车销售顾问； ④ 访客的接待； ⑤ 展厅内的物品管理及 5S 规范； ⑥ 工作合理化建议、工作方法的改进； ⑦ 不断学习销售知识，进行自我提升； ⑧ 完成岗位目标和上级下达的其他任务

9. 销售内勤的岗位说明

销售内勤的任职资格和岗位职责如表 1-9 所示。

表 1-9　销售内勤的任职资格和岗位职责

任职资格	① 大专及以上学历； ② 良好的服务意识、沟通能力和团队合作能力； ③ 熟练掌握计算机日常操作； ④ 吃苦耐劳、具有良好的职业道德与敬业精神； ⑤ 善于接受新知识，较强的学习能力； ⑥ 性格开朗、自信、热情并有合作精神； ⑦ 遵守公司的各项规章制度
岗位职责	① 接听电话并记录电话来访的客户信息； ② 分配有需求的电话客户给汽车销售顾问； ③ 完成销售部的其他协助性工作，检查汽车销售顾问的工作进度； ④ 对上周所有未成交的客户进行检查，并注明未成交的原因，并把结果交给上级主管； ⑤ 处理客户的信息咨询和简单的询价； ⑥ 处理客户的售后服务及技术事宜，将需要服务或支持的用户信息转交给相关负责人，并检验其进展情况； ⑦ 录入每天成交的客户信息及一些重要或是有潜力的客户信息； ⑧ 每天更新保管库存清单并告知销售顾问，与物流共同保管库存车辆及看板管理； ⑨ 汽车销售顾问外出时的联络及信息传达； ⑩ 收发传真、邮寄资料、会议的通知及会场的布置、做会议记录并整理后上报经理、完成销售经理临时交办的其他工作

10. 销售计划员的岗位说明

销售计划员的任职资格和岗位职责如表1-10所示。

表1-10 销售计划员的任职资格和岗位职责

任职资格	① 大专及以上学历； ② 具有两年以上的汽车销售工作经验； ③ 掌握数据统计与处理方面的专业知识； ④ 对汽车销售市场及竞争对手有一定的了解； ⑤ 具有较好的组织协调能力和市场分析能力； ⑥ 熟练掌握计算机的操作； ⑦ 遵守公司的各项规章制度
岗位职责	① 负责汇总编制销售任务和公司年度战略目标、销售计划； ② 负责编制季度进货计划和销售计划； ③ 汇总客户的订单并进行整理、分析及统计； ④ 对公司销售计划的执行情况进行不定期的统计分析； ⑤ 负责统计分析客户的市场反馈信息； ⑥ 将销售资料进行归档并保管销售资料； ⑦ 完成岗位目标和上级下达的其他任务

11. 车辆管理员的岗位说明

车辆管理员的任职资格和岗位职责如表1-11所示。

表1-11 车辆管理员的任职资格和岗位职责

任职资格	① 高中或中专及以上学历； ② 具有一定的储运管理知识； ③ 有一定的汽车理论、汽车构造基础知识； ④ 了解一定的维修常识和营销知识； ⑤ 具有良好的服务意识、沟通能力和团队合作能力； ⑥ 熟练掌握计算机的操作； ⑦ 有驾驶证并能够熟练驾驶； ⑧ 遵守公司的各项规章制度
岗位职责	① 负责商品车的停放保管工作，负责入库商品车的数量统计及单据的开具与收取工作； ② 负责商品车随车附件的保管与发放工作； ③ 与销售顾问密切配合完成商品车的交付工作； ④ 巡视存放车辆，及时向主管经理报告发现的异常情况； ⑤ 每日核对存放车辆，并进行定期清点； ⑥ 负责商品车所在仓库或停车场的治安及防火管理； ⑦ 完成岗位目标和上级下达的其他任务

12. 精品附件销售员

精品附件销售员的任职资格和岗位说明如表 1-12 所示。

表 1-12　精品附件销售员的任职资格和岗位说明

任职资格	① 高中或中专及以上学历； ② 具备较丰富的精品附件销售技巧，熟悉汽车配件及精品配件； ③ 具有良好的沟通能力； ④ 能熟练进行计算机操作； ⑤ 具有良好的服务意识、沟通能力和团队合作能力； ⑥ 遵守公司的各项规章制度
岗位职责	① 制订精品附件订购计划并完成精品订货工作； ② 负责精品订货发票的审核与精品订货资料的存档； ③ 负责精品附件的报价和培训； ④ 根据展厅状况，有效地进行精品的展示与布置； ⑤ 配合销售顾问、售后前台进行精品的销售工作； ⑥ 核实库存数目，确保库存的准确性； ⑦ 每日展厅展示精品的整理及清洁； ⑧ 跟踪精品销售，积极协调处理精品的质量保修问题； ⑨ 完成岗位目标和上级下达的其他任务

1.2.3　4S 店销售人员的管理

销售部门需要正常的工作流程来保证各项工作的顺利开展。本节主要通过对销售部人员日常工作的大致描述，让相关人员了解每日例行的工作内容。

1. 销售顾问一日工作

作为一名汽车销售顾问，一定要知道每天需要做的工作有哪些，不能以想怎么样就怎么样的心态去工作。销售顾问一日的工作内容如图 1-11 所示。

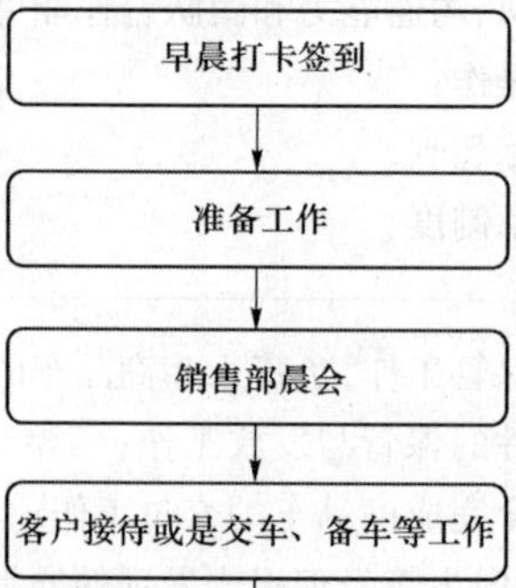

图 1-11

2. 销售顾问日常工作提示

（1）早晨打卡签到

① 上班时间提前5～10分钟到达展厅；

② 换好制服或公司规定套装，在镜子前检查自己的仪容仪表；

③ 于前台签到，调整自己心情与状态，热情投入当天的工作。

（2）准备工作

① 巡视展厅内的展示车辆，检查展车的状况；

② 擦拭车辆内外，保证展车整洁、车内空气清新；

③ 查看自己的工具包，看当天销售工作所需资料是否齐全。

（3）销售部晨会

每日上班后应由销售部经理或者展厅主管主持召开20分钟左右的销售晨会，会议内容参考如下：

① 确认当天每位销售顾问的工作目标与任务，检查每位销售顾问的工作计划安排；

② 询问销售顾问当日所需支持，并在会上合理分配资源；

③ 要求销售顾问互相检查仪容仪表，并激励销售顾问士气。

（4）客户接待工作

见核心业务流程。

（5）下班前整理工作

当天销售工作结束，至下班前，如已经没有客户来电或来店，自下班前50分钟开始，销售顾问应利用20分钟的时间进行当日工作自检。

① 总结当日工作，并填写《营业日报表》；

② 翻看当日来电（店）客户资料的记录情况是否完整，有无需要补充；

③ 制订明日工作计划提示；

④ 依据《来店（电）客户登记表》及《营业日报表》，更新《潜在客户等级推进表》。

（6）销售部夕会

每天下班前应由销售部门经理主持召开20分钟的销售夕会，会议内容建议如下：

① 销售顾问简要汇报当日的工作数据及遇到的问题；

② 由销售部经理主持，针对个别问题进行集体讨论，明确解决问题的方法；

③ 销售部经理根据个人的观察，针对个别销售顾问做业务上的指导；

④ 常规性内部培训。

1.3 汽车销售部三表一卡与客户级别

1.3.1 汽车4S店销售部客户级别的管理

1. 客户等级管理的目标

① 缩减销售周期；

② 降低销售和服务的成本；

③ 增加收入，提高利润；

④ 提高客户的价值、满意度、忠诚度。

2. 客户级别分类

客户级别分类如表1-13所示。

表 1-13　客户级别分类表

级别	分类依据	首次跟进时间	持续跟进频率
O 级	当场签约成交的客户	24 小时内	1 次/3 天
H 级	7 天之内有订车可能的客户	24 小时内	1 次/2 天
A 级	7 天以上 1 个月以内有订车可能的客户	3 天以内	1 次/3 天
B 级	1 个月以上 3 个月以内有订车可能的客户	7 天以内	1 次/4 天
C 级	3 个月以上 6 个月以内有订车可能的客户	15 天以内	1 次/7 天
N 级	暂时无法确定购车日期的客户	一个月以内	1 次/15 天

3. 客户级别确定应注意的问题

客户级别的确定有利于销售顾问对客户的管理,但是确定客户的级别除了表 1-13 的分类依据外,销售顾问还应根据自己经验和接待客户时的情形加以判断。

一般有以下几点建议:

第一,接待客户后,无论客户是什么级别,最好在客户离店的十分钟之内给客户发一条短信,这样做的目的是为了增加客户对销售顾问的印象。

短信内容建议为:"尊敬的×先生/女士,您好!我是刚刚接待过您的××车的销售顾问×××,这是我的电话号码,如有需要请随时联系我,我 24 小时开机。祝您工作顺利,万事如意!"

第二,接待客户后,无论客户是什么级别的,最好在客户离店 24 小时内给客户打一个电话,主要的目的是再次加强客户对销售顾问的印象,再次确认客户的级别。

1.3.2　汽车 4S 店销售部三表一卡的使用

1. 三表一卡的具体内容

汽车销售部的三表一卡指的是《来店(电)客户登记表》《潜在客户等级推进表》《营业日报表》和《客户信息卡》。这三表一卡是汽车 4S 店销售部的客户管理工具,所以作为汽车 4S 店的销售顾问,必须掌握三表一卡的填写要领,以便于客户管理。

科技的发展推动了当代公司的现代化管理,汽车 4S 店也使用了 CRM 软件进行客户管理。CRM 软件的使用并不复杂,只要掌握了三表一卡的使用方法和填写要领,再去操作 CRM 软件就会非常容易了。所以三表一卡的使用是进行客户管理的基础,汽车 4S 店的销售顾问不仅要会使用三表一卡,还要严格按照三表一卡的相关规定进行客户管理,使客户管理工作井井有条,做到不流失任何一个客户。三表一卡的具体内容如下:

(1)《来店客户登记表》

《来店客户登记表》如表 1-14 所示。

(2)《来电客户登记表》

《来电客户登记表》如表 1-15 所示。

(3)《潜在客户等级推进表》

《潜在客户等级推进表》如表 1-16 所示。

(4)《营业日报表》

《营业日报表》如表 1-17 所示。

表1-14　来店顾客登记表

______年______月______日　　　　　　　　　　销售顾问：______

序号	时间		人数	销售顾问	客户姓名	电话	车型	车色	地址	洽谈经过	客户级别	是否试驾		是否建卡	
	进店	离店										是	否	是	否
1															
2															
3															
4															
5															
6															
7															

表 1-15　来电客户登记表

______年______月______日　　　　销售顾问：________

序号	来电时间	人数	销售顾问	客户姓名	电话	车型	车色	地址	洽谈经过	客户级别	是否试驾		是否建卡	
											是	否	是	否
1														
2														
3														
4														
5														
6														
7														

表1-16 潜在客户等级推进表

______月　　　　　　　　　　　　　　　　　　　　　　　　销售顾问：______________

序号	客户姓名	初次日期	客户来源	拟购车型	客户电话	前月留存			日期	1	2	3	4	5	6	7	8	9	10	11	……	27	28	29	30	31	备注
						A	B	C	星期																		
1																											
2																											
3																											
4																											
5																											
6																											
7																											
8																											
9																											
10																											
11																											
12																											

表 1-17　营业日报表

_______年_______月_______日(星期_______)　　　　销售顾问：____________

<table>
<tr><th rowspan="2">序号</th><th rowspan="2">客户姓名</th><th rowspan="2">客户来源</th><th rowspan="2">车型</th><th rowspan="2">车色</th><th rowspan="2">客户电话</th><th colspan="3">来访目的</th><th colspan="2">进度确认</th><th rowspan="2">拜访经过</th></tr>
<tr><th>手续管理</th><th>促进</th><th>开拓</th><th>原来</th><th>现在</th></tr>
<tr><td>1</td><td></td><td></td><td></td><td></td><td></td><td></td><td></td><td></td><td></td><td></td><td></td></tr>
<tr><td>2</td><td></td><td></td><td></td><td></td><td></td><td></td><td></td><td></td><td></td><td></td><td></td></tr>
<tr><td>3</td><td></td><td></td><td></td><td></td><td></td><td></td><td></td><td></td><td></td><td></td><td></td></tr>
<tr><td>4</td><td></td><td></td><td></td><td></td><td></td><td></td><td></td><td></td><td></td><td></td><td></td></tr>
<tr><td>5</td><td></td><td></td><td></td><td></td><td></td><td></td><td></td><td></td><td></td><td></td><td></td></tr>
<tr><td>6</td><td></td><td></td><td></td><td></td><td></td><td></td><td></td><td></td><td></td><td></td><td></td></tr>
<tr><td>7</td><td></td><td></td><td></td><td></td><td></td><td></td><td></td><td></td><td></td><td></td><td></td></tr>
<tr><td>8</td><td></td><td></td><td></td><td></td><td></td><td></td><td></td><td></td><td></td><td></td><td></td></tr>
<tr><td>9</td><td></td><td></td><td></td><td></td><td></td><td></td><td></td><td></td><td></td><td></td><td></td></tr>
<tr><td>10</td><td></td><td></td><td></td><td></td><td></td><td></td><td></td><td></td><td></td><td></td><td></td></tr>
<tr><td>11</td><td></td><td></td><td></td><td></td><td></td><td></td><td></td><td></td><td></td><td></td><td></td></tr>
<tr><td>12</td><td></td><td></td><td></td><td></td><td></td><td></td><td></td><td></td><td></td><td></td><td></td></tr>
<tr><td>13</td><td></td><td></td><td></td><td></td><td></td><td></td><td></td><td></td><td></td><td></td><td></td></tr>
<tr><td colspan="2">本日止潜在客户数</td><td colspan="2">本日止销售量</td><td colspan="2">本日访问客户数：</td><td></td><td></td><td></td><td colspan="3" rowspan="2">销售顾问请求支援项目：</td></tr>
<tr><td>H级</td><td></td><td colspan="2" rowspan="3"></td><td colspan="2">小计：</td><td colspan="3"></td></tr>
<tr><td>A级</td><td></td><td colspan="2">本日止月累计访问客户数：</td><td></td><td></td><td></td><td colspan="3" rowspan="2">销售经理批示：</td></tr>
<tr><td>B级</td><td></td><td colspan="2">合计：</td><td colspan="3"></td></tr>
</table>

(5)《客户信息卡》

《客户信息卡》如表1-18、表1-19所示。

表1-18 客户信息卡(正面)

销售顾问： 编号：

客户基本信息	姓名		性别		年龄		手机		
	单位		部门		职务		电话		
	客户类别	○公务员 ○教师 ○医生 ○军、警 ○经理 ○经理人 ○其他							
	客户来源	○来店 ○来电 ○展会 ○介绍 ○促销 ○媒体 ○其他							
	选购车型		排量		○手动 ○自动	颜色		意向	H( )
	购车用途	○私用 ○公用	对比车型			首次接触日			A( )
	购车预算		初次报价			购车时间			B( )
	其他信息					订金			C( )
洽谈情况									
详细信息	单位地址				邮编		传真		
	邮箱				宅电				
	生日		婚姻状况		结婚纪念日		家庭收入		
	付款方式	○现金 ○支票 ○汇票 ○其他							
	现有车型		颜色		使用年限		牌照号码		
	是否他人介绍		介绍人姓名		联系方式				
	是否贷款购车		首付比例		首付款				
	是否保险		保险种类	○盗抢 ○司乘 ○玻璃 ○自燃 ○三者 ○不计免赔额 等					
	是否购买装饰		装饰内容						
跟踪情况	回访日期	回访记录			进度确认		下次回访日期		

表 1-19　客户信息卡（背面）

车辆资料	交车日期	所购车型	颜色	牌照号码	上牌日期	成交价格	所购精品	贷款信息			所购保险		
								金额	月还	年限	金额	到期日	保险公司
跟踪内容	月份	1	2	3	4	5	6	7	8	9	10	11	12
电话回访	计划日期												
	回访日期												
首保电话	计划日期												
	回访日期												
致感谢信	计划日期												
	回访日期												
活动邀请	计划日期												
	回访日期												
节日生日问候	计划日期												
	回访日期												
新品上市	计划日期												
	回访日期												
介绍客户情况													
参加活动情况													

2. 三表一卡的相关说明

(1)《来店(电)客户登记表》

《来店(电)客户登记表》,也叫《客流量信息表》。

填写人:前台接待或是值班销售顾问;

审核人:展厅经理;

类型:展厅客户管理。

要点:①值班前台接待或是销售顾问接待客户完毕后,应立即填写;②不留资料的客户也要记录信息; ③销售顾问对接待情况要简写,注重把握关键内容;④信息要真实。

用途:①合计每天来店(电)的客户批次;②分析客户所留资料与不留资料的比例,分析原因采取对策;③通过地址分析客户分布区域;④进离店时间反映着销售顾问的接待能力,客户的购买意向以及每一天客户的来店规律;⑤洽谈情况的记录也有利于销售顾问记忆客户,分析原因,采取对策。

(2)《潜在客户等级推进表》

《潜在客户等级推进表》,也叫《有望客户进度管制表》。

填写人:销售顾问;

审核人:展厅经理;

类型:客户意向等级的动态管理。

要点:①销售顾问接待客户后或是电话回访后应立即填写顾虑等级的变化;②客户接待完毕后应马上填写;③信息要真实。

用途:①掌握和控制客户资源;②分析客户等级变化的原因与等级判断的准确度;③有效记录客户的等级变化。

(3)《营业日报表》

《营业日报表》,也叫《销售活动日报表》。

填写人:销售顾问;

审核人:展厅经理;

类型:对销售人员日常工作活动的管控。

要点:①信息要真实;②下班前必须填写;③没留资料的客户也要做好记录。

用途:①记录销售顾问一日的销售活动内容;②通过客户资料的记录,方便销售顾问联系客户、分析客户;③方便销售经理对销售顾问工作的考察。

(4)《客户信息卡》

《客户信息卡》,也叫作《客户管理卡》。

填写人:销售顾问;

审核人:展厅经理;

类型:对客户的分类管理。

要点:①信息要真实;②客户接待完毕后应马上填写;③注重把握关键内容;④没有留资料的客户不必建卡。

用途:①用于对潜在客户的管理,便于对客户的跟进,从而达成交易;②对已经成交的客户进行管理,便于与客户进行长期联络,从而使客户更加忠诚。

3. 三表一卡的逻辑关系

① 凡是进店或来电的客户必须由前台接待或是值班销售顾问填写《来店（电）客户登记表》。

②《潜在客户等级推进表》记录着潜在客户的等级变化，每次接待或是电话回访后的等级变化都记录在此表中。

③《营业日报表》记录销售顾问每日的销售活动。销售顾问每天接待了多少客户，成交了几辆车，电话回访了多少客户等所有的工作都要记录在《营业日报表》上。

④ 凡是有意向或已成交的客户都应建立《客户信息卡》，并要按照规定跟进客户。

⑤ 所有《来店（电）客户登记表》《潜在客户等级推进表》《客户信息卡》里记录的客户接待信息均能在《营业日报表》中找到对应时间点的工作活动记录。

⑥《客户信息卡》的客户回访情况与《潜在客户等级推进表》里面的回访后等级推进结果及《营业日报表》里的当日工作总结在同一时间点能够相互对应。

本章课后习题

一、填空题

1. 汽车4S店是集__________、__________、__________、__________于一体的汽车服务企业。

2. 汽车销售部三表一卡包括__________、__________、__________、__________。

3. 当天销售工作结束，至下班前，如已经没有客户来电或来店，自下班前__________开始，销售顾问应利用__________的时间进行当日工作自检。

4. 值班前台接待或是销售顾问接待客户完毕后，应立即填写______________。

5. 所有《来店（电）客户登记表》、《潜在客户等级推进表》《客户信息卡》里记录的客户接待信息均能在______________中找到对应时间点的工作活动记录。

二、判断题

1. 整车销售包括进货、运输、验收、储存、销售等环节。在4S店销售的汽车大多是汽车生产企业直接发货的车辆，价格都是由汽车经销商根据市场需求进行自由定价。(　　)

2. 对于已成交客户应建立《客户信息卡》并要按照规定跟进客户，对于有意向没有成交客户不必填写《客户信息卡》。(　　)

3. 如果当日工作忙碌，《营业日报表》可在第二天填写。(　　)

4. 展厅主管应具有良好的组织协调能力、沟通能力及团队合作能力；并能够对展厅销售进行管理及5S监督。(　　)

5.《营业日报表》记录着潜在客户的等级变化，每次接待或是电话回访后的等级变化都记录在此表中。(　　)

三、简答题

1. 汽车销售顾问的定义。

____

____

____

2. 汽车销售顾问的工作范围。

3. 请例举销售顾问的岗位职责。

4. 客户级别分类都有哪些？应该怎样进行管理？

四、论述题

对于客户管理需要填写相应的表格，例如客户到店的信息管理、潜在客户的信息管理、已购车客户的信息管理。那么汽车4S店对于客户管理需要填写哪些表格呢？填写的要点都有哪些？这些的表格的作用是什么？

项目 2 潜在客户开发

项目目标

◆ **知识目标**：1. 了解销售流程中客户开发的概念和目的，知道客户开发的重要性；

2. 掌握客户开发的途径和原则；

3. 掌握客户开发的方法。

◆ **能力目标**：1. 能够独立设计客户开发方案；

2. 根据客户开发的方法，能够进行客户开发实践，把理论运用到工作中去。

◆ **情感目标**：用丰富的客户开发相关知识充实自己，不断提高自身的业务素质，从自己的实际情况出发，从根本上认识客户开发的重要性，把自己的热情投入到汽车销售业务知识的学习上。

开篇案例赏析

客户在展厅门外犹豫徘徊

一位客户在展厅外盯着门口的新款车型海报打量了半天，既不推门进来，也没有离开的意思。汽车销售人员注意到这种情况后，微笑着走过去，为客户拉开了展厅的大门……

应对一：主动求教法

汽车销售人员：先生，您没有急事的话，进来坐一坐吧，这款新车是今天刚到的，我们刚布置完展位，也不知道漂不漂亮，您帮我们看看……

应对二：轻松寒暄法

汽车销售人员：先生，今天可算是真正入夏了，34℃呢，那叫一个热。您进来坐坐吧，里面有空调，有冷饮……

应对三：利益吸引法

汽车销售人员：先生，我们有一款经典车型现在进行报价促销，优惠 3 888 元，您进来了解一下吧……

情景分析：

“山不过来，我便过去”，优秀的汽车销售人员总是主动的、积极的，绝不轻易放走任何一个潜在的销售机会。不管是在展厅里，还是在展厅外，只要客户能停留下来，看看车、看看海报或者看看广告短片，即便没有立即购车的打算，也会有进一步了解汽车的兴趣。因此，当客户在展厅门外犹豫徘徊时，汽车销售人员要做的就是主动出击，将他们吸引到展厅，为促成销售争取机会，才有成功的可能。

错误提醒：

错误一：客户既然连展厅的门都不进，要么就是买不起车，要么就是根本不想买车，这样的客户即使争取过来也不会有太大的价值。汽车销售人员如果有这样的想法和态度，那么必然会与相当多的销售机会失之交臂。

错误二：汽车销售人员：您想买什么车啊？我给您介绍一下……

汽车销售人员：先生，这款新车现在售价35万元，您要看看吗？

汽车销售人员：先生，进来看看吧，我们各种价位的车都有……

客户的犹豫徘徊表明他们心理上存在戒备。汽车销售人员如果想吸引客户进入展厅，就不能使用带有明显买卖色彩的语言，以免给客户带来更大的心理压力。

技巧展示：

每一名汽车销售人员都希望自己能赢得更多客户的信赖与好感，取得优秀的业绩与回报。事实上，汽车销售人员与客户的第一次碰面和第一句交流，在很大程度上就已经决定了双方关系的融洽程度，以及交易的成败。初次接洽时，汽车销售人员应该做好以下四点。

1. 多一点友善

无论客户看起来是腰缠万贯，还是工薪阶层；无论客户的态度是温和友好还是拒人千里，汽车销售人员都要友善地接待，多一点微笑，多一些礼貌用语，让客户有“宾至如归”的亲切感。

2. 多一点细心

从客户走进展厅开始，汽车销售人员就应该细心关注对方的神情举动，分析、揣摩对方的想法，进而提供能让客户感到轻松、舒适的服务。例如，客户进门时大汗淋漓，销售人员可以请他们坐在凉爽的地方休息，并递上冷饮；客户提着满满的购物袋进来时，销售人员应该主动帮他们提袋子等。

3. 多一点勤勉

汽车销售人员每天都要接待很多客户，难免会疲乏、劳累。如果在汽车销售人员休息、吃饭时恰好有客户走进展厅，优秀的汽车销售人员会在同事们都疲惫不堪的时候仍然“咬牙”坚持，微笑着接待客户。高人一等的销售业绩就是靠勤勉得来的。

4. 多一点主动

主动是汽车销售人员必备的一种素质。如果汽车销售人员主动一点，就可以使原本只打算来展厅看看的客户认真考虑买车；可以使原本打算下个月购车的客户在今天就签约购买；可以使老客户介绍好友来买车。主动有可能创造销售奇迹。

项目实施

任务 2.1 设计客户开发方案

任务名称	设计客户开发方案
任务组织	将学生分成若干小组,4~8 人一组。通过学生自荐或推荐的方式选出每组组长,明确组长的职责:负责本团队组织、协调工作,带头示范,督促、帮助其他组员完成相应工作。教师及时检查学生完成情况,组织学生交流,适当给予提示与建议,并针对共性以及重难点问题在课堂上组织讨论和讲解
任务内容	根据所学知识和每组的实际情况,把本小组作为一个销售团队,选择一个具体的产品,设计本组客户开发的方案,并进行可行性分析
任务实施	客户开发方案 所选产品以及产品优势: 竞争产品比较: 目标客户分析: 客户开发使用的方法:

续表

任务名称	设计客户开发方案
任务实施	可能遇到的障碍： 解决方案：
任务总结	在调研和讨论的基础上，形成小组的分析报告，并制作 PPT 进行汇报，同学互评、教师点评，然后综合评定本次各个小组的成绩
自我评价	♡ 优　♡ 良　♡ 中　♡ 及格　♡ 不及格
教师评阅	♡ 优　♡ 良　♡ 中　♡ 及格　♡ 不及格

任务 2.2　潜在客户开发的情景模拟

任务名称	潜在客户开发的情景模拟
任务组织	将学生分成若干小组，4～8 人一组。通过学生自荐或推荐的方式选出每组组长，明确组长的职责：负责本团队组织、协调工作，带头示范，督促、帮助其他组员完成相应工作。教师及时检查学生完成情况，组织学生交流，适当给予提示与建议，并针对共性以及重难点问题在课堂上组织讨论和讲解
任务内容	每组分别商讨完成潜在客户开发的话术，并派一名同学扮演销售人员，再派一名或两名同学扮演客户，进行潜在客户开发的情景模拟演练

续表

任务名称	潜在客户开发的情景模拟
任务实施	潜在客户开发话术 销售顾问： 客户： 销售顾问： 客户： 销售顾问： 客户： 销售顾问： 客户： 销售顾问： 客户： 销售顾问： 客户： 销售顾问： 客户： 销售顾问： 客户： 销售顾问： 客户： 销售顾问： 客户： 销售顾问： 客户： 销售顾问： 客户： 销售顾问： 客户： 销售顾问： 客户： 销售顾问：
任务总结	在调研和讨论的基础上，形成小组的分析报告，并制作 PPT 进行汇报，同学互评、教师点评，然后综合评定本次各个小组的成绩
自我评价	♡ 优　♡ 良　♡ 中　♡ 及格　♡ 不及格
教师评阅	♡ 优　♡ 良　♡ 中　♡ 及格　♡ 不及格

任务2.3 结识陌生人

任务名称	结识陌生人
任务组织	将学生分成若干小组,4~8人一组,通过学生自荐或推荐的方式选出每组组长,明确组长的职责:负责本团队组织、协调工作,带头示范,督促、帮助其他组员完成相应工作。教师及时检查学生完成情况,组织学生交流,适当给予提示与建议,并针对共性以及重难点问题在课堂上组织讨论和讲解
任务内容	每组的成员在来学校或是回家的路上试着结识3个陌生人,并通过沟通得到陌生人的姓名、职业等相关资料。同组成员根据描述试着扮演所结识的陌生人,把结识过程用情景的方式模拟出来
任务实施	陌生人A的相关信息描述: 陌生人B的相关信息描述: 陌生人C的相关信息描述:
任务总结	在调研和讨论的基础上,形成小组的分析报告,并制作PPT进行汇报,同学互评、教师点评,然后综合评定本次各个小组的成绩
自我评价	♡优　♡良　♡中　♡及格　♡不及格
教师评阅	♡优　♡良　♡中　♡及格　♡不及格

相关知识链接

任何的产品销售都有一定的流程,销售流程的每一步都影响着最后的成交。汽车产品更是如此,现在汽车的需求量越来越多,但消费者对于汽车的购买力仍是有限的,对于大部分家庭来说,购车的支出都占家庭支出的一大部分。许多汽车企业也已经充分认识到汽车销售流程对汽车产品最终成交的影响,所以在自己品牌的销售网络中,强化了销售流程的管理和指导,都有自己的一个标准流程,通过分析各个汽车企业汽车销售流程,总结出一套通用的销售流程。

2.1 客户开发的概述

客户开发是销售的起点,也是汽车销售的入口。怎样开发潜在客户?怎样维护老客户?怎样电话拜访潜在客户?怎样登门拜访客户?这一系列问题会很自然地摆在每一位销售顾问的面前。要想在汽车销售领域站住脚,在汽车销售方面获得成功,就必须认真研究并实际解决这些问题。

2.1.1 客户开发的概念

客户开发工作是销售工作的第一步,是汽车销售的前提,是汽车经销商和销售顾问为了开拓汽车市场而与潜在客户建立良好关系的过程。

怎么理解客户开发的概念?

第一,客户开发是一个过程。

第二,客户开发也是汽车销售的前提,通过客户开发,积累客户资源,为以后的汽车销售提供客户资源。

第三,客户开发是汽车销售流程的第一个环节。汽车销售由客户开发、接待准备、客户接待、需求分析、商品说明、试乘试驾、售前跟踪、报价成交、交车流程和售后跟踪十大流程组成,客户开发是第一个流程。

第四,客户开发的根本目的是开拓汽车市场。

第五,客户开发的实质是建立良好的客户关系。

2.1.2 客户开发的目的

1. 客户开发是为了能给整个销售流程打下坚实的基础

无论是哪种形式的客户开发方式,都是和客户接触的第一步,你或是你的品牌为客户留下的第一印象是非常重要的,这会直接影响以后的销售工作。

2. 客户开发是为了积累公司客户群体

对汽车4S店来说,客户的数量多少对销售量的影响是非常重要的。汽车4S店是一种店面销售,目前还是需要大多数客户进店接受服务,想让客户进店,就必然要进行客户开发。而如果客户开发的开发程度不足,车型的销售量就会随之减少,可见客户开发是积累客户群非常好的一种方法。

3. 客户开发能够使销售稳定

要想使销售稳定,一定要做好客户开发工作,使汽车4S店有稳定的客户群体,使销售部的销售额有一个稳定的增长度。

4. 客户开发能宣传企业和企业车型

客户开发过程不必一定达到成交的目的,达到宣传企业和企业车型的目的也是好的,因为每个客户身边都会有很多亲朋好友,该客户不选购,但可以起到帮忙宣传的目的。

2.1.3 客户开发对4S店的重要性

在今天的汽车行业里,竞争是非常激烈的,客户的开发就显得尤为重要了。客户开发是选择人或人群,使普通的人或人群成为潜在客户的过程。之所以要进行客户开发是因为客户是企业盈利的最直接的来源,同时客户也是汽车生产企业生产汽车和汽车4S店销售汽车的最重要的满足对象。

汽车企业生产力再强,但如果没有消费者购买,没有客户,企业也是无法生存的,所以客户开发非常重要。

2.2 潜在客户的标准

2.2.1 潜在客户的定义

所谓潜在客户,是指对某类产品或服务存在需求且具备购买能力的待开发的客户,是可能成为现实客户的个人或组织。这类客户或有购买兴趣、购买需求,或有购买欲望、购买能力,但尚未与销售者发生交易关系。

对此定义的剖析如下:

第一,潜在客户感兴趣的是"某类产品或服务";

第二,潜在客户有购买需求的可能;

第三,潜在客户具备购买能力;

第四,潜在客户是"待开发"的客户。

潜在客户包括一般潜在客户、重点客户和关键客户三大部分。一般潜在客户是指已有购买意向却尚未成为任何同类或组织的客户。

2.2.2 潜在客户开发的来源

1. 来源于老客户

有很多客户接受了4S店的服务后感到非常满意,当满意度达到一定的高度后就会形成一定的忠诚度,成为公司的忠诚客户。这部分忠诚客户是能够给4S店带来很多的利益的,其中之一就是介绍新客户,如图2-1所示。其实有的时候客户仅仅因为对销售顾问的服务感到满意就会为销售顾问介绍新客户。

图 2-1

2. 来源于汽车生产厂家和销售企业的网站

现在社会的网络是非常发达的,很多消费者又非常忙碌,所以在决定购车后,基本会经常关注网络上的信息。无论是生产厂家还是 4S 店都会有销售人员通过互联网服务于客户,方便解答客户的各种疑问,此时就可以获得客户信息,从而预约客户来到 4S 店亲自看车,使其达成交易。

3. 来源于广告

很多汽车广告,无论是报纸广告、期刊广告、电视或网络广告等,都会吸引很多消费者的眼球,从而对品牌车型加以关注,如图 2-2 所示。

图 2-2

4. 来源于个人的人际关系

每个人都有自己的人际关系圈,销售顾问要让你的所有的亲朋好友都知道你是做汽车销售的,并且要让亲朋好友知道你是销售什么品牌车型的,这样他们一旦有需要就会找到你。

5. 来源于生活

每个人在生活中都会认识很多人,同时也会接触很多人。你接触的每个人都应该让他知道你的职业和所销售的车型,从而发展成为你的潜在客户,如图 2-3 所示。

图 2-3

6. 来源于销售人员的电话拜访

销售人员可以通过各种渠道获得很多消费者的电话号码,通过电话拜访的方式获得潜在客户。

7. 来源于销售人员的登门拜访

在当今的汽车行业,竞争非常激烈,所以作为汽车销售人员,“走出去”是非常重要的。销售顾问应该不断地增强自身的技能,随时准备登门拜访客户,从而获得潜在客户。

8. 来源于车展、上市发布会等各种活动

对于车展、上市发布会或是试乘试驾活动等都会有很多消费者闻讯而来,这时,我们要抓住机会,使其发展成为我们的客户,如图 2-4 所示。

图 2-4

2.2.3 潜在客户开发的原则

MAN法则，是指 Money（金钱）、Authority（决策权）、Need（需要）法则，也称男人法则。MAN法则认为，只有同时具备购买能力、购买决策权、购买需要的人，才是真正的潜在客户。因而，开发潜在客户，就要围绕着这三个要素来进行。

三种要素有以下的不同组合：

M+A+N：这类客户是有效客户，是理想的开发客户；

M+A+n：这类客户是可以接触的客户，配上熟练的销售技术，有成功的希望；

M+a+N：这类客户可以接触，并设法找到具有决定权的人；

m+A+N：这类客户可以接触，需调查其业务状况，应长期培养观察，使之具备另一条件；

m+a+N：这类客户可以接触，应长期培养观察，使之具备另一条件；

m+A+n：这类客户可以接触，应长期培养观察，使之具备另一条件；

M+a+n：这类客户可以接触，应长期培养观察，使之具备另一条件；

m+a+n：非客户，应停止接触。

2.3 潜在客户开发的方法

2.3.1 客户开发的准备工作

无论销售人员采取哪一种客户开发的方法，都得先做好相关的准备工作。准备工作是做好开发工作的前提。

第一，要对进行客户开发的销售人员进行公司的历史与文化培训。

要让进行客户开发的销售人员了解公司的文化，知道公司的建立、发展等过程，这样会增加销售人员对公司的归属感，从而无形中激发客户开发人员的潜力。

第二，培训客户开发销售人员的汽车产品知识。

汽车产品知识对于客户开发人员是一定要掌握的，如果客户开发人员对产品知识不精通，就根本无法和客户推销讲述相关的产品。汽车产品知识包括车型的品牌历史、技术参数、车型系列、车型结构、车型配置等。只有充分掌握了汽车产品相关知识，才能和客户很好的交流，从而达到客户开发的目的。

第三，培训客户开发销售人员的各种经营业务知识。

客户开发的销售人员要掌握各种经营业务知识，比如：销售合同的填写、贷款手续的要求、车辆保险的知识、汽车相关装饰的销售等知识。

第四，客户开发销售人员要了解竞争产品信息。

客户开发销售人员也一定要了解竞争产品的相关信息，例如：竞争产品的价格、竞争产品的优惠幅度、竞争产品的车型、竞争产品的广告宣传等一系列的信息。这样，客户提到竞争产品时，销售人员才能够很好地解答客户的疑问。

第五，懂得客户的消费心理。

销售人员要能够掌握关于客户类型与客户心理的相关知识。能找出客户所扮演的角色，是决策者、购买者、影响者还是使用者，客户的消费心理是怎么样的等。

2.3.2 电话开发法

1. 电话开发前的准备工作

在没有打电话前要先做好准备工作,要了解所要打电话客户的姓名、职位、所在公司等相关信息。同时也要准备好相关资料和记录表,方便记录和客户交流的相关信息。

2. 要注意打电话的时间

根据客户的职业可以判定给客户打电话的时间,不过,无论什么职业都不可以在早8:00之前和晚8:00之后给客户打电话。但如果是第二次以后和客户接触,并且和客户之间有约定,就可以按照约定的时间进行电话沟通。

3. 要注意打电话时的礼貌

① 打电话一定要先问好并自报家门,然后询问客户是否方便,例如:“×先生,您好,我是某某4S店销售人员×××,请问您方便接电话吗?”

② 打电话时也要注意不要边打电话边吃东西或是做其他与打电话无关的事情。

③ 打电话时要用礼貌用语,如:您好、谢谢、请讲等。

4. 通过电话找到关键人

当面对的是企业客户的时候,就较难获得决策人的电话,要绕过前台接待或是助理才能找到领导者或决策者。如果是个人购买者,最终也要找到决策者才能决定最后的购买。但是,客户开发也不尽然就一定要成交,将我们的企业和我们的产品宣传出去也是目的之一。

5. 注意打电话的心态

有的时候销售人员把电话打过去,对方听说了你的意图后,可能因为没有意向或是反感推销电话等原因而拒绝通话。此时,如果销售人员的心态变得不好了,这样就会影响打下一个电话。有时候因为家里或是生活上的事情使销售人员的心情不好,如果把这种情绪带到工作中去,也一定会影响和客户的通话质量。所以一定要摆正心态,时刻以最好的心态去打电话。

2.3.3 登门拜访开发法

登门拜访的客户开发方法是一个相对较难的方法,因为首先你是否能进得去这个“门”就是一个问题,所以要时刻要做好被拒绝和被撵出来的准备,这样才会有一个好的心态工作。

2.3.4 老客户开发法

客户关系管理是非常重要的,如果客户维系的好,很多客户即使购买完成也是愿意和你成为朋友的,长此以往,你的客户朋友将会非常多。而老客户也会有很多亲朋好友,通过他们的人际关系来开发客户也是一种没有成本的好方法。

2.3.5 网上开发法

通过网上发布店内车型信息和相关的广告信息等,来吸引客户的主动浏览,这样和客户在网上进行交流,吸引客户来电(店),达到客户开发的目的。

2.3.6　生活开发法

很多东西都离不开生活，工作也是生活的一部分。所以我们要认真工作，可以无形中把工作融入生活。因为作为销售人员要时刻记住自己的职业，时刻记住把自己和自己的产品宣传出去。比如买菜时可以给卖菜的人一张你的名片；认识新朋友时可以将你的名片给朋友一张；出去买衣服时可以和卖衣服的服务员交谈你的工作并留下名片；上饭店吃饭的时候可以把你的名片给饭店服务员一张等此类做法，因为他们即使现在不能成为你的客户，但是迟早有一些人是会成为你的真实客户的。

2.3.7　广告活动开发法

通过汽车广告，把汽车4S店和所销售的品牌宣传出去，吸引广大消费者的关注，从而获得客户。

2.3.8　人际关系开发法

因为每个人都有自己的人际关系圈，所以销售顾问要利用好自己的人际关系圈，销售顾问应该要让你的所有的亲朋好友都知道你是做销售的，并且要让亲朋好友知道你是销售什么品牌车型的，这样你的亲朋好友一旦有需要就会找到你。同时，你的每个亲朋好友也有你不认识的亲朋好友，他们又有一些亲朋好友圈，如此循环，客户会源源不断。

本章课后习题

一、填空题

1. MAN法则，是指__________、__________、__________法则，也称男人法则。MAN法则认为，只有同时具备__________、__________、__________的人，才是真正的潜在客户。因而，开发潜在客户，就要围绕着这三个要素来进行。

2. 根据客户的职业可以判定给客户打电话的时间，但无论什么职业都不可以在__________之前和__________之后给客户打电话，但是如果是第二次以后和客户接触，并且和客户之间有约定，就可以按照约定进行电话沟通。

3. 在没有打电话前要先做好准备工作，要了解所要打电话的客户的__________、__________、__________等相关信息。同时也要准备好__________和__________，方便记录和客户交流的相关信息。

4. 潜在客户包括__________、__________和__________三大部分。

5. 客户开发过程不必一定达到成交的目的，起到__________和__________的目的也是好的，因为每个客户身边都会有很多亲朋好友，该客户不选购，但可以起到帮忙宣传的目的。

二、判断题

1. 客户开发的根本目的是开拓汽车市场。(　　)

2. 客户开发的实质是建立良好的客户关系。(　　)

3. 要想使销售稳定，一定要有做好客户开发工作，使汽车4S店有稳定的客户群体，使销售部的销售额有一个稳定的增长度。(　　)

4. 通过网上发布店内车型信息和相关的广告信息等,来吸引客户的主动浏览,这样可以吸引客户来电(店),所以汽车企业可以重点采用网上开发客户的方法。( )

5. 一般潜在客户是指已有购买意向却尚未成为任何同类或组织的客户。( )

三、简答题

1. 潜在客户。

2. 客户开发的目的。

3. 客户开发的准备工作。

4. 客户开发的销售人员要了解竞争产品的哪些信息?

5. 潜在客户开发的来源。

四、论述题

社会进步,经济繁荣,汽车行业面临前所未有的竞争,汽车展厅销售模式也不再是传统的店内销售,走出展厅、寻找客户已经成为销售人员业绩的重要来源之一。开发潜在客户的原则有哪些?试分析潜在客户的不同要素组合。

项目3

接待准备

项目目标

◆ **知识目标**：1. 了解接待准备的目的和要点；

2. 掌握接待准备的实际内容；

3. 掌握接待准备流程的相关礼仪要求。

◆ **能力目标**：1. 培养和提高学生对接待准备的技能的掌握，培养学生接待准备的能力；

2. 使学生能做好接待准备的工作。

◆ **情感目标**：使学生认识到一个良好的客户接待过程离不开接待准备流程，体验接待准备流程的实际工作情况。用丰富的接待准备相关知识充实自己，不断提高自身的业务素质，把自己的热情投入汽车销售业务知识的学习上。

开篇案例赏析

小李刚刚大学毕业便找到一份她盼望已久的汽车4S店的销售工作。但由于4S店的规定，她需要过了三个月的试用期后才可以接待客户，此阶段为学习阶段。

小李觉得自己的形象好、口才好，卖车肯定没问题，只是盼着快些过了试用期好大显身手。她想好了，过两个月一定要拿下销售冠军的头衔，这样想着心里别提多美了。

在试用期阶段，小李除了学习还负责部分展车的清洁工作。但是心里很不平衡："凭什么要多负责两台，虽然擦车很简单，但这种不公平待遇就是不愿意接受，算了，谁让我是新来的。"她边这样想边漫不经心地擦着车……

销售顾问A："小李，这台展车是你负责的吧？"

小李："是我啊，怎么了？"

销售顾问A："你看你擦的车，灰都没擦掉，我的客户刚才穿的白色衣服都因此弄脏了，他很不开心地走了，你耽误我事了，真是的。"

小李："有那么严重吗？"

销售顾问B："怎么没有呢！这可是在客户进店前就应该做好的工作，如果被经理知道你就得挨批，售前准备工作是很重要的。"

小李没有再说话，心想：你们就欺负我吧，等我成为销售冠军的那天，你们一定会后悔的。三个月很快过去了，小李顺利地转正了，也能够接待客户了。今天，是小李接待客户的第一天，她无比兴奋，她小心翼翼地对待每位来店的客户，并且都按照相关规定记录好客户相关的信息。

小李："您好！欢迎光临××汽车4S店，我是这里的销售顾问李好，您叫我小李就行，请问您怎么称呼？"

客户："我姓于。"

小李："于先生，您好！我有什么可以帮您的？"

客户："我想看看车。"

……

客户："小李，我想提点建议可以吗？"

小李："当然可以了，您有什么需要呢？"

客户："你们店的展车的卫生不好，你看我刚才摸了一下轮胎，弄得我满手是灰，以后应该多加强这方面工作。"

小李："于先生，真是对不起，我带您洗一洗再回来签订单吧！"

客户："好。"于先生洗手回来后说："我今天还有事，改天再签吧！我先走了。"

小李："于先生，签订单很快的，再说您刚才不是说着急用车吗？您先签了订单，车到得也快啊！"

客户："不了不了。"

小李："于先生，您不是说……"

客户："小李，说实话，你人挺好的，但是我看你们店的管理不一定太好，连展车都擦不干净，以后的售后服务也不一定会重视，请你谅解！"

小李站在那儿愣住了，连于先生什么时候走的都不知道。

项目实施

任务3.1 了解客户进店前的心理

任务名称	了解客户进店前心理
任务组织	将学生分成若干小组，4～8人一组，通过学生自荐或推荐的方式选出每组组长，明确组长的职责：负责本团队的组织、协调工作，带头示范，督促、帮助其他组员完成相应工作。教师及时检查学生完成情况，组织学生交流，适当给予提示与建议，并针对共性以及重难点问题在课堂上组织讨论和讲解
任务内容	每小组的成员选择任意一家汽车4S店，并作为客户走进4S店，记住此时的心理活动情况。同时把进店后销售顾问的接待情况和你作为客户的感受记录下来。把客户接待的疑问也记录下来，这些疑问到第4章客户接待流程就会得到解决

续表

任务名称	了解客户进店前心理
任务实施	所选择的4S店名称： 地址： 所售车型： 进店前的心理感受： 进店后接待的销售顾问的名字： 销售顾问接待的优点： 销售顾问接待的缺点： 如果你是此次接待的销售顾问,你的做法：
任务总结	在调研和讨论的基础上,形成小组的分析报告,并制作PPT进行汇报,同学互评、教师点评,然后综合评定本次各个小组的成绩
自我评价	♡优　♡良　♡中　♡及格　♡不及格
教师评阅	♡优　♡良　♡中　♡及格　♡不及格

任务 3.2　销售人员的自我考核

任务名称	销售人员的自我考核
任务组织	将学生分成若干小组,4～8 人一组,通过学生自荐或推荐的方式选出每组组长,明确组长的职责:负责本团队的组织、协调工作,带头示范,督促、帮助其他组员完成相应工作。教师及时检查学生完成情况,组织学生交流,适当给予提示与建议,并针对共性以及重难点问题在课堂上组织讨论和讲解
任务内容	每小组成员根据 4S 店对销售顾问的要求进行自我的形象和利益的准备,准备组内成员进行互评,各小组间进行点评。此任务可在上节课介绍后留下
任务实施	自我准备情况: 小组内成员自评情况: 优点: 缺点: 小组评价情况: 优点: 缺点: 应该如何改正: 个人体会:

续表

任务名称	销售人员的自我考核
任务总结	在调研和讨论的基础上,形成小组的分析报告,并制作 PPT 进行汇报,同学互评、教师点评,然后综合评定本次各个小组的成绩
自我评价	♡ 优　♡ 良　♡ 中　♡ 及格　♡ 不及格
教师评阅	♡ 优　♡ 良　♡ 中　♡ 及格　♡ 不及格

任务3.3 体会展厅与展车的维护工作

任务名称	体会展厅与展车的维护工作
任务组织	将学生分成若干小组,4~8 人一组,通过学生自荐或推荐的方式选出每组组长,明确组长的职责:负责本团队的组织、协调工作,带头示范,督促、帮助其他组员完成相应工作。教师及时检查学生完成情况,组织学生交流,适当给予提示与建议,并针对共性以及重难点问题在课堂上组织讨论和讲解
任务内容	此任务可以到学期末再进行总结。每小组的成员负责一周内对汽车技术服务与营销实验室和实验室内展车的清理,要严格按照汽车 4S 店的要求进行实验室的清理和展车的清理与维护。清理完后总结体会
任务实施	作为销售人员进行展厅维护的体会: 作为销售人员进行展车维护的体会:

续表

任务名称	体会展厅与展车的维护工作
任务总结	在调研和讨论的基础上，形成小组的分析报告，并制作 PPT 进行汇报，同学互评、教师点评，然后综合评定本次各个小组的成绩
自我评价	♡ 优 ♡ 良 ♡ 中 ♡ 及格 ♡ 不及格
教师评阅	♡ 优 ♡ 良 ♡ 中 ♡ 及格 ♡ 不及格

任务 3.4 做好客户接待准备工作

任务名称	做好客户接待的准备工作
任务组织	将学生分成若干小组，4～8 人一组，通过学生自荐或推荐的方式选出每组组长，明确组长的职责：负责本团队的组织、协调工作，带头示范，督促、帮助其他组员完成相应工作。教师及时检查学生完成情况，组织学生交流，适当给予提示与建议，并针对共性以及重难点问题在课堂上组织讨论和讲解
任务内容	每小组根据任务 3.1、任务 3.2、任务 3.3 完成过程的经验，结合所学知识，按照接待准备的具体要求进行一次全面的接待准备，小组间互评
任务实施	销售人员自我的准备： 展厅与展车的准备： 销售工具的准备： 小组间的互评情况：

续表

任务名称	做好客户接待的准备工作
任务总结	在调研和讨论的基础上，形成小组的分析报告，并制作 PPT 进行汇报，同学互评、教师点评，然后综合评定本次各个小组的成绩
自我评价	♡ 优　♡ 良　♡ 中　♡ 及格　♡ 不及格
教师评阅	♡ 优　♡ 良　♡ 中　♡ 及格　♡ 不及格

相关知识链接

3.1　接待准备概述

3.1.1　接待准备的目的

① 通过对人、车、物的完善的准备，保证展厅处于接待客户的最佳状态。

② 通过营造一种有品位、有档次的营销环境，不自觉地感染客户，使客户的注意力更集中于其得到的价值上。

3.1.2　接待准备中客户的期望

接待准备流程中客户的期望是在一个干净舒适、亲切、有品位的环境中选购自己的爱车。

3.1.3　接待准备的执行者

接待准备流程由展厅经理、首席销售顾问、销售顾问、展厅服务员负责具体执行。接待准备流程中客户服务总监负责服务规范指导和监督。

3.2　汽车销售人员的自我准备

接待准备指的是销售人员在没有与客户接触沟通之前所应该做的一系列准备。通过对人、车、物等完善的准备，保证销售展厅在软件与硬件上处于接待客户的最佳状态，让营造出的气氛感染客户的购买热情，使客户的注意力更集中于所获得的价值上。汽车营销准备是至关重要的，汽车营销准备是否充分，直接关系到汽车营销活动的成败。一般来说，汽车营销准备主要包括三个方面：第一是汽车销售人员的自我准备；第二是汽车销售人员对汽车产品的准备；第三是对销售工具的准备。每一位汽车销售人员都应该在营销前做好这三方面的准备工作，以便做到心中有数，稳操胜券。

3.2.1 汽车销售人员的自我心理准备

每个人从很小的时候起，就在不断地把自己推销给周围的人，让别人喜欢自己，接纳自己；说服别人借给自己某种东西；和别人达成交换某个物品的协议等。我们需要推销自己的才能，推销自己是每个人都具有的才能，但真正需要我们有意识地去运用自己的这种推销才能时，许多人就会感到无所适从了。有意识地推销商品与无意识地推销自己是有差距的，怎样才能使自己的推销才能充分发挥出来？

1. 相信自己

相信自己会成功，这一点至关重要。并不是每个人都明确地认识到自己的推销能力，但它确实存在，所以要信任自己。人们最大的敌人之一就是自己，而超越自我则是成功的必要因素。推销人员尤其要正视自己，鼓起勇气面对自己的客户。

2. 树立目标

树立一个适当的目标，是推销员在准备期中必要的心理准备之一。没有目标，是永远不可能达到胜利的彼岸的。

3. 把握原则

现代营销与传统营销已有很大的差别，销售人员已不再只是简单地兜售商品。一名优秀的销售人员在树立了信心、明确了目标后，还应该把握住作为一名销售人员应遵循的原则。

（1）满足需要原则

现代的营销观念是汽车销售人员要协助客户，使他们的需要得到满足。销售人员在营销过程中应做好准备去发现客户的需要，极力避免“强迫”推销。最好的办法是利用你的销售使客户发现自己的需要，而你的产品正好能够满足这种需要。

（2）诱导原则

营销就是使根本不了解或根本不想买这种商品的客户产生兴趣和欲望，使有了这种兴趣和欲望的客户采取实际行动，使已经使用了该商品的客户再次购买，当然能够让客户成为我们产品的义务宣传员则更是成功之举。这每一阶段的实现都需要推销员把握诱导原则，使客户一步步跟上汽车营销的思路。

（3）照顾客户利益原则

现代营销术与传统推销术的一个根本区别在于，传统推销带有很强的欺骗性，而现代营销则是以“诚信”为中心，从客户利益出发考虑问题。在以市场为中心的今天，客户已成为各企业争夺的对象，只有让客户感到企业是真正站在消费者的角度来考虑问题，自己的利益在整个购买过程中得到了满足和保护，这样汽车营销企业才可能从客户那里获利。

（4）保本原则

一般来说，汽车销售人员在与客户面谈时可以根据情况与时机适当调整价格，给客户适当的折扣或优惠。这里有一个限度问题，各企业对此要求不同，但一般来说不能降到成本线以下。这就要求推销员不仅要详细了解产品的功能、特征，还应该了解产品的成本核算。

4. 创造魅力

一位汽车销售人员在营销产品之前，实际上是在自我推销。一个蓬头垢面的推销员不论他所介绍的商品多么诱人，客户也会说："对不起，我现在没有购买这些东西的计划。"汽车销售人员的外形不一定要美丽迷人或英俊潇洒，但却一定要让人感觉舒服。那么在准备阶段你能做到的就是预备一套干净得体的服装，把任何破坏形象、惹人厌恶的东西排除，充分休息，准备以充沛的体力、最佳的精神面貌出现在客户的面前。

语言是汽车销售人员的有力武器，汽车销售人员应该仔细审视自己平日的语言习惯：是否有一些令人不快的口头禅，是否容易言语过激，有没有打断别人讲话的习惯等。汽车销售人员还应视自己的客户群来选择着装，一般说来，你的客户是西装革履的白领阶层，那么你也应着西装；而当你的客户是机械零件的买主，那么你最好穿上工作服。日本著名推销专家二见道夫曾让推销员穿上蓝色工作服，效果很好。他的建议是基于作出购买决策的决策者在工作现场是穿蓝色工作服而非往常的西服。由此可见，避免不协调应该是着装的一个原则。

3.2.2　汽车销售人员的形象准备

汽车销售人员是公司和产品的代言人，在客户心目中甚至比公司负责人更具有代表性。所以，为了给客户留下良好的第一印象，汽车销售人员的仪容仪表非常重要，如图3-1所示。

图3-1

切记要以身体为主，服装为辅。如果让服装反客为主，汽车销售人员本身就会变得无足轻重，在客户的印象里也只有服装而没有销售人员。正如著名的时装设计大师夏奈儿所说："一个女人如果打扮不当，您会注意她的衣着，要是她穿得无懈可击，您就注意这个女人本身。"因此要按时间、场合、事件的不同，来分别穿戴不同的服装。

无论怎样着装，着装目的要清楚，就是要让客户喜欢而不是反感。

1. 男性汽车销售人员的衣着规范及仪表

西装：深色。如有经济能力最好能选购高档一些的西装。

衬衫：纯色。白色、浅色或中色，注重领子、袖口清洁，并熨烫平整。一定要每天更换。

领带：以中色为主，不要太花或太暗，注意和衬衣或西装的反搭配协调。

长裤：选用与上衣色彩质地相衬的面料。裤长以盖住鞋面为准。

便装：中性色彩，干净整齐，无油污。

皮鞋：黑色或深色，注意和衣服的搭配。如有经济能力最好选购一双名牌皮鞋。且要把鞋面擦亮，皮鞋底边擦干净。

短袜：黑色或深色，穿时不要露出里裤。

身体：要求无异味，可适当选用好一些的男士香水，但切忌香水过于浓烈。

头发：头发要梳理整齐，不要挡住额头，更不要有头皮屑。

眼睛：检查有没有眼屎、眼袋、黑眼圈和红血丝。

嘴：不要有烟气、异味、口臭。出门前可多吃口香糖。

胡子：胡须必须刮干净，最好别留胡子。

手：不留长指甲，指甲无污泥，手心干爽洁净。

2. 女性销售人员的衣着规范及仪表

头发：干净整洁，不留怪发，无头皮屑。

眼睛：不要有渗出的眼线、睫毛液，无眼袋、黑眼圈。

嘴唇：可以涂些口红，并且保持口气清香。

服装：西装套裙或套装，色泽以中性为好。不可穿着过于男性化或过于性感的服装，款式以简洁大方为好。

鞋子：黑色中跟淑女鞋，保持鞋面的光亮和鞋边的干净。

袜子：连裤丝袜，色泽以肉色最好。

首饰：不可太过醒目和珠光宝气，最好不要佩戴三件以上的首饰。

身体：不可有异味。选择淡雅的香水。

化妆：一定要化妆，否则是对客户的不尊敬。但以淡妆为好，不可浓妆艳抹。

3. 销售人员的仪态

在没有正式接待客户之前，对销售人员的基本接待礼仪一定要规范并做培训，如图 3-2 所示，使其以标准的接待礼仪去接待客户，让客户感受到专业人员的接待以增加对销售人员的信任。

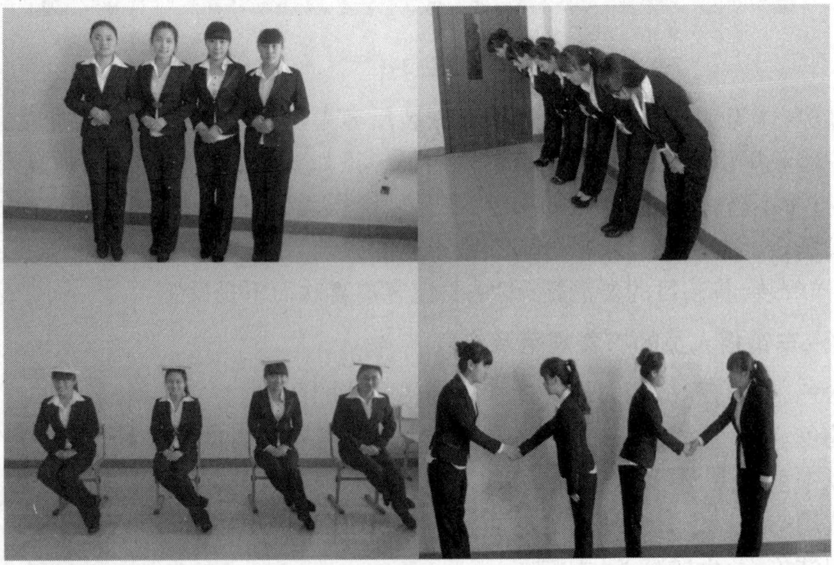

图 3-2

一般站立时，双脚微分，双手握于小腹前，视线可维持较水平略高的幅度，气度安详稳定，表现出自信的态度。站着与客户商谈时，两脚平行打开，保持10公分左右[①]，这种姿势比较不易疲劳，同时头部前后摆动时比较能保持平衡，气氛也能较缓和。

入座姿势，多半是从椅子的左侧入座，上身不要靠着椅背，微微前倾，双手轻握于腿上或两手分开放于膝上，双脚的脚后跟靠拢，膝盖可分开一个拳头宽，平行放置。若是坐在较软的沙发上，应坐在沙发的前端，如果往后仰则容易显得对客户不尊重。会客室的入座一般没有固定的常规可循。因此，当客户进来时站立起来，遵循客户的指示入座。

平常面对面交谈，当双方说话时，视线落在对方的鼻间，偶尔可注视对方的双目，当诚心诚意想要恳请对方时，双眼可以注视对方的双目，虽然双目一直望着对方的眼睛能表现您的热心，但也会出现针锋相对的情景。

迎接客户的同时伸出自己的手，身体略微前倾，眼神看着客户的眼睛；握手需要握实，摇动的幅度不要太大。时间以客户松手的感觉为准。

人与人相识，第一印象往往是在前几秒钟形成的，而要改变它，却需付出很长时间的努力，良好的第一印象来源于人的仪表谈吐，但更重要的是取决于他的表情。微笑是表情中最能赋予人好感，增加友善和愉悦心情的表现方式。一个对你微笑的人，必能体现出他的热情、修养和他的魅力，从而得到人的信任和尊重。

4. 个人素养

为提高自身的综合知识和能力，以后在与客户的交往中能自然地找到共同话题，从而接触、交谈并成为朋友，建议销售人员要具备一项或两项个人爱好。

针对男性客户，销售顾问可适当关注体育、旅游、财经方面的信息；针对女性客户，销售顾问可适当关注化妆、美容、旅游等方面的信息。汽车永远是共同的话题，销售顾问需要展现给客户的是一种专业的形象，因此销售顾问还要掌握产品的基本知识。

3.2.3 汽车销售人员应掌握的知识结构

1. 产品专业知识

汽车销售人员应对汽车的基本构造原理和最新的品牌及车型的发展、信息有所掌握；对品牌的悠久历史、品牌定位和市场表现有所了解，并能用生动语言加以描述；了解各种车型的特点和配备；会熟练运用销售话术；熟悉竞争对手品牌和产品，能够进行比较客观的竞品比较等。只有熟练掌握汽车产品的专业知识，才能够在汽车销售中熟练应对客户的异议。

2. 非产品专业知识

汽车销售人员除了要掌握产品专业知识外，还应掌握以下非产品专业知识：

① 社会主义精神文明和商业道德；

② 经营业务知识，具体包括：营销基础知识、汽车产品知识、熟悉市场、熟悉销售工作的每个环节、熟悉各种票据、财务手续等；

③ 客户心理，讲究谈判和语言艺术；

④ 商务礼仪知识；

---

① 1公分=1厘米。

⑤ 外语；
⑥ 其他非专业知识。

3. 专业汽车销售人员的特点

① 专业化；
② 服务化；
③ 顾问化；
④ 人性化。

4. 优秀汽车销售人员应具备的条件

① 比老板更了解自己的公司；
② 比消费者更了解消费者，比他们知识面更广；
③ 比竞争对手更了解他们自己；
④ 比汽车设计师更了解汽车。

5. 汽车销售人员基本能力

① 观察能力；
② 记忆能力；
③ 思维能力；
④ 交往能力；
⑤ 说服能力；
⑥ 演示能力；
⑦ 核算能力；
⑧ 应变能力。

3.3 展厅与展车的准备

汽车销售的环境对于整个销售工作是非常重要的，一个好的展示环境可以提升客户对产品价值的认识，使客户的注意力集中在价值上而非价格上。展车是汽车销售人员进行产品展示的主要工具。所以要确保展厅所有硬件设施整洁、完好、可用，同时确保展车的完好与整洁。

3.3.1 展厅氛围营造

良好的氛围会使得展厅与众不同，更能激发客户的购买欲望。展厅可根据当地风俗习惯及自身状况做一定布置。比如展厅文化氛围的营造、汽车装饰品展示区的设计、客户休息区的布置、展车的摆放等。

对于展车的摆放，一般情况下汽车厂家都有一定的规定，汽车4S店也可以根据自己展厅的情况做出安排。不管具体规定是怎么样的，都尽可能地让汽车的型号齐全，摆放时也应该考虑汽车的颜色搭配和主题层次，比如新车型上市时，主展台往往会摆放新车型，还有当有促销车型时要考虑如何摆放。而且作为汽车的4S专卖店，不可以有其他品牌的车、装饰和宣传物品等。

3.3.2 展车维护与清洁

汽车销售人员要保证展车处于最佳状态，大多情况是展车摆放的要求和展车卫生的要求，比如要做到："远看无灰尘，近看无手印"；轮胎表面光亮无灰；门锁及后备厢锁保持开启状态；座椅、方向盘调整到适当的位置等一系列要求。可根据所在品牌汽车厂家或公司的具体要求操作。

1. 展车的摆放

展车的摆放如图 3-3 所示。

图 3-3

① 展车的摆放数量应该按照厂家的要求达到展厅设计图纸数量要求，并尽可能款式齐全；

② 展车在展示时要考虑到展车的颜色和主次顺序，比如：滞销颜色和畅销颜色的选择，滞销车型和畅销车型的摆放关系的；

③ 4S 店内的主展台位置上建议摆放厂家主推车型中的最高配置，这样不仅能起到宣传作用，同时也让消费者了解车辆所有的配置，方便消费者选择车型；

④ 展车具体摆放的位置要按照汽车生产厂家的展厅设计图纸设计的位置摆放；

⑤ 建议展厅内摆放改装好汽车装饰的车型供客户参观选择，便于汽车装饰的销售；

⑥ 展厅内不容许摆放其他品牌的轿车、装饰和宣传物品等其他品牌的任何东西。

2. 展车的清洁

（1）展车的外部

① 作为展车要除去新车的油漆保护膜；

② 展车表面应做到"近看无灰尘，远看无手印"；

③ 展车轮胎表面应没有灰尘，并且轮胎要保持光亮；

④ 展车的门锁和行李箱盖应保持开启状态，主要是方便客户参观；

⑤ 展车的前车窗建议完全放下，配备天窗的车型应打开遮阳内饰板，且可天窗斜开；

⑥ 展车的轮毂品牌标志应该向上；

⑦ 展车的前后牌照位置应放置注明车辆型号的车牌，并在展车旁边位置放置带有展车配置表的配置架；

⑧ 展车要保证电瓶有电，能够随时参观车辆的电器设备。

（2）展车的内部

① 展车应除去新车座椅保护套；

② 展车应使用品牌统一指定的展车脚垫；

③ 展车内部禁止吸烟；

④ 展车内的时钟要调到北京时间并且要将收音机调到当地最清晰的、收听率最高的频道，将音量调到适中，以免惊到消费者；

⑤ 为展车 CD 准备 3 组风格不同的音乐光盘；

⑥ 方向盘的位置应按照长度调整至最靠近仪表盘、高度调整到最高位置上；

⑦ 展车中除了装潢之外不能有其他附加物；

⑧ 展车的前排座椅靠背建议调整到与 B 柱平行的位置，座椅的高度调整至最低的水平为好；

⑨ 展车随车附件要齐全，如备胎、随车工具、说明书、天线、点烟器和烟灰缸等，且需要安装到位。

3.4 销售工具准备

3.4.1 销售工具准备的好处

① 容易引起客户的注意和兴趣；
② 使销售说明更直观、简洁和专业；
③ 预防介绍时的遗漏；
④ 缩短拜访时间；
⑤ 提高效率。

3.4.2 销售人员必备的销售工具

① 名片与名片夹；
② 通讯录；
③ 计算器；
④ 便笺纸、笔；
⑤ 产品配置单；
⑥ 最新价格表；
⑦ 空白“合同申请表”、“拜访记录表”等专业销售表格。

销售工具不应该是别人提供的，而应是销售人员自己创造的，只要认为是合理可用能够帮助销售的，都可以把它作为自己的销售工具使用。比如保险相关资料、按揭相关资料等都可以帮助销售的。

本章课后习题

一、填空题

1. 通过对____________、____________、____________的完善的准备，保证展厅处于接待客户的最佳状态。

2. 通过营造一种____________、____________的营销环境，不自觉地感染客户，使客户的注意力更集中于其得到的__________上。

3. 汽车营销准备主要包括__________、__________、__________三个方面。

4. 良好的氛围会使得展厅与众不同，更能激发客户的购买欲望。可根据当地风俗习惯及自身状况做一定布置。比如__________、__________、__________、展车的摆放等。

5. 汽车销售人员要保证展车处于最佳状态，大多情况是__________的要求和__________的要求，比如要做到“近看无灰尘，远看无手印”。

二、判断题

1. 接待准备流程首席销售顾问、销售顾问、展厅服务员负责具体执行。(　　)

2. 销售工具准备的好处是容易引起客户的注意和兴趣，使销售说明更直观、简洁和专业等。(　　)

3. 展车轮胎表面应没有灰尘，并且轮胎要保持光亮。(　　)

4. 展车的前排座椅靠背建议调整到与C柱平行的位置，座椅的高度调整至最低的水平为好。(　　)

5. 接待准备流程中客户的期望是希望在一个干净舒适、亲切、有品位的环境中选购自己爱车。(　　)

三、简单题

1. 汽车销售人员的自我心理准备有哪些？

2. 专业汽车销售人员的特点？

3. 汽车销售人员基本能力？

4. 销售员必备的销售工具？

5. 女性销售人员的衣着规范及仪表？

四、案例分析题

王先生由于工作调动距离单位较远，所以打算购买一辆小排量代步车，经朋友推荐，王先生到某汽车4S店看车。这天，王先生来到了某某汽车4S店，一走进4S店，他就看到他之前在网上看到动心的那款轿车，可是这台车和网上相比怎么不一样？有个白顶，引擎盖也是白色的，还摸哪哪是灰，后来才知道原来是没有清理。可是虽然知道如此，王先生还是觉得实车不好看，于是放弃了购买此轿车的想法。

试分析：王先生为什么放弃了购买此车？4S店对展车正确的管理办法是怎么样的？

项目 4

客户接待流程

项目目标

◆ **知识目标**：1. 通过本章学习，使学生了解客户接待的目的；
2. 学习展厅接待的知识，明确微笑的魅力、店内接待的要点、流程和标准，明确非语言信息在店内接待中的特殊作用；
3. 掌握店内接待的技巧，掌握店内接待的礼仪。

◆ **能力目标**：培养和提高学生店内接待的技能，并能很好地利用店内接待技能。

◆ **情感目标**：使学生具有销售工作离不开店内接待沟通能力的认知，体验微笑及其他非语言沟通在销售工作中的非凡感受，从情感上接受并认可店内接待的必要性。

开篇案例赏析

设计能打动客户的开场白

情景一：请求客户给予建议和指导

汽车销售人员：张先生，您好，我是某某汽车的销售顾问李明，您两天前来我们店试驾过，您看现在通话方便吗？

客户：哦，我记得，我不是说过了吗，我现在不想买车，你们别再打我电话！

汽车销售人员：张先生，我这次给您打电话不是为了推销汽车的。

客户：哦，这样啊，那你有什么事啊？

汽车销售人员：我想请您帮个忙。您还记得上次试驾的那款 A 车吧？因为它是新上市的车型，所以公司要求我们收集客户对这款车的看法和建议，以便改进我们的产品和工作。您是在大企业专门负责产品研发的，在这方面的见识肯定比别人要深刻，所以我想听听您的看法。

客户：哦，是这样啊，我跟你说，你们这款车的最大好处在于……

情景二：真诚的关怀与帮助

汽车销售人员：张先生，您好，我是某某汽车的销售人员李明，您前天来我们店试车的时候提到，您有个弟弟现在待业在家，您很想让他学学汽车修理，是吗？

客户：是呀，我兄弟才二十出头就待业了，我着急呀。上次你不是说你们店不缺人吗？

汽车销售人员：是的，我们店在售后维修这一块目前确实没有岗位。我看您挺为这事烦恼的，所以打电话问了我们其他的分店，刚好有一个店现在正在招人，我想您什么时候有时间，可以叫上您弟弟一起来看看。

客户：好啊，这太好了。真是有劳你了。

汽车销售人员：没关系，张先生，有您这样的大哥，您弟弟真是很幸运。对了，最近这两天您有没有去别的店试试车呢……

情景三：交流最新的信息

汽车销售人员：张先生，上次您好像提到，您是从事建筑设计工作的，是吗？

客户：是呀，怎么啦？

汽车销售人员：真巧，上午我接待了一个客户，是一家建筑设计公司的老总，您看好的那款车他今天提了一辆，他姓赵，我跟他提起您的名字，他一听就哈哈大笑，说认识您，还说您在建筑设计上的才华和能力非常出众，要是有机会，一定要挖走您呢。

客户：呵呵，是吗？这个赵总是哪个公司的呀？

汽车销售人员：他是××集团的。我跟他说您也看中这一款车，他很高兴，还说"英雄所见略同"呢。

客户：呵呵，这个赵总我还真认识。你们那款车现在还有现车吗……

情景分析：

汽车销售人员进行电话跟进的最终目的是相当明确的，那就是让客户"回头"来买车，客户当然也明白这一点，因此，客户对于销售人员的电话往往抱有排斥和警惕情绪，而且客户一般都会考察好几家车行，自然免不了被好几位销售人员"骚扰"，更是增添了客户对电话跟进的抵触。这就需要汽车销售人员能设计独特的、别开生面的、有足够吸引力的开场白来打动客户，缓和对方的戒备和排斥情绪，让客户有兴趣继续进行电话沟通，从而为再次面谈或登门拜访争取机会。

错误提醒

错误一：汽车销售人员要尽量避免使用过于直白、过于俗套的开场白，例如"您考虑得怎么样了？""您打算什么时候来试车啊？""您今天过来，我给您再优惠一点"等，这样的开场白几乎每一位汽车销售人员都在用，客户听得多了，也就不觉得有吸引力了。

错误二：在进行电话跟进时，汽车销售人员一定要注意这样的一个细节，无论客户意向如何，都不能给对方留下车子滞销、卖不动的印象，因为没有哪位客户愿意花一大笔钱来买一款其他人都看不上、都不想买的车子。比如下面的例子：

汽车销售人员：张先生，您什么时候有时间，我把试驾车开过去让您试一下？

客户：你们那款A车现在还有现车吗？

汽车销售人员：有啊，库房还有三辆呢。

客户：是吗？上周我去你就说还剩三辆，这么说，都一个星期了，这款车一辆也没卖出去啊？

汽车销售人员：呃……不是呀……没有这回事，这款车怎么可能卖不动呢……

技巧展示：如何设计打动客户的开场白

什么样的话或话题最能够打动客户的心呢？汽车销售人员不妨先做一次换位思考，想一想自己最容易被什么样的话所打动——新奇有趣的、关乎切身利益的、答疑解惑的、体贴关切的、体现尊重的，这样的话题往往能在第一时间抓住客户的兴趣与注意力，让他们既乐意听，也乐意回应。因此，在跟进客户时，汽车销售人员就可以从这些话题入手来设计与众不同的开场白。

1. 新奇有趣的开场白

大多数人对于新奇的、独特的、有趣的话题总是有着浓厚的兴趣，如果这些话题与自己的生活有一定的关联，这种兴致会更加强烈。下面是几个新奇有趣的开场白示例：

"先生/女士，您知道最近特别火爆的那部电视剧《××》的男主角吗？真不敢相信，今天他和助理来我们这边试了一款车，当场就提走了，跟您看中的那款是一个系列的！"

"先生/女士，我今天给您打电话不是为了销售我的车，我很想知道您那天来试车的时候您孩子穿的那套非常漂亮的小外套哪里可以买到呢？我孩子快过三岁生日了，我很想给他买一套那样的衣服。"

2. 关乎客户利益的开场白

利益永远是客户最关心的话题，如果销售人员能够帮助客户省钱甚至是赚钱，那么，对方即使再忙也会兴致勃勃地接听电话。以下是几个关乎客户利益的开场白示例：

"先生/女士，五一黄金周，我们店会举行成立以来幅度最大的一次促销活动，全场购车享受九折的优惠，一辆20万元的车，能省下20 000元呢……"

"先生/女士，上次聊天的时候，听您说起您最近在做建材生意，是吗？我有个朋友最近承包了一个装修项目，需要采办大量的材料，我一听这消息就想起您来了……"

3. 答疑解惑的开场白

在上一次的洽谈中，客户还有哪些遗留的问题或疑虑没有彻底得到解答，还有哪些问题没有得到解决，或者销售人员还有哪些工作没有做到位，这些话题也是客户关心和关注的。以下是几个答疑解惑的开场白示例：

"先生/女士，上一次我们聊车时，您提到自己平时经常去野外摄影采风，很想了解一下我们这款车的实际爬坡能力还有越野性能，对吧？我特地联系了好几位老客户，向他们了解一下。凑巧的是，有一位车主也是个摄影师，经常外出采风，他很想跟您认识一下，顺便可以聊聊用车的感受，您看什么时候方便？"

"先生/女士，上一次您来选车时，××系列的车店里只有黑色的，您说很想看看白色的，颜色明亮，也不显脏，今天我们店里到了好几款白色的，您看是明天还是后天来看看？"

4. 体贴关切的开场白

每个人都有需要他人帮助的时候，客户自然也不例外。在接洽的时候，客户可能在无意中提到了一两点他们目前所面临的问题或者困难，如果汽车销售人员能做个有心人，及时发觉，并在跟进时真诚地提供力所能及的帮助，不管能不能彻底解决客户的难题，他们都会记住销售人员的这份心意和努力，从而增强对销售人员的好感与信任，这让客户"回头"变得更加容易。因此，体贴关切、真诚帮助客户是最好的、最有效的开场白，具体示例如下所示：

"先生/女士，您上次说正忙着公司上市，现在一切进展都顺利吧？虽然只跟您接触了一次，但我感觉到您是个非常稳健的人，相信有您的主持，上市一定会大获成功的！"

"先生/女士，上次听您说您母亲患了××疾病，想这两天去××医院，是吧？我有个朋友正好在那个医院上班，您看有没有需要帮忙的地方？"

5. 体贴尊重的开场白

马斯洛把人的需求分为生理需求、安全需求、社会需求、尊重需求和自我实现需求五个层次，有经济实力购车的客户大多数都已经实现了前三个需求，因此，尊重与自我实现需求是他们非常看重的。如果汽车销售人员能在短短的开场白中体现这种尊重，客户会很乐意接听这个电话。以下是几个能体现尊重的开场白示例：

"先生/女士，我感觉到，最近这几个月的时间自己的业绩好像遇到了瓶颈，很难突破，您做了十年销售，现在又是名震一方的特级讲师，我们公司老总谈起您都非常钦佩，我很希望您能指点一下我……"

"先生/女士，上次跟您聊天的时候，我觉得您对汽车非常在行，提的很多见解都相当有见地，我记下了几条，在我们公司的例会上分享了一下，没想到老板和同事们都非常钦佩，我们老板还特地托我问问您，什么时候有空可以再到我们店走一走，他很想和您一起吃顿饭，聊一聊……"

项目实施

任务 4.1 体验客户进店的感受

任务名称	体验客户进店的感受
任务组织	将学生分成若干小组，4～8 人一组，通过学生自荐或推荐的方式选出每组组长，明确组长的职责：负责本团队的组织、协调工作，带头示范，督促、帮助其他组员完成相应工作。教师及时检查学生完成情况，组织学生交流，适当给予提示与建议，并针对共性以及重难点问题在课堂上组织讨论和讲解
任务内容	任意选择一家汽车 4S 店，每小组成员扮演客户亲自到 4S 店体验 4S 店的客户接待流程的实际情况，记录 4S 店的实际客户接待情况，谈谈自己的个人体会
任务实施	所选择的 4S 店： 地址： 所销售的车型包括： 接待的销售顾问姓名： 4S 店内的环境评价： 优点：

续表

任务名称	体验客户进店的感受
任务实施	缺点： 销售顾问的形象与礼仪评价： 优点： 缺点： 销售顾问的接待实际情况评价 优点： 缺点：
任务总结	在调研和讨论的基础上，形成小组的分析报告，并制作PPT进行汇报，同学互评、教师点评，然后综合评定本次各个小组的成绩
自我评价	♡ 优　　♡ 良　　♡ 中　　♡ 及格　　♡ 不及格
教师评阅	♡ 优　　♡ 良　　♡ 中　　♡ 及格　　♡ 不及格

任务4.2　模拟店内接待流程

任务名称	模拟店内接待流程
任务组织	将学生分成若干小组，4~8人一组，通过学生自荐或推荐的方式选出每组组长，明确组长的职责：负责本团队组织、协调工作，带头示范，督促、帮助其他组员完成相应工作。教师及时检查学生完成情况，组织学生交流，适当给予提示与建议，并针对共性以及重难点问题在课堂上组织讨论和讲解

续表

任务名称	模拟店内接待流程
任务内容	以小组为单位，每小组选择两名同学，一名同学扮演客户，另一名同学扮演销售顾问，结合所学知识，按照客户接待的具体要求进行一次全面的接待，小组间互评
任务实施	所销售车型： 小组间的互评情况：
任务总结	在调研和讨论的基础上，形成小组的分析报告，并制作 PPT 进行汇报，同学互评、教师点评，然后综合评定本次各个小组的成绩。
自我评价	♡ 优　♡ 良　♡ 中　♡ 及格　♡ 不及格
教师评阅	♡ 优　♡ 良　♡ 中　♡ 及格　♡ 不及格

任务 4.3　不同客户的接待

任务名称	不同客户的接待
任务组织	将学生分成若干小组，4～8 人一组，通过学生自荐或推荐的方式选出每组组长，明确组长的职责：负责本团队的组织、协调工作，带头示范，督促、帮助其他组员完成相应工作。教师及时检查学生完成情况，组织学生交流，适当给予提示与建议，并针对共性以及重难点问题在课堂上组织讨论和讲解
任务内容	以小组为单位，每小组选择两名同学，一名同学扮演客户并说明客户的类型，另一名同学扮演销售顾问并说明对于这种客户所使用的销售技巧，结合所学知识，按照客户接待的具体要求进行一次全面的接待，小组间互评

续表

任务名称	不同客户的接待
任务实施	所扮演客户类型： 所销售车型： 运用的接待技巧有： 小组间的互评情况：
任务总结	在调研和讨论的基础上，形成小组的分析报告，并制作 PPT 进行汇报，同学互评、教师点评，然后综合评定本次各个小组的成绩
自我评价	♡ 优　♡ 良　♡ 中　♡ 及格　♡ 不及格
教师评阅	♡ 优　♡ 良　♡ 中　♡ 及格　♡ 不及格

相关知识链接

所有的准备都为让客户来到店内有一个完美的体验，但这仅仅依赖于全面的准备还远远不够，销售人员怎样更好地接待客户，也是非常重要的一个环节。此流程完成得好，会最大限度地消除客户的疑虑，这样对我们分析客户的心理是有很大帮助的。给客户愉快的体验，虽然不能保证一定能马上将汽车销售出去，但是争取客户再次来店就很容易了。

4.1　客户接待概述

4.1.1　客户接待的目的

店内接待，就是要让客户感受到你的热情，形成一种温暖的感觉。标准的店内接待，可以使客户感到舒适，可以消除客户的疑虑，可以建立客户的信心。当你的客户喜欢在展厅逗留，走了以后还想回来，就说明你的店内接待工作做到位了。

① 通过销售顾问对客户良好的接待,可以把品牌良好的形象和4S店优质的服务传递给客户;

② 消除客户对品牌、对4S店、对车型的疑虑,从而为引导客户进入需求分析流程做好了准备;

③ 客户接待中通过和客户良好的沟通,可争取客户能够再次来店。

4.1.2 客户接待时客户的期望

客户接待流程中客户的期望主要是希望能受到热情亲切而又轻松自然的接待,不至于感到过分的"压力",不喜欢感受到一种购买的压迫。

简单地说就是客户期望得到满意的接待,而客户满意又是评价销售活动质量的尺度。客户满意,是高质量的商品和高质量的销售活动的相加。客户接待流程是销售顾问和客户第一次见面的流程,所以要抓住机会留给客户一个尽可能完美的第一印象。销售顾问的一句话,一个表情,一个动作,都是形成"第一印象"的要素。

4.1.3 客户接待的执行者

① 首席销售顾问、销售顾问、展厅服务员、保安人员负责具体执行;

② 客户服务总监负责服务质量指导和监督;

③ 展厅经理负责接待流程指导和监督。

4.2 客户接待的内容

对于当今的中国市场来说,汽车虽然已经不是大多数家庭的奢望,但依然是一种奢侈品。购车对大多数家庭来说,还是非常大的一笔支出,所以大多数客户来到汽车销售店都想拥有一种高高在上的感觉,都希望得到极大的尊重。作为汽车销售4S店,作为销售人员我们要去尽可能地满足客户。

客户接待的内容一般包括迎接、问候、自我介绍、寒暄、茶水、需求分析、推荐和介绍商品、试乘试驾、异议处理、议价、签约成交、交货、送客等过程。

首先,当客户踏进4S店内时,都会有保安人员对客户敬礼致意,并负责指引客户。当客户进入展厅前,作为销售顾问应主动到展厅外迎接客户,如果是雨雪天或酷暑时,销售顾问应主动拿伞出门迎接,体现周到的服务和表示对客户的重视程度,也体现了专业性。也有的4S店是前台接待来做这些,把客户引领到展厅后再介绍给销售顾问。这个过程主要看公司的规定是怎样的,每个公司的做法是不尽相同的,只要能体现对客户周到贴心的服务和专业性,给客户留下一个好的印象进行下一步沟通就容易得多了。在初见客户时要问好、自我介绍并呈递名片等,给客户一个好的第一印象。

客户来到店看车一般都会有一定疑虑和压力,有的时候客户不喜欢销售顾问滔滔不绝地介绍或是一再地询问什么时候订车什么时候买车之类的问题,只想轻轻松松地去欣赏,所以如果遇到客户想自行看车的,销售顾问要尊重客户的意愿,并与客户保持不让其感到压力的距离。在整个接待过程中一定要注意礼仪的应用。

如果客户需要销售顾问介绍车辆就可以进入下一流程,如果不需要介绍车辆或是完成介绍后客户要离开了,记住提醒客户清点自己随身携带的物品,以免带来不必要的麻烦。送别客户最好要送到门外,等客户走远再转身回展厅为好。

4.2.1 客户接近展厅

① 站岗的保安人员对客户敬礼致意,欢迎客户的到来;

② 保安人员通知展厅内的前台接待或销售顾问准备迎接客户的到来(一般的4S店都选择用对讲机来通知,也有的店不做这一点);

③ 保安人员以标准动作指引客户去展厅;

④ 如果客户是开车来店时,保安人员主动引导客户进入客户停车位;

⑤ 销售顾问出门迎接客户:如若客户来店时正赶上雨雪天或炎热天气时,销售顾问应主动拿伞出门迎接,如若客户开车前来,销售顾问应帮助客户打开车门;

⑥ 销售顾问出门时,应通知展厅经理安排其他销售顾问及时补位,如果此时销售顾问全忙,展厅经理要亲自补位,如果展厅经理也忙碌,展厅服务员要上前补位,但展厅服务员不具备客户接待的全部技能,所以此时如果有客户来到展厅,展厅服务员应引导客户到展厅的休息区或是汽车文化区稍坐片刻,奉上茶水和品牌资料,表示歉意,请客户稍等,并告知展厅经理客户所在的具体位置,展厅经理应尽快安排销售顾问接待客户。

4.2.2 客户进入展厅

① 前台接待员应点头、微笑、主动招呼客户,并使用标准用语"您好,欢迎光临";

② 销售顾问主动询问客户是否是第一次来店,是否有预约,如果不是第一次来店或是有预约,则通知之前的销售顾问或是预约过的销售顾问接待客户。如果是第一次来店或是没有预约,则销售顾问正常接待客户。

③ 销售顾问应先问候,自我介绍,询问客户姓名并呈递名片。

例如:

"请进,欢迎光临××店! 我是销售顾问×××。"

"您好,张先生,你真是准时啊!"

"您好,欢迎光临,我是(××4S店)销售顾问××,您就叫我××就行。请问您怎么称呼?"

客户接待往往从这里开始。

【案例】

客户表示只是随便看一看

汽车销售顾问:先生,您想了解哪个品牌的车呢?

客户:你不用跟着我,我只是随便看一看。

(应对一:套近乎接近法)

汽车销售顾问:咦,听口音,您是东北人啊。

客户:是啊,我是A市的。

汽车销售顾问:乡音听着就是亲切呀! 我是B市的,与A市只有两个多小时的车程呢。

客户:听你说话还真是B市人。小伙子,你叫什么呀?

汽车销售顾问：大哥，我叫李明，您叫我小李就行。老乡碰老乡不容易，其他忙我帮不上，但做汽车销售五年了，没有我不熟悉的车，您想看什么样的，我给您好好介绍一下……

（应对二：直入主题法）

汽车销售顾问：对不起先生，我主要是想向您介绍一下，小长假马上就要来了，我们车行特别针对三款畅销车型推出了优惠活动，降价幅度最大的比原价便宜了八千多呢。您看，就是这三款车……

客户：（指着其中一款促销车型）这款车不是你们上半年刚推出来的新款吗？

汽车销售顾问：没错，看来您非常内行，信息也相当灵通，这款车您一定了解，能不能说说您对这款车的看法呢？

客户：哦，我认为……

情景分析：

不管销售什么产品，最难应付的就是一言不发、毫无表情的客户，因为销售人员无法了解对方的真实想法，也就无法有效地推进销售流程。客户只要有一点反应，哪怕是一句话，一个眼神，不管是正面的，还是负面的，销售人员都有机会从中找到突破口。一名优秀的汽车销售人员不仅要能引起话题气氛，还要有能在客户反应冷淡时打破僵局、化解尴尬的救场能力。

错误提醒：

错误一：汽车销售人员要学会品味、揣摩客户话语背后的含意，不能够对方说什么就是什么。客户说“只是随便看看”，并不代表他们无心购买，如果销售人员真的认为客户纯粹是来闲逛的，没有太大价值，那么就会错失很多潜在的机会。比如下面案例：

汽车销售顾问：先生，您想了解哪个品牌的车呢？

客户：我只是随便看看。

汽车销售顾问：哦，好吧，您慢慢看，这是我的名片，您有问题可以找我。（随即转身接待下一位客户）

错误二：遇到“随便看看”的客户，很多汽车销售人员往往倾向于采取强势的销售策略，以“限期促销优惠”、“销售紧俏”等说辞来向客户施加压力，这样只会让对方更加警戒。比如下面案例：

客户：我只是随便看看。

汽车销售顾问：哦，是这样的，先生，我们这个9.5折购车的优惠活动今天就要截止了，您要是真想买车，最好今天就定下来。您比较中意哪款车呢？

技巧展示：

“物以类聚，人以群分”，从心理上来说，客户往往喜欢与自己相似或者有某些共同点的销售人员交流，也就是说，当客户与汽车销售人员有一定“交集”的时候，双方很容易找到共同话题，也更容易建立起基本的信任关系。因此，汽车销售人员要通过观察和巧妙地询问来发现及挖掘与客户的共同点，并利用这种共同之处来接近客户，下面列举三种比较常用的“套近乎”的方法。

技巧一：认老乡

“美不美，乡中水；亲不亲，故乡人”，大部分客户都是有乡土情结的，而语言、语调又非常容易显露他们是什么地方的人，因此认老乡是最常用的一种方法。使用这种方法有两种情况：一种是汽车销售人员与客户确实是同乡，那么认老乡是理所当然的；另一种情况是汽车销售人员能够听出客户是哪里人，但并不是老乡，即便如此，也可以巧妙地拉近关系。

技巧二：聊喜好

各人有各自的喜好，而这种喜好经常会体现于人们的衣着穿戴、言谈举止之中。汽车销售人员如果能细心观察，挖掘出客户的喜好与习惯，也能顺利地拉近彼此的关系。

技巧三：谈热点

有购车实力的客户一般都有一定的知识层次和阅历经验，很有可能对时下热点问题有某些认识和见解。汽车销售人员可以引导客户一起探讨此类问题，并巧妙迎合客户的想法，这也是套近乎的一种方式。比如：

汽车销售顾问：先生，最近A公司召回了B系列的车型，您听说了吗？

客户：这个我听说了，我有个朋友的车就是B系列的。现在花上十几万、几十万却难以买到放心车，不像话。

请思考：首先这些技巧是很可取的，但是如果客户是说随便看看，是真的不希望销售顾问追着介绍，销售顾问该怎么办呢？

4.2.3 客户自行看车

如客户要求自行看车，则应尊重客户意愿，并与客户保持适当距离。来到展厅的客户一般在进店之前都是带着疑虑和怀疑来的，或者可以说带着一种不信任的情绪进店的，所以销售顾问不应让客户感到压力，销售顾问应与客户保持让客户感觉舒服的距离，过近的距离会给客户带来压力。也正因为如此，如果客户表示要自行看车或者是随便看看，销售顾问应说明自己的服务意愿和等候服务的位置，并说明“好的，如有需要，请随时叫我，我就在这边”。但当客户开始自行操作，或在展车某方位有停留，或是一直看车辆的某个配置，或和同伴交流车辆，或客户表现出想提问时，销售顾问应主动上前询问是否需要帮助，“您好，×先生/女士，有什么我可以帮您的吗？”

4.2.4 销售顾问的接待相关礼仪

（1）接待客户的距离

① 在接待客户时，一般和比较熟客户保持的距离是70~80公分；

② 在接待客户时，一般和不太熟悉的客户的谈话距离是100~120公分；

③ 当销售顾问站着介绍时，一般的距离为两个手臂长较好。当销售顾问和客户是一站一坐时，则距离可以稍微拉近，约一个半手臂长较好；

④ 当展厅内的所有工作人员与客户有目光接触时应该点头微笑并且要主动问候“您好”。

（2）请客户入座

销售顾问应帮客户拉椅子，并请客户入座，客户入座的方位应是面向展车的位置。但如果座位为不可移动的沙发，销售顾问应用标准手势，并使用标准用语“请”。

等客户坐好后，可以询问客户是否可以坐在其旁边，待客户允许后坐在其右侧，并保持适当的距离。

4.2.5 和客户交谈沟通

① 销售顾问与客户寒暄，并奉上饮料（4S店应提供三种或三种以上的免费饮品）。

例如：
“请问您怎么称呼？我有什么可以帮您的?”
“请问您是第一次来店吗？我有什么可以帮助您的?”
“好的,没问题,我想听听您的意见行吗?”
“我们店提供免费的茶水、咖啡和果汁,您看您想喝哪一种?”
“请您看看我们的车型资料,我去给您倒茶水。”
“×先生,您的茶,请慢用!”
② 引导客户入座并进行客户的需求分析(此时可引导进入需求分析流程)。
例如：
“我们刚推出一款新车型,您不妨看看。不耽误您的时间的话,我给您介绍一下好吗?”
“您是自己用吗？如果是的话您不妨看看这辆车。”
“如果您关于这款车的性能和价格有什么不明白请您尽管问我。”
“看您开车来的,您的车开多少年了?”
“您平时有哪方面的兴趣爱好啊?”
“真高兴您到我们展厅看车,也给我这个机会与您聊聊,请您给我几分钟时间,谈谈您对汽车的需求与要求,然后也让我有机会给您介绍这些我钟爱的某某车,您看行吗?”
③ 销售顾问应认真回应客户提出的话题,倾听、不打断客户谈话。
④ 销售顾问要记住争取在适当时机请客户留下客户信息。
⑤ 如有需要适当地运用道歉用语。
“×先生,实在是抱歉,白色车型刚好卖完了,不过一有现货我就马上通知您,好吗?”
“×先生,不好意思,您的话我没有听清楚,能请您再说一遍吗?”
“请您稍等。”
“麻烦您了。”
“打扰您了。”
⑥ 适当地运用恭维赞扬语言。
“像您这样的成功人士,选择这款车是最合适的。”
“先生(小姐)很有眼光,居然有如此高见,令我汗颜。”
“您是我见过的对汽车最熟悉的客户了。”
“真是快人快语,您给人的第一印象就是干脆利落。”
“先生(小姐)真是满腹经纶;您话不多,可真正算得上是字字珠玑啊。”
“您太太(先生)这么漂亮(英俊潇洒),好让人羡慕。”

4.2.6 客户离开展厅

如果客户要求离开展厅,销售顾问应挽留客户。但客户确实要离开时,销售顾问要放下手头的工作送别客户。

销售顾问要赠送客户车型配置单、报价单等,同时将名片附在配置单上赠与客户。还要提醒客户带好随身携带物品,送别客户到展厅门外,并目送客户离开直至视线范围外。

例如：
“认识您非常荣幸,非常感谢您的光临。希望我们能保持联系,再见!”

"请您慢走,多谢惠顾,欢迎下次再来!"
"有什么不明白的地方,请您随时给我打电话。"
"买不买车没有关系,能认识您我很高兴。"

4.3 客户接待的技巧与客户类型

4.3.1 客户类型分析

在自我心理准备成熟、充分研究产品之后,还要做好对客户的准备工作,即把握客户类型。心理学家帮助我们将客户从心理上划分为9种类型,熟悉了解每一类客户的性格与心理特征,可以使我们在销售过程中因人施计。

1. 内向型

内向型客户生活比较封闭,对外界事物表现冷淡,与陌生人保持相当距离,对自己的小天地之中的变化异常敏感,在对待推销上他们的反应是不强烈的。说服此类客户对汽车销售人员来说难度是相当大的。这类客户对产品挑剔,对推销员的态度、言行、举止异常敏感,他们大多讨厌推销员过分热情,因为这与他们的性格格格不入。对于这一类客户,汽车销售人员给予他们的第一印象将直接影响他们的购买决策。对这一类客户要注意投其所好,否则会难以接近。

2. 随和型

随和型客户总体来看性格开朗,容易相处,内心防线较弱,对陌生人的戒备心理不如第一类客户强。他们在面对汽车销售人员时容易被说服,不会令推销人员难堪。这一类客户表面上不喜欢当面拒绝别人,所以要有耐心和他们周旋,而这也并不会引起他们的太多反感。对于性格随和的客户,汽车销售人员的幽默、风趣会起到意想不到的作用。如果他们赏识你,甚至会主动帮助推销产品。但这一类客户有容易忘记自己诺言的缺点。

3. 刚强型

刚强型客户性格坚毅,严肃,正直,对待工作认真,思维缜密,决策谨慎。这类客户不喜欢推销员随意行动,因此在他们面前应遵守纪律,显示出严谨的工作作风,时间观念尤其要强。这一类客户初次见面往往难以接近,如果所接待客户是这一类型客户,最好有老客户介绍或提及有影响力的第三者,这样会容易得多。

4. 神经质型

神经质型客户对外界事物、人物反应异常敏感,且耿耿于怀;他们对自己所作的决策容易反悔;情绪不稳定,易激动。对待这一类客户一定要有耐心,不能急躁,同时记住要言语谨慎,一定要避免汽车销售人员之间或汽车销售人员与其他客户之间私下议论,这样极易引起神经质型客户的反感。如果在营销过程中能把握住对方的情绪变动,顺其自然,并且能在合适的时机提出自己的观点,就会成功。

5. 虚荣型

虚荣型客户在与人交往时喜欢表现自己,突出自己,不喜欢听别人劝说,任性且嫉妒心较重。对待这类客户要寻找对方熟悉并且感兴趣的话题,为他提供发表高见的机会,不要轻易反驳或打断其谈话。在整个营销过程中汽车销售人员不能表现太突出，不要给对方造成对他极力劝说的印象。如果在营销过程中能使第三者开口附和他，那么他会在心情愉快的情况下做出令你满意的决策。记住不要轻易托出你的底盘。

6. 好斗型

好斗型客户好胜、顽固，同时对事物的判断比较专横，又喜欢将自己的想法强加于别人，征服欲强。他们喜欢在细节上与人争个明白。对待这种客户一定要做好心理准备，做好被他步步紧逼的准备，必要时丢点面子也许会使事情好办得多。要记住“争论的胜利者往往是谈判的失败者”，千万不可意气用事，贪图一时痛快。准备足够的数据资料、证明材料将会助你取得成功。再有就是要防止对方提出额外要求，不要给对方突破口。

7. 顽固型

顽固型客户多为老年客户或者是在消费上具有特别偏好的客户。他们往往不乐意接受新产品，不愿意轻易改变原有的消费模式与结构，对汽车销售人员的态度多半不友好。汽车销售人员不要试图在短时间内改变这类客户，否则容易引起对方强烈的抵触情绪和逆反心理，还是让资料、数据来说服对方比较有把握一些。对这类客户应该先发制人，不要给他表示拒绝的机会，因为对方一旦明确表态再让他改变就有些难度了。

8. 怀疑型

怀疑型客户对产品和汽车销售人员的人格都会提出质疑。面对怀疑型客户，汽车销售人员的自信心显得更为重要，你一定不要受客户的影响，一定要对产品充满信心。但不要企图以你的口才取胜，因为客户对你所言同样持怀疑态度，这时专业数据、专家评论会对你有所帮助。切记不要轻易在价格上让步，因为你的让步也许会使对方对你的产品产生疑虑，从而使交易破裂。建立起客户对你的信任至关重要，端庄严肃的外表与谨慎的态度会有助于成功。

9. 沉默型

沉默型客户在整个销售过程中表现消极，对推销冷淡。客户陷入沉默的原因是多方面的。销售员可以提出一些简单的问题刺激客户的谈话欲。如果客户对面前的产品缺乏专业知识并且兴趣不高，销售员一定要避免提出技术性问题来讨论，而应该就其功能进行解说，打破沉默。客户由于考虑问题过多而陷入沉默，这时不妨给对方一定的时间去思考，然后提一些诱导性的问题试着让对方将疑虑讲出来供大家讨论。客户由于讨厌销售员而沉默，销售员这时最好反省一下自己，找出问题的根源，如能当时解决则迅速调整；如果问题不易解决则先告退，以备再访成功。

以上是对客户的总体分析，以及对待每一类客户的一些简单的原则和态度，在汽车营销过程中还需要灵活对待，切记不可教条化。一位客户也许是几类的综合，也许是介于两类之间，这时汽车销售人员的判断力与反应能力就将要受到考验。

4.3.2 客户接待技巧

人们总是对自己的事情最关心、最注意，对别人的事情放在次要的位置。如果销售人员无法引起准客户的注意，就无法引导、带动准客户的思考方向，也就不能激起准客户的购买欲望。要吸引客户的注意力，不局限于商品，更重要的是销售人员本人如何引起客户对沟通过程的全心注意。

引起注意、产生兴趣、产生联想、激起欲望、比较产品、下决心购买,是客户购买心理的六个阶段,引起准客户的注意是处于第一个阶段。常有五种方法可引起准客户的注意。

1. 别出心裁的名片

别出心裁的名片能吸引准客户的注意。名片代表递出名片的人,名片若与一般人使用的大同小异,就无法传达特殊的信息引起准客户的注意。相反,若是你的名片设计独特,能传达一些特殊信息,必也能引起准客户的注意。

在一个多元化、信息化的社会,由于科技的进步,能以极低的成本,迅速制作出不同形式、图文并茂的名片。因此,可针对谈判对象的不同,设计使用不同形态的名片,以立即吸引初次见面的客户。

2. 请教客户的意见

请教客户意见是吸引客户注意的一个很好的做法,特别是你能找出与业务相关的一些问题。当客户表达看法时,你不但引起了客户的注意,同时也能了解客户的想法,另一方面你也满足了准客户被人请教的优越感。

3. 迅速提出客户能获得的重大利益

急功近利是现代人的通性,因此,迅速地告诉准客户去购买汽车后他能立即获得哪些重大利益,是引起客户注意的一个好办法。

4. 告诉准客户一些有用的信息

每个人对身边发生了什么事情,都非常关心、非常注意,这就是新闻节目能一直维持最高的收视率的原因。因此,可收集一些与汽车有关的人物或事物等的最新的信息,在和客户沟通时以引起准客户的注意。

5. 能协助解决准客户面临的问题

要告诉客户所能提供的其他服务,帮助他解决一些问题,比如:客户买车会担心上牌的烦琐手续;客户的旧车需要帮助处理;客户需要对汽车进行装饰装潢,但不知道哪些品牌好。

客户接待时也会碰到进店就询价的客户,销售顾问应该如何应对呢?

【案例】

客户开门见山地询问价格

客户在一款车前停下了脚步,看了几眼后,向汽车销售人员招了招手,直接就询问这款车售价是多少。

应对一:汽车销售人员在报价或者抛出促销优惠信息时一定要把握好时机,尽量不要一上来就把自己权限内的底价以及优惠幅度过早地告知客户。

客户:这款车卖多少钱?

汽车销售顾问:12.8 万元。

客户:太贵了,最多能便宜多少?

汽车销售顾问:我最多能给您便宜 2 000 元。

应对二:汽车销售人员在应答价格问题时,既要把握好时机,也要注意说话的语气、语调和措辞，不要让客户有被轻视、被奚落的感觉。

客户：这款车多少钱？

汽车销售顾问：这款车价钱可一点都不便宜哦，是我们最高端的一款呢。

客户：你什么意思啊！怕我买不起吗？

请先思考：销售顾问的这两种应对方法是否是正确的？为什么？如果是你，你会怎么应对这样的情景？

情景分析：

客户每看到一款车时就开门见山地直接询问价格，这种行为很大程度上是出于其消费习惯，事实上客户不一定非要得到一个明确的答案。每一宗生意谈判，尤其是汽车这样的大宗商品买卖，双方会一直不停地试探对方底价，而过早报价会让汽车销售人员丧失议价的主动权。因此，面对接触初期阶段的客户的问价，汽车销售人员可以用模糊的区间价格来应答，或者以其他的话题来转移客户的注意力和兴趣。但是，有一种特殊情况需要销售人员注意，即客户对某款车型已进行过深入的了解和考察，只剩下价格问题，在此种情况下，汽车销售人员也不要爽快地报价，而是要先反过来试探清楚客户的底价，然后再做下一步的应对。

1. 转移话题法

汽车销售顾问：呵呵，先生，这款车的价钱，我先和您卖个关子。看您挑车的眼光，就知道您对汽车也是比较内行的。您选车的时候，对于动力性能、安全性、舒适度，还有经济性等因素，您最看重什么呢？

2. 忽视跳跃法

汽车销售顾问：先生，您主要是想看看 A 系列的车是吗？

客户：对啊。

汽车销售顾问：A 系列共有四款不同配置的车型：时尚型、运动型、舒适型和豪华型，能够满足驾驶者不同的偏好，您更喜欢哪种风格的呢？

客户：带我看看运动型的吧。

3. 模糊应答法

汽车销售顾问：这个系列的车有四款不同配置，价位在 8 万元到 11 万元之间。与同价位的其他车型相比，这一系列的车有两个非常独特的优势，是同类车型都不具备的。您愿意了解一下吗？

客户：是吗？哪两个？你说来听听……

4. 反探底价法

汽车销售顾问：先生，我觉得您对这款车好像非常熟悉，以前有没有试驾过呢？

客户：我在另一个车行看过，都快定下来了，但是他们报的价格比网上的要贵好几千呢。你们这里最低价是多少啊？

汽车销售顾问：这款车网上的报价在 12.5 万元到 12.8 万元之间，不知道那个车行给您报的价是多少呢？

客户：他们报的是 12.9 万元……

技巧展示：

在选购汽车时，很多客户的思路是先问问价格，然后与自己的预期价格和实际可支付价格比较一番，以便决定有没有必要对该车做深入的了解。而对汽车销售人员来说，最理想的流程是先引导客户详细地了解产品的特色和优势，当客户认识到汽车的价值以及自身的需求后，再水到渠成地报出价格。要让开门见山询问价格的客户能够跟着汽车销售人员的思路走，销售人员就必须学会主导和控制话题。

主导话题就是指销售人员有意识地控制双方洽谈的主要内容，掌握洽谈的发展趋势和方向，保持主动，避免被客户牵着鼻子走。主导控制话题常应用于以下两种情况。

技巧一：将话题从不利引向有利的方向

当客户提及负面的或者不利于销售的情况和问题时，汽车销售人员应将话题引向积极的或者有利的方向。上文情景中，销售人员在应对客户"开门问价"这一状况时，使用了转移话题法、忽视跳跃法和模糊应答法，这就是在主导话题，将话题转移到有利于销售的方向。

客户：你们公司最近召回了一批车，是吗？

汽车销售顾问：是的，我们是在对一位车主进行回访的时候发现天窗容易松动这一问题的，公司非常重视，主动召回了126辆车，真的很感谢这些车主对我们召回行动的支持。根据我们后来的回访，满意率达到了100%。您放心，我们对每一辆车都会负责任的。看来您对汽车质量和安全性能非常重视，是吧？

技巧二：将话题引向更全面、更深入、更系统的方向

大部分选车购车的客户对汽车的了解程度和深度往往是比较有限的。因此，当客户提起关于产品的话题时，汽车销售人员可以加以拓展和延伸，将话题引向更全面、更深入、更系统的方向，这样既能吸引客户，又能体现自身专业素养，把产品解说得更加有条理、有逻辑。

客户：这款车的动力性能怎么样？

汽车销售顾问：先生，看来您非常懂行，发动机是汽车的心脏，也是您看车选车时最需要考虑的三个因素之一。

客户：哦，你说的三个因素是指什么啊……

本章课后习题

一、填空题

1. 通过销售顾问对客户良好的接待，可以把________________和________________传递给客户。

2. 我们在接待客户时，一般和比较熟客户保持的距离是______________公分；我们在接待客户时，一般和不太熟悉的客户的谈话距离是________________公分。

3. 当客户进入展厅时，前台接待员应________________、________________、__________________________客户，并使用标准用语________________ 。

4. 销售顾问出门时，应通知________________安排其他销售顾问及时补位，如果此时销售顾问全忙，________________ 要亲自补位。

5. 客户接待的执行者是________________ 、________________、________________、保安人员负责具体执行。

二、简答题

1. 客户类型都有哪些？

____

2. 客户接待技巧有哪些?

3. 列举恭维赞扬客户语言。

4. 当客户接近展厅时,展厅工作人员具体工作内容有哪些?

项目5

需求分析

项目目标

◆ **知识目标**：1. 通过学习，使学生了解"需求分析"的含义和它对购车的意义；
2. 掌握倾听的技巧；
3. 掌握提问的技巧；
4. 掌握赞美的技巧；
5. 掌握需求分析流程的整个细节。

◆ **能力目标**：培养和提高学生在需求分析流程中的分析能力，能尽可能多地获地客户的资料，以便于以后能够有针对性地进行产品介绍。

◆ **情感目标**：使学生认识到在整个销售流程中，需求分析流程占据的重要地位，并在这个流程中充分地体验需求分析过程给客户带来的感受如何。这样可以了解客户的思想，顺利完成需求分析流程。

开篇案例赏析

分析客户购车的主要原因

情景一：客户积极配合销售人员的咨询

汽车销售顾问：您买车的主要用途是什么？

客户：上下班啊！我家离公司有一个小时的路程，公交车不方便，买辆车会好一些。

汽车销售顾问：您这么年轻就可以拥有自己的私家车，真让人羡慕。您有没有看好的车型呢？

客户：还没有。

汽车销售顾问：如果您是为了上下班方便，而且对动力性能要求不是非常高的话，我建议您可以看一看1.6L排量的车型，这类车型经济实用……

情景二：客户不理解或者不配合销售人员的咨询

汽车销售顾问：张先生，您买车的主要原因是什么？

客户：车子嘛，当然是买来开啦，哪有什么原因可讲啊！（不理解、不高兴、不配合）

汽车销售顾问：呵呵，不好意思，我问得有些唐突了。是这样的，您看，我们展厅各种配置、各种型号的车都有，但每一款车都有它们最适合的用途，例如，这一款最适合商用，而那一款最适合有孩子的家庭，那边的那款就很适合喜欢休闲度假经常出游的客户。我想知道您买车的主要原因，这样我也好为您推荐最适合的车。（推心置腹，巧妙圆场）

客户：哦，我买车主要是商用，平时见客户、接客户用的。

汽车销售顾问：这样的话，您选择的车应该要有一定的档次，能体现您的实力，而且要安全，舒适性要好，您说是不是这三点？（精炼准确，体现专业）

客户：嗯，没错。

汽车销售人员：那您可以看看这一款……

情景分析：

客户为什么想买车，这是汽车销售人员在向客户推荐车型之前必须弄清楚的一个关键性问题。只有掌握了客户购车的主要原因，销售人员才能有针对性地推荐某些车型，才能有重点地突出介绍这些车型能够吸引客户的卖点。大部分客户都愿意与销售人员交流自己买车的原因和目的，但也有少数客户不理解或者不乐意表达自己的真实想法，这时，就需要汽车销售人员主动化解客户的顾虑与不解，循循善诱地挖掘出有效信息来。

错误提醒：

在初次接触阶段，一方面，汽车销售人员会尽可能多地挖掘客户的信息和资料，以便准确地把握对方的需求；另一方面，客户出于自我保护意识，往往不愿意过早、过多地透露自己的信息。这样一来就有了矛盾，客户很可能对销售人员的提问表现出不理解、不配合，甚至是不高兴，这时，汽车销售人员一定要巧妙地“圆场”，既不能被客户的反应吓住，也不能跟客户斗嘴置气。

汽车销售人员：您买车的主要原因是什么呢？

客户：买车当然是为了开车啊，要不然还能干什么！

汽车销售人员：唔……您说的是……（怯场，不够自信）

汽车销售人员：我就是问问嘛，您不用反应这么大吧……（斗气，不够理智）

技巧展示：

技巧一：客户购车的主要原因分析

不同客户，在经济能力、家庭构成、职业背景、喜好偏向等方面都各有不同，他们购车的动机也都不一样，因此，在选车时关注的重点也是不一样的。汽车销售人员要想了解客户的需求，就不能不掌握对方的购车动机。表 5-1 所示是几种常见的客户购车的动机。

表 5-1　常见客户购车的动机

购车动因	主要用途	客户关注点
出行代步	上下班、出门比较方便、轻松	价格实惠，节能省油，驾控方便
家庭需要	新婚购车；家庭日常出行，如购物，休闲度假，走亲访友，接送老人、小孩、孕妇等	安全保障，空间舒适，驾控方便
纯粹商用	接送客户、职员；外出商务洽谈；运输货物；载客运营	品牌、安全、舒适、外观稳重大气、符合并能彰显企业形象及实力
一车多用	既方便家用，也方便商用	兼顾车辆的外观形象和内在性能
更新换代	生活水平提高，再次购车，改善生活质量	品牌、档次、性能细节、售后服务
精神追求	效仿或攀比他人的购车行为；提升个人形象，体现身份地位；热衷于汽车生活，享受驾驶快感；收藏车型	品牌、档次、性能、知名度、稀缺性

技巧二：圆场、救场的方法

汽车销售人员大都遇到过这样的情况：在洽谈中，当汽车销售人员向客户提及某个问题时，客户突然变得不耐烦或者不高兴，言语也较为激动粗鲁，令整个交谈气氛瞬间冷场。在这种情况下，销售人员一不能"怯"，不能被客户的气势镇住或吓倒；二不能"怒"，不能与客户针锋相对，引起口舌之争。越是棘手的状况越能锻炼人，优秀的汽车销售人员应在冷场时能够机敏应变，灵活巧妙地圆场、救场。

圆场、救场的第一步是就自己的提问方式和方法向客户表达歉意，并给出合理的解释，最重要的是，销售人员应该强调或者暗示对方，自己并无意冒犯，只是出于对客户及其利益的尊重与重视，例如：

"先生，很抱歉，是我没有表达清楚。我看您从进展厅就一连接了四五个电话，您的工作肯定很忙，时间也非常宝贵，所以我想知道您想选一个什么配置的车，这样我可以为您推荐几款，节省您的宝贵时间……"

项目实施

任务 5.1　客户真正的需求

任务名称	客户真正的需求
任务组织	将学生分成若干小组，4 ~ 8 人一组，通过自荐或推荐的方式选出每组组长，明确组长的职责：负责本团队组织、协调工作，带头示范，督促、帮助其他组员完成相应工作。教师及时检查学生完成情况，组织学生相互交流，适当给予提示与建议，并针对共性以及重难点问题在课堂上组织讨论和讲解
任务内容	1. 以小组为单位，每小组出两名同学，一名扮演销售顾问，另一名扮演客户。进行需求分析的情景模拟，了解客户的真实需求； 2. 各小组进行互相评价； 3. 小组自评
任务实施	情景模拟的情况概述： 所分析的客户真实需求内容为： 小组的评价：

续表

任务名称	客户真正的需求
任务实施	优点： 缺点： 我的自评 我的优点： 我的缺点：
任务总结	在调研和讨论的基础上，形成小组的分析报告，并制作 PPT 进行汇报，同学互评、教师点评，然后综合评定本次各个小组的成绩
自我评价	♡ 优　♡ 良　♡ 中　♡ 及格　♡ 不及格
教师评阅	♡ 优　♡ 良　♡ 中　♡ 及格　♡ 不及格

任务 5.2　提问的练习

任务名称	提问的练习
任务组织	将学生分成若干小组，4 ~ 8 人一组，通过学生或推荐的方式选出每组组长，明确组长的职责：负责本团队组织、协调工作，带头示范，督促、帮助其他组员完成相应工作。教师及时检查学生完成情况，组织学生相互交流，适当给予提示与建议，并针对共性以及重难点问题在课堂上组织讨论和讲解

续表

任务名称	提问的练习
任务内容	1. 以小组为单位,每小组其中一位同学扮演销售顾问,另一位或两位同学扮演客户,进行情景模拟,情景由每小组的商定; 2. 以客户接近展厅开始进行模拟,直到完成需求分析流程为止; 3. 体会需求分析流程中提问的技巧和客户的感受。 4. 每小组间互相评价
任务实施	自编情景内容: 小组综合评价: 优点: 缺点: 小组自评: 优点: 缺点: 改进之处:
任务总结	在调研和讨论的基础上,形成小组的分析报告,并制作 PPT 进行汇报,同学互评、教师点评,然后综合评定本次各个小组的成绩
自我评价	♡ 优　♡ 良　♡ 中　♡ 及格　♡ 不及格
教师评阅	♡ 优　♡ 良　♡ 中　♡ 及格　♡ 不及格

任务5.3　倾听的练习

任务名称	倾听的练习
任务组织	将学生分成若干小组，4~8人一组，通过学生或推荐的方式选出每组组长，明确组长的职责：负责本团队组织、协调工作，带头示范，督促、帮助其他组员完成相应工作。教师及时检查学生完成情况，组织学生相互交流，适当给予提示与建议，并针对共性以及重难点问题在课堂上组织讨论和讲解
任务内容	1. 以小组为单位，讨论需求分析中应该怎么去听； 2. 每小组派出两名同学，一名扮演销售顾问，另一名扮演客户，以客户接近展厅开始进行情景模拟； 3. 情景模拟后，每组模拟销售顾问的同学，把倾听的结果向同学们汇报； 4. 各小组间互相评价
任务实施	倾听的技巧： 倾听的内容记录： 小组的综合评价： 优点： 缺点： 小组自评： 改进之处：

续表

任务名称	倾听的练习
任务总结	在调研和讨论的基础上，形成小组的分析报告，并制作 PPT 进行汇报，同学互评、教师点评，然后综合评定本次各个小组的成绩
自我评价	♡ 优 ♡ 良 ♡ 中 ♡ 及格 ♡ 不及格
教师评阅	♡ 优 ♡ 良 ♡ 中 ♡ 及格 ♡ 不及格

任务5.4 赞美的练习

任务名称	赞美的练习
任务组织	将学生分成若干小组，4~8 人一组，通过学生或推荐的方式选出每组组长，明确组长的职责：负责本团队组织、协调工作，带头示范，督促、帮助其他组员完成相应工作。教师及时检查学生完成情况，组织学生相互交流，适当给予提示与建议，并针对共性以及重难点问题在课堂上组织讨论和讲解
任务内容	1. 以小组为单位，每小组分为两人一组，分别扮演销售顾问和客户； 2. 以客户接近展厅开始进行情景模拟，在整个模拟过程中只要扮演销售顾问的同学能做到问三个问题，并根据客户的回答马上给予三次赞美，此次模拟就算结束，不是根据问题和客户的答案赞美不算在题目要求的范围内； 3. 每小组任意选择一个情景进行情景模拟练习，情景以外的部分由自己发挥，要求从客户接近展厅开始模拟； 4. 每小组情景模拟后，进行小组互评
任务实施	赞美记录： 情景模拟后的感受： 小组综合评价：

续表

任务名称	赞美的练习
任务实施	优点： 缺点： 小组自评： 改进之处：
任务总结	在调研和讨论的基础上，形成小组的分析报告，并制作 PPT 进行汇报，同学互评、教师点评，然后综合评定本次各个小组的成绩
自我评价	♡ 优　♡ 良　♡ 中　♡ 及格　♡ 不及格
教师评阅	♡ 优　♡ 良　♡ 中　♡ 及格　♡ 不及格

任务 5.5　需求分析情景练习

任务名称	需求分析情景练习
任务组织	将学生分成若干小组，4～8 人一组，通过学生或推荐的方式选出每组组长，明确组长的职责：负责本团队组织、协调工作，带头示范，督促、帮助其他组员完成相应工作。教师及时检查学生完成情况，组织学生相互交流，适当给予提示与建议，并针对共性以及重难点问题在课堂上组织讨论和讲解

续表

任务名称	需求分析情景练习
任务内容	1. 以小组为单位,每小组选出一人扮演销售顾问,一人或两人扮演客户; 2. 每小组任意选择一个情景进行情景模拟联系,情景以外的部分由自己发挥,要求从客户接近展厅开始模拟到需求分析结束; 3. 每小组情景模拟后,进行小组互评
任务实施	情景一:客户为夫妻,孩子马上上幼儿园了,所以给妻子买一款车,买车主要是为了接送孩子,要一款安全性高、舒适性好、20 万左右的家用车。主要问题在于不知道是买轿车还是买 SUV 车型,因为他们挺喜欢本田 CRV 的。 情景二:客户为企业老板,买车主要是为了公司和家庭两用,但身边朋友都开的是 20 万以上的车型。爱好运动和旅游,追求高质量的生活。 需求分析的内容记录: 小组评价综述 优点: 缺点: 小组自评: 优点: 缺点: 改进之处:

续表

任务名称	需求分析情景练习
任务总结	在调研和讨论的基础上,形成小组的分析报告,并制作 PPT 进行汇报,同学互评、教师点评,然后综合评定本次各个小组的成绩
自我评价	♡ 优　♡ 良　♡ 中　♡ 及格　♡ 不及格
教师评阅	♡ 优　♡ 良　♡ 中　♡ 及格　♡ 不及格

相关知识链接

做需求分析的主要目的是了解客户的真实需求,根据客户的真实需求好有针对性地进行产品介绍,从而激起客户的购买欲望,达成交易。所以只要是有助于分析客户信息的都是我们需要的。比如客户的购车目的、购车用途、曾用车品牌、购车预算、注重的性能、用车时间等。当然也包括客户的个人信息,比如姓名、年龄、职业、家庭等。这些都有助于我们分析客户心理,了解购车期望,成功地将车销售出去。如知道了客户的生日,我们就可以在生日当天发一条短信或是寄上一张贺卡等,如果准备小礼物,那么礼物不需贵重,能代表心意就可以,客户一定会很开心的,你们今后的沟通就会容易得多了。所以,要尽可能多地去了解客户的信息,对销售人员来说,客户的信息就是宝贵的财富。

5.1 需求分析概述

5.1.1 需求分析的目的

① 分析客户的显性需求与隐性需求,并且能够为客户提供专业的解决方案;

② 此流程中要给客户留下专业、热情的良好印象,使客户愿意和销售顾问交谈,并尽可能留下客户的信息,争取能够进一步发展。

5.1.2 需求分析时客户的期望

① 销售顾问很专业,能够真正了解我的真实需求,并能够积极地回应我,而不是应付我;

② 接待我的销售顾问的专业和能力都是很强的,要是一个合格的销售顾问。

5.1.3 需求分析的执行者

① 具体执行者是首席销售顾问、销售顾问;

② 负责业务流程指导的是展厅经理或是销售经理;

③ 客户服务总监负责服务规范指导和监督。

5.2　分析客户的购买行为

5.2.1　私人客户购买行为

1. 影响私人用户购买行为的心理因素

（1）需要

需要是指人对某种目标的渴望和欲求，它指引和推动人为实现目标的各种行为。因此，需要是消费者购买行为的起点。了解消费者的需要，是研究消费者购买行为的切入点。

① 需要层次论。根据美国心理学家马斯洛的需要理论，人的需要可以分为 5 个层次，即生理需要、安全需要、社交需要、尊重需要、自我需要，它们形成一个自下而上的层次。当人的低级需要得到满足后，就会开始追求更高一级的需要。不同需要层次的消费者对汽车的要求是不同的。汽车只是为了解决自己的出行问题，那么他想要的可能就是一辆经济实惠、简单实用的汽车。如果消费者为了获得他人尊重彰显自己的身份，那么他想拥有的就是一辆豪华气派、足以体现身份的汽车。消费者不同层次的需要通常通过他的意向、愿望、兴趣体现出来。销售人员可以在与消费者的交谈中了解消费者的需要层次，明确洽谈的重点。

② 消费者需要的特征。尽管消费者的实际需要是多种多样的，但都有一定的倾向性和规律性，概括起来有以下几个方面：

第一，需要具有多样性。由于消费者的性别、年龄、民族、文化程度、职业、收入水平、社会阶层、宗教信仰、生活方式、个性心理特征等不同，因而在需要的内容、层次等方面千差万别，这要求汽车生产企业能为消费者提供更为丰富多彩的产品

第二，需要具有伸缩性。消费者需要受到内、外多种因素的影响和制约。当客观条件发生变化或不明朗的时候，就会抑制消费者的需要，出现持币待购的现象，如油价的上涨，可能出台的限制私家车使用的政策等。当客观条件有利于消费的时候，消费者潜在的消费需要会提前释放，如车价的大幅下降、消费税的下降等。所以创造一个有利于消费者的购车环境，是促进汽车消费的有力保障。

第三，需要的替代性。消费者的需要可以用不同的方式来满足。比如一个城市禁止摩托车后，原来的摩托车用户就会购买汽车或其他交通工具来满足自己出行的需要。即使是同一种需要也并不是只有一种实现途径，比如消费者需要汽车时并非一定要购买，也可选择租车。

第四，需要的诱导性。消费者的需要是可以引导和调节的。通过引导可以使消费者的需要发生变化和转移，潜在的需要会变为现实的行动，未来的消费也可以变成即期消费。在受到广告、促销活动、周围环境变化、流行性消费的影响时需要的诱导性表现最为明显。因此，企业应注意引导、调节和培养某些被细分的个人购买市场，强化广告和促销手段的应用，提高企业的市场占有率。

第五，需要具有发展性。个人的需要具有从低级向高级发展的趋向。在现代社会中，各类消费方式、消费观念、消费结构是与个人的需要一起与时俱进的。汽车产品的发展也会永无止境。消费者对汽车的安全、节能、环保舒适等性能的要求总是越来越高。

(2) 动机

消费者的需要有了明确的目标时,会转化成动机。动机是消费者行为的直接动因。动机源于需要,但将需要转化为动机的是商品的效用。对于没有效用的商品,即使具有购买能力,消费者也不会去购买。如果商品的效用很大,即使当前不具备购买能力,消费者也会筹措资金购买。

(3) 个性

个性是指一种与众不同的、独特的心理特性,包括消费者的气质、性格、能力、兴趣等。个性是影响消费者购买行为的主要因素之一。

① 气质。气质是一个人的"脾气"与"秉性"。根据消费者气质类型的不同可分成兴奋型、活泼型、安静型、抑制型4种。

② 性格。性格是指一个人对现实比较稳定的态度和习惯化的行为方式。一般可分成理智型、情绪型、意志型3种。

③ 能力。能力是一种顺利完成某种活动所具备的,并且影响活动效果的个性心理特征。比如对车的感知、辨别、分析、评价能力。能力与消费者的购买行为紧密相连,能力强的消费者购车时不希望销售人员多加干预,能力差的消费者则需要尽量好的参谋。

④ 兴趣。兴趣是指人们积极地探究某种事物或爱好某种活动的一种倾向。兴趣有助于消费者积极地认识商品,为未来购买活动做准备,从而触发其购买的动机。销售人员应注意了解和挖掘消费者的兴趣点,激发消费者的购车热情。

(4) 知觉

知觉是人对作用于感觉器官的客观事物的整体的、全面的、直接的反映。消费者在购车过程中,会留意媒体上的广告,询问周围人群的意见,会去购买现场通过近距离观察汽车,听取销售人员的介绍,获得对车辆真实全面的印象。消费者感知汽车的过程是一个有选择的心理过程,主要体现在三个方面:

① 选择性注意。在消费者获取汽车信息的时候,并不是所有关于汽车的信息都能照单全收,消费者只是对与自己需要有关的、特别留意的、独特的信息印象深刻。

② 选择性曲解。是指消费者以个人意愿去曲解信息的倾向,常会造成先入为主的观念。

③ 选择性记忆。消费者不可能将所有注意过的信息全部记住,而是有倾向性地记住自己喜欢的、有兴趣的、印象特别深刻的信息。销售人员在向消费者推销汽车时,必须要留意消费者的兴趣点在哪里,而且介绍要简明扼要,不能有太多的信息干扰消费者。

(5) 学习

消费者在购买和使用汽车的过程中,会想方设法获取知识、经验与技能,通过积累经验、掌握知识,不断提高自身对汽车的认识,提高自身的评估决策能力,完善购买行为。在消费者学习的过程中,销售人员可以适当地运用暗示等手段,把汽车产品与强烈的学习驱使力联系起来,利用刺激性的诱因,并提供正面强化手段,来加深消费者对汽车产品的了解,激发消费者的联想,强化消费者的需要。

(6) 态度

态度是消费者以特定方式对人、物、思想观念的认识系统、情绪反应及行为倾向。态度影响着消费者对汽车的认知、学习、评估、选择、决策,态度导致人们喜欢或不喜欢某些事物,并一经形成就成为一种模式。要改变消费者的态度是比较困难的。在购车行为中,消费者的态度可以是积极的,也可以是消极的,在一般情况下汽车产销企业不要试图改变消费者的态度,而应该考虑如何改变自己的产品和形象,以符合消费者的态度。在营销过程中,力求选择消费者信任的信息传达者或信息输送渠道,让消费者积极参加试乘试驾活动,有机会体验和了解产品,从而促使消费者产生积极肯定的态度。

2. 影响私人用户购买行为的环境因素

(1) 社会文化因素

社会文化是某一人类社会在长期历史过程中形成的,由特定的价值观念、行为方式、审美观念、风俗习惯等内容构成文化类型。它影响和制约着人们的消费观念、消费需求、消费特点、购买行为和生活方式,对企业的营销行为产生直接影响。社会文化一般由一个社会全体所共有的主文化和社会中不同群体的亚文化组成。

① 主文化的影响。在特定的文化背景下,在消费者之间会有互相认同、模仿、暗示、感染、追随、从众等行为,表现出购买行为的相对一致性。不同民族、不同社会,其文化内涵的差别很大,因此社会文化因素对汽车消费者行为有着广泛的深刻影响。比如,中国人深受儒家文化的影响,形成了求全求稳的心理,普遍崇尚节俭,量入为出。对信贷消费不太接受。所以我国汽车消费信贷进展缓慢,除了一些客观因素以外,与这种心理也是分不开的。

② 亚文化的影响。在同一主文化下,由于年龄、性别、职业、收入、社会阶层、文化程度的差异性,不同群体会形成亚文化,它为某种文化群体带来更明确的认同感和集体感。亚文化群体的成员不仅具有与主流文化共同的价值观念,还具有自己独特的生活方式和行为规范,使不同群体的购买方式和消费习惯具有鲜明的特性。亚文化对消费者的购买行为的影响更为具体和直接。比如男性购车更注重车子的动力性,女性购车更注重车子的外形和颜色。

(2) 社会阶层因素

社会阶层是人们在社会生活中因某些共同或比较一致的特征而形成的社会集团,一般其划分标准是消费者的职业、收入、受教育程度和价值倾向。同一社会阶层的成员具有类似的价值观、兴趣和行为,在消费行为上相互影响并趋于一致。社会阶层是市场细分的重要标准。

(3) 参照群体因素

参照群体因素是指能影响消费者消费行为的群体,消费者往往将参照群体的标准作为自己的标准。一般可分成3类:

① 紧密型群体。是指与消费者关系密切、影响最大的群体,如家庭成员、亲戚朋友、同事、邻居等。

② 松散型群体。是指与消费者关系一般、接触不太密切但仍有一定影响力的群体,如社会团体。

③ 渴望群体。是指消费者渴望成为其中一员的群体,如消费者所仰慕的明星、崇拜的专家学者或名人。

(4) 家庭群体因素

大部分汽车消费是受家庭控制和制约的,家庭的实际情况与成员的思想观念、消费习惯、生活方式对购买行为有着重要的影响。

（5）消费流行因素

消费流行是指在一定时期和范围内，大部分消费者呈现出相似或相近的一种消费现象。比如我国轿车市场中曾出现过“老三样” 和“新三样”的流行阶段。汽车消费流行的原因是汽车的性能特点符合大多数消费者的需求。消费流行能影响消费者的认知态度和消费习惯，带动更多的消费者争相效仿，狂热追求。消费流行大都会有一个完整的周期，而且还应看到，随着技术和产品更新的加速，消费流行的周期会越来越短。企业一方面要认真研究消费流行的原因和规律，研究消费者心理，另一方面应加大对新产品的开发力度，生产出更符合消费者需求的产品，以保持产品的吸引力。

（6）购物环境与情境因素

消费者的情感变化首先来自于购物环境。如果消费者步入的汽车专卖店宽敞明亮、色彩柔和、环境幽雅，营业人员服务周到、彬彬有礼，他就会感觉愉快、舒畅，从而提高成交率。如果汽车专卖店灯光昏暗，汽车摆放凌乱，环境脏乱，营业员态度冷淡、粗暴，会给消费者带来压抑、厌恶的消极情绪，最终影响成交率。

5.2.2 集团客户的购买行为

集团用户对汽车的使用目的、功能要求与私人用户不同，在购买决策、购买模式、购买方式、购买过程等购买行为上存在很大的区别。在现阶段，集团用户是一个覆盖面很大的市场，是汽车厂商的重要营销对象。分析集团用户的购买行为，了解他们的购买特点，也是汽车产销企业的一项重要工作。

1. 汽车集团用户市场的特点

（1）购买者数目相对较少

与私人购买者相比，集团用户要少得多，而且汽车集团用户类型相对比较集中，如政府机关、大的企业集团、专业运输公司等。特别是在商用车市场，汽车集团用户更加集中。

（2）购买数量较大

汽车集团用户购买汽车的数量往往比较大，总消费金额较高。一些专用汽车就是专门为某些集团消费用户量身定做的，所以一些汽车集团用户的订单往往能左右汽车生产企业的命运。

（3）供需双方关系密切

汽车集团用户有时对汽车会有一些特殊的要求，特别是在商用车市场，希望汽车生产企业能按照他们的要求进行生产或改装，所以在购买时会与经销商或生产企业沟通，提出他们的要求，对在使用过程中出现的问题会及时反馈给厂商，要求给予解决。对汽车经销商或生产企业来说，为与这些大客户建立长期稳定的供货关系，当然也会经常去了解他们的需要，为他们提供特别服务。因此，供需双方的关系比较密切。

（4）需求具有衍生性

汽车集团用户对汽车的需求最终取决于服务对象的需求。比如当一个地区经济发展以后，当地居民旅游消费非常旺盛，旅游公司对旅游大巴的需求就会增加。所以，汽车厂商不能只关注自己的产品，还必须重视研究社会经济发展与集团用户购买行为之间的关系。

(5) 需求缺乏弹性

汽车集团用户对汽车的购买行为是一个有计划、有步骤的实施过程,外界因素的变化一般不会影响整个购买计划,不像私人消费者的需求具有伸缩性和替代性。比如集团消费用户在购车时。车价的高低对他们的购买行为影响不大,他们不会因为汽车价格在一定时期内较高而停止购买,也不会在没有需求时因为汽车价格下降而盲目购买。汽车集团用户在购车时因为需求的特殊性,或因为受一些具体规定的限制,对车型和供应商的选择余地不大,这也是需求缺少弹性的一大原因。

(6) 购买专业性强

汽车集团用户的购买过程是由经过专业训练的人员来完成的。这些专业人员熟悉所购汽车的特性、了解汽车质量的判别方法,具有较强的选购和比较能力。

(7) 影响购买的人员众多

汽车集团用户购买决策通常由集体讨论决定,在决策前会征求技术专家、具体使用者、需求者等多方意见,决策时需要对各方面的要求与意见进行反复权衡比较,所以影响购买决策的人员众多。汽车厂商应了解影响汽车集团用户购买决策的人员有哪些,他们的具体需求是什么,在这些人员中,哪些是主要影响者,哪些是次要影响者,以抓住主要矛盾,制定营销方案。

(8) 购买的行为方式比较特殊

汽车集团用户购买汽车的方式与私人购买有较大的区别,除了向汽车经销商购买以外,还可以有以下几种:

① 直接购买。汽车集团用户购买量大的时候,购买者直接向生产厂家进行采购,而不通过中间供应商。

② 互惠采购。供应商与采购者互购对方的产品,双方互惠互利。

③ 租赁。某些专用汽车的单价很高,用户也不是经常使用,用户可用租赁的方法获得使用权,同时也解决了资金难的问题。

④ 招投标购买。这是政府机关采购时常用的一种购买方式。它通过事先公布采购条件和要求,众多的投标人按照同等条件进行竞争,招标人按照规定的程序从中选择订约方。这一系列程序,真正实现了“公开、公平、公正”的市场竞争原则。公开招标,能让信息充分公开,让社会上合格的、潜在的供应商都得到平等地参与竞争的机会。

⑤ 协议供货。大宗标准化商品的采购者和供应商通过长期商业往来,形成了比较可靠的商业信用的基础,采购者同意和供应商通过协议达成长期供货合同,为此建立了此种采购方式。在供货合同中,多会规定好商品的品种、规格、数量、供货期限、付款方式、索赔等条款。

(9) 需求的波动性较大

汽车集团用户的需求受政策与宏观经济的影响较大,以至于波动性也较大。比如,政府部门为消减财政开支,实行公车改革,取消部分公务用车,改发相应的用车补贴,此举将直接减少政府机关和部分事业单位的购车需求。

2. 汽车集团用户购买行为的类型

汽车集团用户的购买行为模式主要有三种类型:

(1) 直接重购

直接重购是指集团用户根据过去的一贯需要,按原有的购买决策进行重复购买。这种购买行为是建立在以往的购买决策和购买经验上的，无须进行新的决策，是一种简单的购买行为。直接重购可以简化购买流程，节省购买者的时间，降低购买风险，保持产品与服务的一致性，是汽车集团用户比较愿意选择的一种购买方式。

影响集团用户直接重购的主要因素是需求变化与对产品服务的满意度。如果集团消费用户的需求与以往一致，没有变化，而且对原有供应商的产品与服务的满意程度较高，一般会选择直接重购。

(2) 修正重购

修正重购是指用户为了取得更好的采购效果而修正采购方案，改变产品规格、型号、价格等条件或改变新的供应商的情况。这种购买行为需要对原有的购买决策进行一定程度的修正，对新增项目进行重新决策，因而比直接重购复杂。

汽车集团消费用户修正重购的原因之一是市场需求发生变化，如某运输公司原有线路上的普通客车已无法适应市场的需要，需要改成高级客车。原因之二是原有供应商的产品质量和服务不能满足集团用户的要求，如汽车经常出现故障，而供应商相应的维修服务也没有做好，导致用户对原供应商的满意度下降，决定更换产品或供应商。对汽车经销商而言，一方面要不断提高服务质量，努力提高集团用户的满意度；另一方面要不断加大新产品的开发，以适应不断发展的市场需求。

(3) 新购

新购是指汽车集团消费用户对所需汽车的第一次购买。新购时的购买决策是所有购买行为中最复杂的一种，因为它涉及多方面的因素。

新购时，因为没有先前的经验，决策的风险很高。因此在采购过程中需要大量的信息和广泛的参与，并有可能是一个长期、慎重的选择过程。新购用户对供应商是一个巨大的机会，因为他有可能成为将来的长期合作对象。

3. 汽车集团用户的购买决策过程

汽车集团消费用户的购买决策比私人用户更加透明、更加理性。决策过程的各个阶段目的与任务都是很明确的。

(1) 问题识别

提出需求是企业购买决策过程的起点。需求的产生既可以是企业内部的刺激，也可以是企业外部的刺激，需求一般由使用者提出。

(2) 确认需求

确认需求指对所需产品的数量和规格进行确认。

(3) 产品规格

产品规格指由专业技术人员对所需产品的规格、型号、功能等技术指标做具体分析，并做出详细的说明，供决策部门和采购人员参考。

(4) 寻找供应商

为了选购满意的产品，采购人员要通过各种途径，选择服务周到、产品质量高、声誉好的供应商。

(5) 征求供应建议书

对找到的能满足集团用户需求的多个候选供应商，购买者应请他们提交供应建议书，尤其是汽车这类价值高、价格贵的产品更是如此。

(6) 选择供应商。

在收到多个供应商的有关资料后,决策部门或采购部门应根据资料选择比较满意的供应商。

(7) 发出正式订单

企业的采购中心选定供应商以后,采购部开订单给选定的供应商,在订货单上列举技术说明、需要数量、期望交货期等。

(8) 绩效评价

产品采购以后,买主会及时评估供应商的履约情况,并根据评估结果,决定今后是否继续采购该家供应商的产品。

4. 影响汽车集团客户购买行为的因素

相比较而言,私人购车的主要影响因素来自内心,情感色彩较浓。汽车集团用户购车的主要影响因素来自外部环境和各种关系,理性色彩较浓。

(1) 环境因素

外部环境因素影响着集团用户的车辆需求数量、规格、档次、价格等,是影响集团用户购买决策的主要因素。外部环境包括经济运行状况、政治环境、社会舆论监督、科技进步作用等。

(2) 组织因素

组织因素指集团用户内部的组织架构、决策程序、管理制度等因素。集团用户内部组织因素不同,影响购买决策的人员和结果也会有很大的不同。

(3) 人际关系

人际关系是指集团用户内部各机构不同人员之间的相互关系,主要是各购买决策的参与者之间的关系。不同参与者的影响力不同,这与参与者在集团用户内部的地位、职权、部门、说服力有关,营销者必须充分了解不同参与者之间的相互关系,确定其在购买决策中所扮演的角色与影响力,明确自己的营销重点对象,有针对性地展开营销活动。

(4) 个人因素

集团用户的购买决策最终是由具体的参与者制定的,虽然在购买决策过程中理性成分较多,个人的情感成分较少,但参与者的个人经历、喜爱偏好、受教育程度、性格特点、对风险的态度不同还是会影响最终的决策内容。特别是在对供应商的选择、对采购绩效的评价等方面个人因素的影响较大。在营销过程中应考虑到决策参与者的个人因素,采取有针对性的促销和公关措施。

5.3 需求分析内容

5.3.1 角色和客户类型

1. 客户角色

汽车的购买,从表面上看似乎是一个人的行为,但实际上往往有好几个人参与购买决策活动,其中包括五种不同的角色,分别是:

① 发起者。指首先提出购买车型的人。

② 影响者。指对最终购买车型有直接或间接影响的人。

③ 决策者。指对整个或部分购买决策有最后决定权的人。

④ 购买者。指在整个购买活动中实际进行购买的人。

⑤ 使用者。指真正使用该车的人。

【案例】

小李是刚刚毕业的大学生，经过努力进入了一个大企业上班，是公司的一名普通的职员，一直骑着自行车上班。他的同事都是开车上下班的，由此他也产生了购车的想法。但是，由于刚刚工作，自己的积蓄有限，想让父母资助，却又害怕遭到拒绝。于是，小李就把自己想买车的想法告诉了家里地位很高的奶奶。奶奶一直是很顺着自己的孙子，所以也很支持小李买车。晚上，一家人坐在一起，奶奶就对小李的父亲说："你看孩子上下班太不方便了，又没有直达的公交车，骑自行车需要的时间长不说，风吹雨淋的，不至于让孩子这样遭罪，给孩子买个小车上下班开吧！"父亲很为难，不敢违背母亲的意思，可钱是个问题啊！"买倒是行，可是……"，没等小李的父亲话说完，奶奶说："你要是同意，我能给你拿五万，剩下的你给孩子填上，买个十多万的小车开开"。小李父亲听到这番话就同意了。

分析：案例中每个人的购买角色。

2. 客户的分类

对汽车销售人员而言，在直面客户的时候，要在短时间内全面、深入、客观地对消费者购买行为进行分析是比较困难的。销售人员最能直接感受到的是消费者的态度。根据消费者的不同态度，采用不同的营销技巧，是销售人员在销售现场可采取的一套行之有效的办法。客户的分类，有好多种方法，我们可以采纳下面的分类方法，把所有客户分为四类：领导型、情感型、人际型、理智型。

（1）领导型

领导型客户的特征是喜欢对人发号施令、指手画脚。不在乎别人的观点，又不能容忍销售顾问存在错误，一旦销售顾问发生错误，便不愿意信任。同时，领导型的客户果断，有自己的主见。所以我们面对这样的客户要有充分准备，不能和客户说谎，并要尊重他，给足他面子，为客户完成他所要求的。实话实说，不去挑战他的权威地位，给出你的建议，帮助他达成目标。

（2）情感型

情感型客户是指以自己的情感体验作为购买决策依据的客户。情感型的客户是充满激情的，是个理想主义者，特别重感情，想象丰富，审美感觉灵敏，对情感的体验比较深刻，对汽车的外形、色彩极为敏感，对汽车的功能不太在意。这类消费者以女性居多，乐于参加公司的活动，追求有趣的事情，但通常做事情没有太大的原则。所以遇到此类客户销售顾问应该同样表现出充满活力的样子，并能提出客户感兴趣的观点，并给客户充分的时间表达出他们的感情。但是这类客户的原则性不强，所以销售顾问可以不用完全相信此类客户。

(3) 人际型

人际型的客户特别善于人际关系交往，喜欢与人打交道，并且有十足的耐心和销售顾问打交道，不喜欢发生人际关系矛盾，所以即使不认同销售顾问的观点也可能不会指出的。所以对这类客户，销售顾问一定要非常友好地像朋友一样地与之交谈，为他们解决问题，建立起客户对销售顾问的信任。

(4) 理智型

理智型指消费者在理智基础上做出决策的购买行为。这类消费者的思维比较冷静，在购买之前通常要进行广泛的调查，信息收集比较充分，对产品的性能特点了解比较透彻，对不同品牌的同类产品进行过反复的权衡比较，向销售人员咨询的问题具体仔细，决策较慢。理智型的客户思维非常缜密，天生喜欢分析问题，对事情的具体细节问题特别愿意分析，理智型的客户是非常敏感的，做事情也喜欢有理有据的分析，有些依赖于数据。这类客户多数是初次购买汽车，所以销售顾问接待这类客户，一定要记住接待过程要十分地正规，不可以随意。销售人员要有耐心，介绍要仔细全面，不能有厌烦的情绪，并且要摆事实、讲道理，确保所介绍车型的准确性，拿事实的数据说话，服务客户。

(5) 冲动型

冲动型指消费者容易受外界刺激而迅速做出购买决定的购买行为。这类消费者一般较为年轻，性格外向，随意性较强，具有较强的资金实力。引发冲动型消费者购买的诱因可以是广告宣传、产品特色、促销活动等，他们通常缺少对所购产品的深入了解，并不完全确定产品是否真正能满足自己的需要，所以当所购汽车并不如原先的预期好或当他发现其他汽车有更多的优点时，便会产生失落感，后悔自己当时的决定。对这类消费者，一定要加强售后服务，给他带来超值的感受。

(6) 习惯型

习惯型是指消费者按个人偏好习惯性购买某种品牌或车型的购买行为。这类消费者是在长期使用某种产品后对其产生的信赖感，对品牌忠诚度较高，较少受广告和其他因素的影响。这类消费者是厂商和营销企业应该努力维护的消费群体。

(7) 选价型

选价型客户是指对汽车的价格比较敏感的购买群体。这类消费者通常以价格的高低作为自己购买汽车的首要标准。选价型消费者又有两种截然不同的类型，一种是选高价型，认为价格高的汽车质量好，价格高的汽车有品位和档次，能显示自己的身份，开出去有面子。另一种是选低价型，多数是工薪阶层，对汽车的需求很强烈，经济实力又不是特别强。

5.3.2 典型的购买动机

汽车消费者购买汽车的动机概括起来大致有以下几种：

1. 求实购买动机

在购买过程中追求汽车的实际功效和作用，讲究经济实惠、经久耐用、使用方便，而不太注重汽车的外观。它是汽车消费中最有普遍性、代表性的一种购买动机。

2. 求新购买动机

以追求汽车外观的新颖、时尚为主要目的的一种购买动机。具有这种购买动机的消费者比较注重汽车造型、颜色等外在的观感,而不太注重汽车的实用价值与价格高低,比较容易出现冲动性购买。

3. 求名购买动机

以追求名牌汽车、高档汽车来显示自己的地位与身份为主要目的的购买动机。

4. 求廉购买动机

消费者对汽车价格比较敏感,以价格的高低作为选购汽车的主要标准,不太注重汽车的品牌与服务。在经济收入不高的消费者中普遍存在。

5. 从众购买动机

消费者的购买行为受周围人群影响较大,以大多数人的购买标准为准则,以同众人一致作为追求的目标。这类消费者往往缺乏经验和市场信息,认为从众可以避免个人决策失误,有安全感。

6. 储备购买动机

以占有一定的紧俏商品为主要目的的购买动机。比如消费者在听说政府将出台某项政策限制私人汽车过快增长的消息后,有可能会提前购买。或者当听说由于原材料涨价等原因可能导致汽车价格上涨时,也会产生购买动机。

7. 自我表现购买动机

以提高自己的社会声誉、地位为主要目的的购买动机。这类消费者只重视汽车的社会象征意义,而不太重视汽车的实际效用。这类消费者在享有一定社会地位的政府和社会各界名流中比较多见。

消费者的购买动机是复杂的、多层次的,在实际购买活动中,通常不只存在一种购买动机,而是多种动机综合作用的结果,只不过在各种不同的场合下,各种动机的作用各有主次罢了。

5.3.3 需求分析要点

① 不要忘了和客户寒暄,使客户放下心中的戒备;
② 话题不要只围绕着汽车,要尽量扩大谈话的范围,尽可能多地获取客户的信息;
③ 可以抓住机会留下客户联系方式;
④ 需求分析时可涉及的问题举例:

- 询问客户的姓名;
- 了解客户的购车预算;
- 了解客户所拥有的车型和是否有用车经验;
- 了解客户对本公司感兴趣的车型;
- 了解客户的对比车型;
- 了解使用者的用车需求;
- 了解客户对车型颜色、性能、配置的要求;
- 了解客户最重视的性能;

- 了解客户的购车用途和购车目的；
- 了解客户的家庭情况和兴趣、爱好等；
- 了解客户的购买能力，是否贷款；
- 了解客户对公司所卖车型的了解程度；
- 了解客户的购车时间、购车数量等；
- 了解客户是否需要保险、装饰、置换等附加服务。

⑤ 总结并向客户确认需求分析的内容的正确性。

【案例】

掌握客户购车的时间计划

情景一：直接询问

汽车销售人员：张先生，您大概什么时候需要用车呢？

客户：你是催着我买吗？

汽车销售人员：不是的，张先生，是我没有表达清楚。是这样的，这款车是新推出的热门车型，比较紧俏，交了订金后还需要等些日子才能提车。上个月初，我的一位客户准备买这款车，国庆节的时候要带家人自驾出游，可是他事先没有告诉我国庆节要用车，直到九月底才带着全款来买车，结果店里没库存，耽误了这位客户的假期安排。所以我想了解一下，您近期是不是准备要用车？

情景二：间接提醒

汽车销售人员：张先生，您近期应该不着急提车吧？

客户：什么意思啊？

汽车销售人员：是这样的，我看您是购置第二辆车，而且您对现在用的这款车感情也挺深的，所以我推测您近期应该不会急着提车。

客户：是不是你们店里没货啊？

汽车销售人员：这款车上市以来一直处于紧缺状态，店里一直在调货，但还是老缺货，现在库里只有两辆，新的一批要三天后才能到店。您近期急着用车吗？

情景分析：

对大多数个人和家庭来说，汽车还是一种贵重的消费品，客户通常都会经过几个月甚至更长的时间来考察、对比和权衡，然后才会做出最终购买决策。因此，光临展厅看车的客户有的是刚刚开始了解汽车，有的是做购买前的比较，还有的是已经在认真考虑购买了。汽车销售人员必须了解清楚客户现在正处于哪个阶段，大概还需要多长的时间才会做出购车决定，在这些信息的基础上，销售人员才能把握好跟进的进度和战术。

错误提醒：

客户在看车、赏车时心情相对还是比较放松的，但是如果汽车销售人员过于直接、过于直白地询问对方"买车"的时间计划，会显得很功利、很性急，容易引起客户的警惕和反感。

"您是打算今天买车吗？"

"您要是看好了，今天就能买下来吗？"

"您准备什么时候买车？"

"您近期有买车的打算吗？"

技巧展示：

很大一部分客户在熟悉了展厅和汽车销售人员后，都会问一些问题，而有些问题会直接透露他们购车的时间和计划，例如，当客户有以下这类疑问时，说明他们很可能在近期内就会做出购车决定。

“这款车有现车提吗?”

“这款车需要等多长时间才能提啊?”

“你们会不会要求加价提车?”

“这款车最近有什么优惠活动吗?”

5.4 需求分析的技巧

人们购买汽车是因为有需求，只有真正了解客户的需求，才能针对客户需求做一个完美的产品介绍。因此销售员如何掌握住这种需求，使需求明确化，是最重要的，也是最困难的一件事。有很多人认为客户接待进展厅了，马上就要进行客户最关注的汽车介绍，其实在进行产品介绍之前我们要做的是对客户的需求进行分析了解，尽可能多地了解客户信息，挖掘客户的需求与疑问，做客户的购车顾问，解决客户的疑问和满足客户的需求，之后再有针对性地介绍车辆，成功率一般是很高的。

5.4.1 提问

挖掘客户信息最有效的方式就是询问。汽车销售人员通过询问可以获得一些信息，包括客户是否了解你的谈话内容，客户对你的公司和你销售的产品有什么意见和要求，以及客户是否有购买欲望。

1. 提问的方法

怎样询问，才能获得最多、最准确的信息呢？这需要把握询问的技巧和方法。

汽车销售人员在汽车销售过程中常用的询问方法有以下两种：

(1) 开放式的提问

开放式提问是指发问者提出一个问题后，回答者围绕这个问题告诉发问者许多信息，不能简单地以“是”或者“不是”来回答发问者的问题。

汽车销售人员要想从客户那里获得较多的信息，就需要采取开放式问法，使客户对你的问题有所思考，然后告诉你相关的信息。例如，销售员可以询问客户“您从事什么行业”、“您以前开什么车”、“您什么时候要用车”。以开放式问法询问客户并且耐心地等待，在客户说话之前不要插嘴，或者说出鼓励客户的语言，使客户大胆地告诉你有关信息，收效会很好。

客户对于开放式问法也是乐于接受的。他们能认真思考你的问题，告诉你一些有价值的信息，甚至客户还会对你的销售工作提出一些建议，这将有利于你更好地进行销售工作。

(2) 封闭式的提问

封闭式问法是指回答者仅需要回答“是”或者“不是”，就能使发问者了解回答者的看法。

汽车销售人员以封闭式问法提问可以控制谈话的主动权。如果提出的问题都使客户以“是”或者“否”来回答，就可以控制谈话的主题，将主题转移到与销售产品有关的范围里，而不至于把话题扯远。同时销售员为了节约时间,尽快成交时,使客户做出简短而直截了当的回答,也可以采用封闭式问法。

开放式问题与封闭式问题得到的回答是截然不同的。封闭式问题的回答很简单,而开放式问题的回答所包含的信息量多,回答也常常出乎提问者的意料。具体选择哪一种问法,销售顾问要根据谈判时实际情况而定。

一般说来,销售员在进行推销工作时,不宜采用封闭式问法。采用封闭式问法的销售员虽然掌握了谈话的主动权,但是并不了解客户是否对你谈话的主题感兴趣,因而也不可能从客户那里得到太多的信息。如果你确实已经了解客户的需要以及他的兴趣,那么就可以采用封闭式的问法获得直截了当的答案,提高推销效率。

(3) 主动式的提问

主动式提问是指销售顾问通过判断将自己想要表达的主要内容利用提问的方式说出来。例如:"其实购车不仅是要看品牌,主要还是看车型的质量和性价比,您说对吗?"

(4) 重复性的提问

重复性的提问指的就是重复客户的观点以及提问的内容。例如:"你是说您想要一款安全性高、经济性好的车型吗?"

这种提问的方式会检验销售顾问对客户所表达内容是否真正理解,同时也能够促使客户继续表达自己的想法,而且还可以避免直接肯定或是否定客户,就不必惹怒客户。

(5) 评价性的提问

评价性的提问可以说是开放性提问的一种,没有固定的答案,可以继续挖掘信息。例如:"有了3·15的大众DSG事件,您对大众车有何意见?"

(6) 指向性的提问

指向性的提问通常是以"5W1H"为疑问词,向客户了解一些客户的情况,这样为以后说服客户找到谈话的内容。例如:"您之前用的是什么车型啊?"指向性提问主要用来了解客户的一些简单的情况,不太适合探究客户的隐私问题。

(7) 损害性的提问

损害性的提问主要指的是对竞争车型的坏处进行评价,所以要适当地使用,不可激怒客户或是引起客户的不信任。例如:"听说这款车的刹车特别软,您试驾的时候也有这个感觉吧?"

(8) 请教式的提问

例如:"现在长春有很多的路都改为单行了,我都搞不清楚了,为此还被罚了不少钱,您对长春这么熟悉,你一定知道都有哪些路线吧?"

2. 提问时的技巧

① 要注意提问的时机,向客户提问时要注意客户的情绪反应,然后再决定怎么提问,同时在客户没有表达完自己的思想的时候不要为了提问而打断客户;

② 提问过程中要注意引导客户对所卖车型产生兴趣;

③ 在提问过程中也要进行适当的反问以提醒客户;

④ 要适当地运用开放式与封闭式的提问方法;

⑤ 提问时注意不要让客户难堪或是指责客户;

⑥ 不要提问客户不会回答的问题;

⑦ 如果需要向客户提较敏感和隐私的问题,要先向客户说明提问的原因;

⑧ 注意提问的语速。

【案例】

获取客户个人的信息资料

情景一:了解客户的职业信息

汽车销售人员:张先生,您是不是A医院的医师啊?(旁敲侧击询问。)

客户:不是啊,怎么啦?

汽车销售人员:哦,很抱歉,昨天我一个老客户打电话给我,说他的一位医师朋友今天要来我们展厅看看车,我看您这么亲和,而且穿戴非常整洁有品位,我以为您就是那位医师朋友呢!(客户难以抗拒的赞美。)

客户:哦,不是,我是搞建筑设计的。

情景二:了解客户的驾龄信息

汽车销售人员:张先生,您可以坐在驾驶席上,试试看感觉如何……看您操作这么熟练,您至少有两三年的驾驶经验了吧?(顺势询问,不着痕迹地赞美。)

客户:呵呵,没有啦,我去年才拿到驾照,周末的时候经常会开我朋友的车出去玩玩。

情景三:获取客户的联络方式

汽车销售人员:张先生,选车不是一件小事,尤其是对男士来说,一款好车就像一个好兄弟一样,您说对吧?

客户:您这话说得一点不假,好车就像好兄弟一样。

汽车销售人员:要选对车,不能光看这款车的资料,也不能光听我所讲的,最主要的是能亲自试车,要是能在专业的驾驶场试驾就更好了,您说是不是?

客户:您们最近有试驾活动?

汽车销售人员:张先生,您真不愧是在商海里磨炼出来的,反应真快。是的,我们这个月将举办一次大型试驾体验活动,在专业的试驾场,您可以给我留一个联系方式,我会提前一周通知您,到时候您可以选择几款感兴趣的车试下。

提问时的技巧如表5-2所示。

表5-2　提问技巧及其含义与举例

提问技巧	具体含义	话术示例
提前声明	预先主动告知客户要询问的内容以及这些信息的意义与用途,尽量取得客户配合	为了节省宝贵的时间,给您推荐合适的车型,我想向您请教两个问题,您看没问题吧
顺势询问	顺着客户主动提起的话题询问,这样既不显得唐突,又会让客户觉得销售人员机敏灵巧	客户:你们这店位置真偏,我开车绕了一大圈才找到这儿。 销售人员:是呀,很多客户都说我们这里有些难找。店外那辆车就是您刚开过来的吧?真漂亮!您是什么时候买的啊

续表

提问技巧	具体含义	话术示例
隐私交换	在一些共通性话题上，销售人员可以先介绍自己的信息，引起客户的兴趣与共鸣，从而让对方主动透露信息	销售人员：我断断续续也开了三年的车了，可是看您操作这车比我还娴熟，您至少也有五六年驾龄了吧？ 客户：没有啦，我一年前才开始学车，刚拿下驾照不久
穿插询问	避免一次性密集式的提问，可以将问题化整为零，穿插到销售的各个环节中进行询问	例如，在客户试驾前可以询问其驾驶经历及熟悉的路况；与客户熟悉后可以自然地询问其职业及家庭情况；在客户即将离店时询问其联系方式等
赞美缓冲	真诚的赞美是最好的开门钥匙，客户在被赞美的愉悦感中很容易放松警惕，因此在询问问题之前不妨赞美客户一番，一定会起到有效的缓冲作用	销售人员：先生，您真不应该把您的爱车停在展厅外面，您看，现在我们好几位客户都被您的车吸引了。这款车从上市以来就让很多人为之疯狂。您有这么好的一款车，怎么还要再购置一辆呢

5.4.2 倾听

在做需求分析时，只提问或是一再询问也会引起客户的反感，积极的倾听也是很重要的，既能从客户的叙述中获取需要的信息还能和客户有一个很好的沟通，拉近与客户的关系。

通常，人们误以为只有在讲话的时候才会有积极的沟通，而倾听则是消极的。可事实上，如果沟通是一个双向的过程，那么倾听应当是其中的一个积极的组成部分。

积极地倾听就是倾听者专注于获得说话者想要传达的完备的信息，并做出正确的理解。如果接受者希望有效地沟通，积极地倾听应该是他的目标。因为这是唯一促进良好沟通的听的形式，他试图理解全面的信息，而不仅仅是正在讲的这些。

为什么人们没能做到更好地倾听？首先，听是一项很难的工作。研究表明。当一个人积极地倾听时，他的新陈代谢过程会有轻度加快，体温会轻度上升，瞳孔会轻微放大。这说明真正的听绝不是消极的。一个真正听的人会对正在传递的信息给予密切关注，并且向讲话者表示他或她正在关注当前的谈话。

通常人们会利用不说话的时间“休息”或只是假装他们在听。他们会看着别人，点头，甚至会发出一些表示自己已经听懂了的信号，但实际上他们的思维却在考虑下面将要说的话，想别的问题，或者正在走神。积极倾听意味着集中注意力，而这是一项艰难的工作。

汽车销售人员不能很好地倾听的第二个原因是当他们不说话时会感觉到不舒服。他们通常借口说他们不想“失去对谈话的控制”，他们需要向买主提供尽可能多的信息。他们经常感到如果不讲话就不是在销售。

销售人员不能好好倾听的第三个原因，是他们对自己的信息比对客户要说的话更感兴趣。

这一现象被称为“说话紧张状态”。每个人都有一种表达自己想法的愿望,这一愿望干扰了我们听的能力。

积极地倾听是给销售人员带来变化的一种重要方式。销售员工作的很大一部分,是改变客户对产品的观念或发现如何能更好地为客户提供服务,公司的产品或服务需要做哪些调整,这些都需要积极地倾听。

1. 积极地倾听的原则

在现实工作中,很多销售顾问只注重提问,不重视倾听,在客户说话时心不在焉,假装在听,这样做不仅是不尊重客户的表现,而且不能全面地收集信息,也使自己没有时间去思考说出来的话有没有分量,能否为别人所重视,就不能影响客户。所以要懂得做一个良好的倾听者,更好地促进与客户的沟通,那么,要遵循以下几点原则:

(1) 说话时目光要正视,态度要诚恳

目光要正视对方,保持一种良好的心情,倾听对方谈话内容,彼此尊重。听他人说话切忌东张西望、心猿意马,这样不礼貌,又容易损伤对方的自尊心。还应注意谈话时不要做小动作,如压手指节、搔脑勺、理头发等,否则既不文明又失雅观,似乎显得不耐烦,容易造成误解。

(2) 不要轻易打断对方的谈话

他人在谈论某个问题或叙述某件事时,不要轻易打断他人谈话,应该等别人说完后再提问或发表自己的见解。如果中间有必要插上一两句应预先打招呼,说声“对不起,我插一句”,说完后请别人继续说下去,这才是有教养、懂礼仪的销售人员的做法。

(3) 要真正去理解谈话内容

倾听是交谈活动中的一种重要行为,要用心,不仅是对声音的吸收,更是对意义的理解。听者在采取专心倾听的态度后,还要真正去理解谈话的内容。对谈话内容自觉努力地去接收和处理,一方面用自己具有的科学知识、人生体验、实践经验,正确和全面地理解;一方面以谈话背景为参照,有重点有取舍地理解。

(4) 要把重点放在谈话的内容上

有的时候,由于客户的语气不好,销售顾问就会很生气,虽然表面依然热情,内心就不知道会想什么了,甚至有的销售顾问态度还很不好,惹怒客户。作为销售人员,这是很不明智的。我们应该把心思放在客户谈话内容上面,客户为什么语气不好或是发脾气呢?有什么异议吗?怎么解决呢?这些内容才应该是销售顾问所重视的,而不是客户用什么语气说话。所以销售顾问要忽略谈话的方式,把重点放在谈话的内容上面。

(5) 正确对待客户的言外之意

客户有时候有些话不会明说,而是会暗示销售顾问。比如在谈价时,客户想要价格能够便宜些或是得到一些汽车装饰品,当不便直说时就会暗示;再比如说客户为了能把车价降下来会挑三拣四的,而不是不喜欢车。所以作为销售顾问要善于根据不同的情况,正确对待言外之意。

2. 倾听的技巧

汽车销售人员面对客户进行谈话时,如何才能积极地聆听呢?这就要掌握倾听的技巧。

(1) 适时确认客户的想法

站在客户的立场专注聆听客户的需求、目标,适时地向客户确认你了解的就是他想表达的，这种诚挚专注的态度能激发客户讲出他内心更多的想法。

(2) 让客户把话说完，并记下重点

记住你是来满足客户需求的，你是来带给客户利益的，让你的客户充分表达他的意愿以后，你才能正确地满足他的需求，就如医生要听了病人述说自己的病情后，才开始诊断一样。

(3) 秉持客观、开阔的胸怀

不要心存偏见，只听自己想听的，或以自己的价值观判断客户的想法。

(4) 对客户所说的话，不要采取防卫的态度

当客户所说的事情，可能对你的推销造成不利时，不要立刻驳斥，你可先请客户针对事情做更详细的解释。例如，客户说"你公司的上牌服务太慢"，你可请客户详细地说明是什么事情让他有这种想法，如果客户证据确凿，应向客户致歉，并答应他了解此事的原委。记住，在还没有听完客户的想法前，不要和客户讨论或争辩一些细节的问题。

(5) 了解客户真实的想法

客户有客户的立场，他也许不会把真正的想法告诉你，而是用借口来搪塞，或为了达到别的目的而声东击西，或另有隐情，不便言明，因此必须尽可能听出客户真实的想法。掌握客户内心真实的想法不是一件容易的事情，最好在与客户谈话时，带着下列的问题倾听：

客户说的是什么？它代表什么意思？他说的是一件事，还是一个意见？他为什么要这样说？他说的我能相信吗？他这样说的目的是什么？从他的谈话中，我能知道他的需求是什么吗？

利用这些技巧，在接待客户过程中可以明晰客户的目的，找出购车的决策者、影响者、使用者和购买者，也许是一个人，也许是几个人。这个知识点在本书技巧部分会有详细的解释。对于技巧了解了之后，还要清楚需求分析要分析哪些内容。当然，还有一点是需要切记的，那就是需求分析是贯彻整个流程始终的，只要与客户接触，就要不断地去分析。即使车辆成交后，也可以继续接触，以求下次的合作。

5.4.3 赞美

赞美客户的前提是一定要找到客户的赞美点，不可以睁着眼睛说瞎话，例如对一个胖人说他苗条等此类无知的做法，一定要注意抓住对方的优点。

1. 赞美不要过于笼统，要找到赞美的具体内容

一定要注意找到赞美点，具体地赞美客户，而不是特别笼统地去赞美客户，过于笼统会显得不够真诚，但是要掌握一定的尺度，不要让客户感觉销售顾问不真心、不诚实。

2. 赞美时也要注意客户的类型

不同的客户要不同对待。因为客户的受教育程度、生长环境不同所以客户的性格特点、审美观、兴趣爱好等都会有所不同，所以一定因人而异，灵活地使用赞美。

3. 如果有需要，可以使用间接的赞美方法

有些客户的疑心特别重，对客户的赞美往往会被客户认为是虚伪。所以有的时候更适合使用间接的赞美方式，例如可以利用第三者之口对客户进行赞美。

4. 以请教的方式对客户进行赞美

就着对客户的请教来赞美客户，使其感受到被重视的优越感，为接下来的需求分析、客户

接待等打下良好的基础。

5. 赞美一定要真诚，且不可以羞于开口

有些销售顾问要么不真心赞美客户，要么就对赞美的话说不出口，这些都是销售顾问的一些看似简单却是难以克服的困难，所以一定要注意。

6. 注意赞美时的语音语调和面部表情

赞美时的语气与面部表情一定要重视，如果做得不好，会给客户一种你在说假话、故意讨好客户的感觉。

【案例一】

判断客户的市场了解程度

情景一：

汽车销售人员：张先生，按照您的要求来看，价位15万左右，1.8L排量的中型车，市面上有几十款，您都看好哪些品牌呢？（试探性问题）

客户：我比较青睐欧系品牌，像A品牌，当然了，还有你们B品牌也不错。（锁定竞争对手。）

汽车销售人员：张先生，您为什么会对欧系品牌情有独钟呢？（挖掘客户的关注点。）

客户：欧系品牌的质量很好，还有那种驾驶的快感，我觉得要优于其他的品牌。（产品质量、动力性能及操控性）

汽车销售人员：您果然是懂车的行家，一语就道出了欧系品牌的特色之处，正像您说的那样，A品牌的车的确不错。您有没有试驾过呢？（深入打探）

客户：哦，我上周去了A品牌的车行，试驾了一款车，感觉还不错，但是提车要等两个月。（目标车型）

汽车销售人员：您说的是不是那款今年上半年上市的SUV啊？

客户：嗯。就是那款。

汽车销售人员：张先生，您已经试驾了A品牌的SUV，现在不妨再了解一下我们B品牌的SUV，它们之间有三大不同之处，相信您试过之后，一定能体验出来的……（预先告知客户有"三大不同"，让客户抱着好奇和兴趣来了解并试驾）

情景二：

客户：你们这款车和A品牌的最新款有什么区别吗？

汽车销售人员：张先生，听您这么说，您对A品牌应该比较了解吧？（抓住机会反问）

客户：哦，了解谈不上，我只是去过他们店，试驾过最新的一款车。

汽车销售人员：A品牌还是相当有实力的，您试驾的感觉怎么样？

客户：车子外型不错，发动机的动力感觉还可以，但是车内空间有点小，像我这样的大块头坐进去，头顶离车顶的距离还不到一个拳头，不是太舒服。

汽车销售人员：原来是这样啊。张先生，您试试坐到驾驶座上，看看我们这一款车空间舒适度怎么样……（引导客户体验）

情景分析：

客户对汽车行业行情了解多少？客户之前都考察过哪些店？客户会拿哪些品牌的车来和店

内的车做对比？客户在众多品牌和车型中比较倾向于哪一个？这些信息非常重要，能反映出客户对汽车市场及自身需求的认知程度。通过对这些问题的探询，汽车销售人员能迅速地找到竞争对手，能清晰地认识到客户的需求，也能针对客户的实际情况采取恰当的销售策略。

错误一：有些客户因为担心被汽车销售人员“忽悠”，即便自己对汽车不是太懂行，也会装出比较内行的样子。销售人员即使从这些客户的话语或举动中瞧出了破绽，也不能当面戳破，应该充分考虑和照客户的感受。

错误二：销售人员提问方式不灵活，太直接、太生硬。一旦客户意识到销售人员询问的目的，很可能会敷衍搪塞，而不透露自己真实的想法。

“您来我们店之前，有没有去其他店参观过啊？”

“您目前都在考虑哪些品牌啊？”

“您之前对我们这个品牌还有汽车有没有了解？”

“您对汽车了解多吗？”

技巧展示：

从客户踏入展厅开始，汽车销售人员就要认真地观察和分析对方的一举一动、一言一行。很多情况下，即使销售人员不主动询问，也能从客户的这些言语行为中判断他们是否“内行”，是否懂行。例如，内行的客户往往在看到心仪的车后会直接要求销售人员打开车门或者发动机盖以及后备厢盖，直接看汽车的配置；而对车子不是太熟悉的客户可能会先留意展厅内的视频、宣传资料和配置单；内行的客户能够熟练而自信地询问汽车的各项指标，并能准确地说出专业术语；而比较外行的客户即使能问一两个专业问题，神色上也会很不自然。汽车销售人员要洞悉客户心理，必须练就“火眼金睛”，细致地从客户的言行举止中发现有用的信息。

【案例二】

探询客户购车的预算计划

情景一：推心置腹

汽车销售人员：张先生，您大概想选什么价位的车呢？

客户：你是不是怕我买不起你们的车啊？

汽车销售人员：呵呵，怎么会呢，您多虑了，进了我们的展厅就是我们的客人，为您做好服务就是我的职责。我是觉得，像您这样的客户，平时都是忙忙碌碌的，能抽出时间光临我们车行非常难得。如果我把所有的车型都向您介绍一遍，会浪费您很多的时间，如果知道您的要求和预算，我就可以有针对性地为您推荐几款车，这样可以节省您宝贵的时间，您说呢？

客户：我想看看12万元以下的车……

情景二：故事案例法

汽车销售人员：张先生，您希望选什么价位的车呢？

客户：我先看看再说。

汽车销售人员：前一阵，我有个朋友买了一款A品牌车，可是他却一点也高兴不起来。（极大地勾起客户的兴趣）

客户：哦？A品牌车很不错啊，很多人想买还买不起呢，干吗不高兴啊？

汽车销售人员：他本来只想买辆国产品牌的低配车，价钱便宜，上下班开着方便就行，但是他家人不同意，说低配车安全性没保障，不如多花点钱，买一辆配置好一点的。

客户：他家人说的没错啊，买车当然要考虑安全性啊！

汽车销售人员：于是我这个朋友就到车行选七八万元左右的车，结果店里的销售人员跟他说七八万元的车开着不怎么上档次，买这样的车还不如不买。只要加上一两万元，就能买到不错的车，不仅安全性能好，还有十足的驾驶快感，开着出门也很有面子，于是我朋友几乎花光了两年的积蓄，买下了一款A品牌车。现在问题来了，车是买下来了，却没钱养车了，您说他哪里高兴得起来啊！

客户：你这个朋友也太不理智了。

汽车销售人员：是啊，所以我现在给我的客户推荐车，都会先问问他们预算有多少，这样，我推荐的车，客户才可能既买得起，又养得起，还能开开心心地用。您说是吧？您希望选什么价位的，我帮您参考一下？

情景分析：

客户的经济能力和购买预算是汽车销售人员必须掌握的一项关键信息；客户对一款车的兴趣再浓厚，如果支付能力达不到，销售人员即使付出再大的努力也很难促成交易。然而，在实际的洽谈中，就像汽车销售人员会牢牢守住底价一样，客户也不愿意主动透露自己的预算计划和实际的支付能力，他们担心会被销售人员“吃定”，在后期的讨价还价中丧失主动。因此，汽车销售人员要了解客户的预算信息，首先就应该化解对方的顾虑，与他们推心置腹地交流，让客户认识到：只有明确了预算，才能节约时间，尽快找到理想车型；才能量力而行，避免“有钱买车，无钱养车”的尴尬后果。

本章课后习题

一、填空题

1. 需求分析的目的是为了分析客户的________________与________________，并且能够为客户提供专业的解决方案；

2. 需要是指人对某种目标的__________和__________，它指引导和推动人为实现目标的各种行为。因此，需要是消费者购买行为的起点。了解消费者的需要，正是研究消费者__________的切入点。

3. 消费者的需要有了明确的目标时，会转化成______________，____________是消费者行为的直接动因。

4. 参照群体因素是指能影响消费者消费行为的群体，消费者往往将参照群体的标准作为自己的标准。一般可分成________________、________________、________________。

5. 与私人购买者相比，集团用户要比私人用户____________，而且汽车集团用户类型相对比较____________，如政府机关、大的企业集团、专业运输公司等。

二、简答题

1. 消费者需要的特征？

2. 影响私人用户购买行为的环境因素有哪些？

3. 列举汽车集团用户购买汽车的方式。

4. 汽车集团用户的购买决策过程是什么？

5. 客户的分类是什么？

三、论述题

私人用户和集团用户相比，集团用户较少，但集团用户能给企业带来丰厚的利润，在接待客户的过程中，如何判断集团用户呢？

项目6

产品介绍

项目目标

◆ **知识目标**：1. 通过产品介绍流程的学习，使学生能够掌握汽车的六方位介绍法；
2. 使学生了解产品介绍流程的具体内容；
3. 掌握FAB法则的运用；
4. 掌握商品介绍环境的细节和要点。

◆ **能力目标**：培养学生熟练运用六方位介绍法和FAB介绍法的能力。

◆ **情感目标**：激发学生对六方位介绍法和FAB法则的兴趣，树立学生对产品介绍流程的认知，并灵活运用六方位介绍法和FAB法则，使学生对汽车销售活动的兴趣更加浓厚。

开篇案例赏析

如何向群体客户介绍汽车

张先生带着太太和两位朋友赵先生以及刘先生一起来选车，汽车销售人员了解到张先生夫妇将共同负担购车的款项，而两位朋友都有过购车的经验，因此被张先生请来做参谋，四个人看了一圈，最后关注的重点落在了A、B两款车上……

汽车销售人员：几位觉得A和B哪款车更适合呢？

赵先生：虽然价格差不多，但是A车的配置，如六大气囊、MABS系统等，明显要比B车高级啊。

刘先生：A配置好一点是没错，但是B车的品牌比A车要响啊，B车现在在国内的销量稳定，售后服务非常完备，这些优势A车可没有。

汽车销售人员：赵先生、刘先生，两位真不愧是行家里手，一句话就能说到点子上，张先生有您二位的参谋，一定能选到中意的好车。张先生，张太太，这款车您二位怎么看呢？

张先生：我觉得老赵和老刘说的都有道理。

张太太：A车真漂亮，车内空间也很大，我们以后出去玩的时候带再多的东西都不用发愁啦！

汽车销售人员：张太太，您真懂得生活，现在的很多家庭都忙于工作挣钱，能像您这样平衡生活与工作的已经很少了。很多客户在购置第一款车时，都想选一款十全十美的车，其实没有最好的车，只有最适合的车，各位，你们说是不是呢？所以，我经常建议客户选第一款车时主要看重安全性和驾驶性。张先生现在事业正处在发展期，将来肯定还会购置第二辆车，那时候，我觉得可以选择品牌更好、配置更高端的车。您说呢？

张先生：你这么说也很有道理。以后用车的是我，坐车的还是老婆和孩子，安全是比较重要的……

情景分析：

人们在进行贵重商品消费时，往往都会比较谨慎，会重视身边亲友的参考意见和经验。汽车消费虽然已经有大众化的趋势，但依然需要比较大的投入，因此，客户携家人朋友一起参与选车、购车就很常见。汽车销售人员在向此类群体客户介绍产品时，首要的工作是辨明每一位成员在购车这项活动中所扮演的角色，分清决策者、支付者、使用者和影响者，找出群体中最关键的人物。这个群体中任何一位客户的某个意见都可能影响购车决策，因此，汽车销售人员对每一位客户都要照顾到，但又要明确主攻的关键目标客户，做到“面面俱到，有主有次”。

错误提醒：

群体客户在评价同一款产品时，通常都会冒出许多不同甚至是对立的看法，遇到这种情况，汽车销售人员不宜以鲜明的立场支持一方或者反对一方，这样很容易得罪一部分客户，为促成销售带来困难。

客户甲：我觉得这款车的安全配置很全面，设计也很人性化。

客户乙：一般吧，我觉得那边的那款车更好，不仅安全性高，而且发动机也是一流的，开起来一定会非常带劲。

汽车销售人员：是啊，乙先生您说得对，看来您是个行家呀，那边那款车确实要比这款好……

技巧展示：

技巧一：如何分辨群体客户的角色

汽车销售人员接待群体客户首要的一步是分辨出每一个人在购买行为中扮演的是什么角色。销售人员可以直接询问，也可以通过观察来判断，除此之外，还有一种方法就是“群体讨论”，也就是由销售人员有目的性地提出一个讨论话题，引导众人参与到讨论中，从而辨别各人的角色和重要性，以及每一位成员的观点和态度。例如，在上文的情景中，销售人员抛出的讨论话题是“A 和 B 哪款更合适”，从众人讨论中，可以发现刘先生与赵先生有不同的看法，而张先生没有明确的立场，张太太有明显的偏向，同时对其他几位有比较强的影响力，于是，销售人员选择将张太太作为主攻的对象。

技巧二：接待群体客户时的注意事项

汽车销售人员在接待群体客户，向他们推介汽车的过程中，需要注意以下几点。

1. 分清角色

在接待群体客户时，汽车销售人员的首要工作就是分辨群体中每一个成员的角色，把决策人、支付人、影响人和使用者一一找出来，并判断每一个角色在购车决策中的分量与关键性。汽车销售人员应该“多听少说”，从客户之间的交流中去推测每个人的角色。

2. 找准关键人物

关键人物是指对交易达成能起到最重要的推动与促成作用的客户。这个人可能是决策人，也可能是支付人，同样也可能是影响人或者使用者。例如，一家三口来看车，可能父母都没有很强的意向，但是孩子喜欢车子的外型和车内的配置，那么，孩子就很可能成为关键人物。

3. 有效引导

群体客户最容易出现的一种状况是相互之间产生分歧,谁也不能说服谁,这时候销售人员往往被拉出来做评判。在这种状况下,做评判是不理智的,不管销售人员站在哪一方,都很可能得罪另一方,因此,汽车销售人员应该做的是"求同存异",有效引导分歧的各方面达成共识,从而锁定适合的车型。

4. 面面俱到

销售人员找到关键人物后,并不意味着对其他客户就可以置之不理。在主攻关键人物的同时,销售人员对其他客户的看法与感受也要细心照顾到,不要吝啬赞美,更不要让客户有被轻视的感觉。

项目实施

任务6.1 运用FAB法则介绍车辆配置

任务名称	运用FAB法则介绍车辆配置
任务组织	将学生分成若干小组,4~8人一组,通过学生自荐或推荐的方式选出每组组长,明确组长的职责:负责本团队的组织、协调工作,带头示范,督促、帮助其他组员完成相应工作。教师及时检查学生完成情况,组织学生相互交流,适当给予提示与建议,并针对共性以及重难点问题在课堂上组织讨论和讲解
任务内容	1. 每组每个同学任意选择车辆的至少3个配置,运用FAB法则介绍你选择车型的配置; 2. 小组成员互评; 3. 进行自评
任务实施	介绍同学姓名: 所选择的车型的配置: 1. ____________ 运用FAB介绍:____________ ____________ ____________ 2. ____________ 运用FAB介绍:____________ ____________ ____________ 3. ____________ 运用FAB介绍:____________ ____________ ____________

续表

任务名称	运用 FAB 法则介绍车辆配置
任务实施	小组对我的评价： 优点： 缺点： 自评： 优点： 缺点： 改进之处：
任务总结	在调研和讨论的基础上，形成小组的分析报告，并制作 PPT 进行汇报，同学互评、教师点评，然后综合评定本次各个小组的成绩
自我评价	♡ 优　♡ 良　♡ 中　♡ 及格　♡不及格
教师评阅	♡ 优　♡ 良　♡ 中　♡ 及格　♡ 不及格

任务6.2　个人车前方介绍模拟

<table>
<tr><td>任务名称</td><td>个人车前方介绍模拟</td></tr>
<tr><td>任务组织</td><td>将学生分成若干小组,4～8人一组,通过学生自荐或推荐的方式选出每组组长,明确组长的职责:负责本团队的组织、协调工作,带头示范,督促、帮助其他组员完成相应工作。教师及时检查学生完成情况,组织学生交流,适当给予提示与建议,并针对共性以及重难点问题在课堂上组织讨论和讲解</td></tr>
<tr><td>任务内容</td><td>1. 每小组的所有学生都要进行车前方的介绍,品牌车型由自己来选择,介绍话术由自己编写;
2. 小组间互相评价;
3. 介绍同学自评</td></tr>
<tr><td>任务实施</td><td>介绍同学姓名:
所选择的车型:
车前方话术编写:
____
____
____
____
____
____
____
____
____
____
____
____
____
____
____
____
小组对我的评价:
优点:</td></tr>
</table>

续表

任务名称	个人车前方介绍模拟
任务实施	缺点： 自评： 优点： 缺点： 改进之处：
任务总结	在调研和讨论的基础上，形成小组的分析报告，并制作 PPT 进行汇报，同学互评、教师点评，然后综合评定本次各个小组的成绩
自我评价	♡ 优　♡ 良　♡ 中　♡ 及格　♡ 不及格
教师评阅	♡ 优　♡ 良　♡ 中　♡ 及格　♡ 不及格

任务 6.3　个人乘客侧介绍模拟

任务名称	个人乘客侧介绍模拟
任务组织	将学生分成若干小组，4～8 人一组，通过学生自荐或推荐的方式选出每组组长，明确组长的职责：负责本团队的组织、协调工作，带头示范，督促、帮助其他组员完成相应工作。教师及时检查学生完成情况，组织学生交流，适当给予提示与建议，并针对共性以及重难点问题在课堂上组织讨论和讲解

续表

<table>
<tr><td>任务名称</td><td>个人乘客侧介绍模拟</td></tr>
<tr><td>任
务
内
容</td><td>1. 每小组的所有学生都要进行乘客侧的介绍，品牌车型由自己来选择，介绍话术由自己编写；
2. 小组间互相评价；
3. 介绍同学自评</td></tr>
<tr><td>任
务
实
施</td><td>介绍同学姓名：
所选择的车型：
乘客侧话术编写：

小组对我的评价：
优点：

缺点：

自评：
优点：

缺点：

改进之处：</td></tr>
</table>

续表

任务名称	个人乘客侧介绍模拟
任务总结	在调研和讨论的基础上，形成小组的分析报告，并制作 PPT 进行汇报，同学互评、教师点评，然后综合评定本次各个小组的成绩
自我评价	♡ 优　♡ 良　♡ 中　♡ 及格　♡ 不及格
教师评阅	♡ 优　♡ 良　♡ 中　♡ 及格　♡ 不及格

任务 6.4　个人车后方介绍模拟

任务名称	个人车后方介绍模拟
任务组织	将学生分成若干小组，4～8 人一组，通过学生自荐或推荐的方式选出每组组长，明确组长的职责：负责本团队的组织、协调工作，带头示范，督促、帮助其他组员完成相应工作。教师及时检查学生完成情况，组织学生交流，适当给予提示与建议，并针对共性以及重难点问题在课堂上组织讨论和讲解
任务内容	1. 每小组的所有学生都要进行车后方的介绍，品牌车型由自己来选择，介绍话术由自己编写； 2. 小组间互相评价； 3. 介绍同学自评
任务实施	介绍同学姓名： 所选择的车型： 车后方话术编写：

续表

任务名称	个人车后方介绍模拟
任务实施	__________ __________ __________ __________ __________ __________ __________ __________ __________ 小组对我的评价： 优点： 缺点： 自评： 优点： 缺点： 改进之处：
任务总结	在调研和讨论的基础上，形成小组的分析报告，并制作PPT进行汇报，同学互评、教师点评，然后综合评定本次各个小组的成绩
自我评价	♡ 优　♡ 良　♡ 中　♡ 及格　♡ 不及格
教师评阅	♡ 优　♡ 良　♡ 中　♡ 及格　♡ 不及格

任务6.5　个人车后座介绍模拟

任务名称	个人车后座介绍模拟
任务组织	将学生分成若干小组,4～8 人一组,通过学生自荐或推荐的方式选出每组组长,明确组长的职责:负责本团队的组织、协调工作,带头示范,督促、帮助其他组员完成相应工作。教师及时检查学生完成情况,组织学生交流,适当给予提示与建议,并针对共性以及重难点问题在课堂上组织讨论和讲解
任务内容	1. 每小组的所有学生都要进行车后座的介绍,品牌车型由自己来选择,介绍话术由自己编写; 2. 小组间互相评价; 3. 介绍同学自评
任务实施	介绍同学姓名: 所选择的车型: 车后座话术编写: 小组对我的评价: 优点:

续表

<table>
<tr><td>任务名称</td><td>个人车后座介绍模拟</td></tr>
<tr><td>任务实施</td><td>缺点：

自评：
优点：

缺点：

改进之处：</td></tr>
<tr><td>任务总结</td><td>在调研和讨论的基础上，形成小组的分析报告，并制作 PPT 进行汇报，同学互评、教师点评，然后综合评定本次各个小组的成绩</td></tr>
<tr><td>自我评价</td><td>♡ 优　♡ 良　♡ 中　♡ 及格　♡ 不及格</td></tr>
<tr><td>教师评阅</td><td>♡ 优　♡ 良　♡ 中　♡ 及格　♡ 不及格</td></tr>
</table>

任务 6.6　个人驾驶室介绍模拟

任务名称	个人驾驶室介绍模拟
任务组织	将学生分成若干小组，4～8 人一组，通过学生自荐或推荐的方式选出每组组长，明确组长的职责：负责本团队的组织、协调工作，带头示范，督促、帮助其他组员完成相应工作。教师及时检查学生完成情况，组织学生交流，适当给予提示与建议，并针对共性以及重难点问题在课堂上组织讨论和讲解

任务名称	个人驾驶室介绍模拟
任务内容	1. 每小组的所有学生都要进行驾驶室的介绍，品牌车型由自己来选择，介绍话术由自己编写； 2. 小组间互相评价； 3. 介绍同学自评
任务实施	介绍同学姓名： 所选择的车型： 驾驶室话术编写： ______________________________ ______________________________ ______________________________ ______________________________ ______________________________ ______________________________ ______________________________ ______________________________ ______________________________ ______________________________ ______________________________ ______________________________ ______________________________ ______________________________ ______________________________ ______________________________ 小组对我的评价： 优点： 缺点： 自评： 优点： 缺点： 改进之处：

续表

任务名称	个人驾驶室介绍模拟
任务总结	在调研和讨论的基础上，形成小组的分析报告，并制作 PPT 进行汇报，同学互评、教师点评，然后综合评定本次各个小组的成绩
自我评价	♡ 优　♡ 良　♡ 中　♡ 及格　♡ 不及格
教师评阅	♡ 优　♡ 良　♡ 中　♡ 及格　♡ 不及格

任务6.7 个人发动机室介绍模拟

任务名称	个人发动机室介绍模拟
任务组织	将学生分成若干小组，4～8 人一组，通过学生自荐或推荐的方式选出每组组长，明确组长的职责：负责本团队的组织、协调工作，带头示范，督促、帮助其他组员完成相应工作。教师及时检查学生完成情况，组织学生交流，适当给予提示与建议，并针对共性以及重难点问题在课堂上组织讨论和讲解
任务内容	1. 每小组的所有学生都要进行发动机室的介绍，品牌车型由自己来选择，介绍话术由自己编写； 2. 小组间互相评价； 3. 介绍同学自评
任务实施	介绍同学姓名： 所选择的车型： 发动机室话术编写：

续表

任务名称	个人发动机室介绍模拟
任务实施	____________ ____________ ____________ ____________ ____________ ____________ ____________ ____________ 小组对我的评价： 优点： 缺点： 自评： 优点： 缺点： 改进之处：
任务总结	在调研和讨论的基础上，形成小组的分析报告，并制作 PPT 进行汇报，同学互评、教师点评，然后综合评定本次各个小组的成绩
自我评价	♡ 优 ♡ 良 ♡ 中 ♡ 及格 ♡ 不及格
教师评阅	♡ 优 ♡ 良 ♡ 中 ♡ 及格 ♡ 不及格

任务6.8　个人六方位绕车介绍模拟

<table>
<tr><td>任务名称</td><td>个人六方位绕车介绍模拟</td></tr>
<tr><td>任务组织</td><td>将学生分成若干小组,4~8人一组,通过学生自荐或推荐的方式选出每组组长,明确组长的职责:负责本团队的组织、协调工作,带头示范,督促、帮助其他组员完成相应工作。教师及时检查学生完成情况,组织学生交流,适当给予提示与建议,并针对共性以及重难点问题在课堂上组织讨论和讲解</td></tr>
<tr><td>任务内容</td><td>1. 每小组的所有学生都要进行六方位绕车介绍介绍,品牌车型由自己来选择,六方位绕车话术由自己编写。
2. 小组之间进行互相评价;
3. 进行自评,了解自己的优缺点</td></tr>
<tr><td>任务实施</td><td>绕车同学姓名:
所选择的车型:
六方位话术:
____
____
____
____
____
____
____
____
____
____
____
____
____
____
____
____
____
____
____
____
____
____
____
____
小组对我的评价:
优点:</td></tr>
</table>

续表

任务名称	个人六方位绕车介绍模拟
任务实施	缺点： 自我评价： 优点： 缺点： 改进之处：
任务总结	在调研和讨论的基础上，形成小组的分析报告，并制作 PPT 进行汇报，同学互评、教师点评，然后综合评定本次各个小组的成绩
自我评价	♡ 优　♡ 良　♡ 中　♡ 及格　♡ 不及格
教师评阅	♡ 优　♡ 良　♡ 中　♡ 及格　♡ 不及格

任务6.9　六方位绕车介绍情景模拟

任务名称	六方位绕车介绍情景模拟
任务组织	将学生分成若干小组,4~8人一组,通过学生自荐或推荐的方式选出每组组长,明确组长的职责:负责本团队的组织、协调工作,带头示范,督促、帮助其他组员完成相应工作。教师及时检查学生完成情况,组织学生交流,适当给予提示与建议,并针对共性以及重难点问题在课堂上组织讨论和讲解
任务内容	1. 以小组为单位,每小组派出两名同学,一名扮演销售顾问,另一名扮演客户,进行六方位绕车的情景模拟,车型自由选择,情景可以自己设定; 2. 进行自评,了解自己的优缺点; 3. 小组进行互相评价
任务实施	所选择的车型: 小组的情景设定: 小组成员对我的评价: 优点: 缺点: 自评优缺点: 优点: 缺点: 改进之处:

续表

任务名称	六方位绕车介绍情景模拟
任务总结	在调研和讨论的基础上，形成小组的分析报告，并制作 PPT 进行汇报，同学互评、教师点评，然后综合评定本次各个小组的成绩
自我评价	♡ 优　♡ 良　♡ 中　♡ 及格　♡ 不及格
教师评阅	♡ 优　♡ 良　♡ 中　♡ 及格　♡ 不及格

任务 6.10　加竞品分析的个人六方位绕车介绍

任务名称	加竞品分析的个人六方位绕车介绍
任务组织	将学生分成若干小组，4～8 人一组，通过学生自荐或推荐的方式选出每组组长，明确组长的职责：负责本团队的组织、协调工作，带头示范，督促、帮助其他组员完成相应工作。教师及时检查学生完成情况，组织学生交流，适当给予提示与建议，并针对共性以及重难点问题在课堂上组织讨论和讲解
任务内容	每小组的所有学生都要进行六方位绕车介绍介绍，品牌车型由自己来选择，六方位绕车话术由自己编写，介绍过程中加入竞品的分析，各组成员进行评价
任务实施	绕车介绍的同学的姓名： 所选择的车型： 车型的竞品分析： 各小组成员的综合评价： 优点：

续表

任务名称	加竞品分析的个人六方位绕车介绍
任务内容	缺点： 自评： 优点： 缺点： 改进之处：
任务总结	在调研和讨论的基础上，形成小组的分析报告，并制作 PPT 进行汇报，同学互评、教师点评，然后综合评定本次各个小组的成绩
自我评价	♡ 优　♡ 良　♡ 中　♡ 及格　♡ 不及格
教师评阅	♡ 优　♡ 良　♡ 中　♡ 及格　♡ 不及格

任务6.11　加竞品分析的六方位绕车介绍情景模拟

任务名称	加竞品分析的六方位绕车介绍情景模拟
任务组织	将学生分成若干小组，4～8 人一组，通过学生自荐或推荐的方式选出每组组长，明确组长的职责：负责本团队的组织、协调工作，带头示范，督促、帮助其他组员完成相应工作。教师及时检查学生完成情况，组织学生交流，适当给予提示与建议，并针对共性以及重难点问题在课堂上组织讨论和讲解

续表

任务名称	加竞品分析的六方位绕车介绍情景模拟
任务内容	1. 以小组为单位，每小组派出两名同学，一名扮演销售顾问，另一名扮演客户，进行六方位绕车的情景模拟，车型自由选择，情景可以自己设定，并且要加入竞品分析； 2. 进行自评，了解自己的优缺点； 3. 小组进行互相评价
任务实施	所选择的车型： 车型的竞品分析： 情景设定： 各小组间的综合评价： 优点： 缺点： 自评 优点： 缺点： 今后努力的方向：

续表

任务名称	加竞品分析的六方位绕车介绍情景模拟
任务总结	在调研和讨论的基础上，形成小组的分析报告，并制作 PPT 进行汇报，同学互评、教师点评，然后综合评定本次各个小组的成绩
自我评价	♡ 优　♡ 良　♡ 中　♡ 及格　♡ 不及格
教师评阅	♡ 优　♡ 良　♡ 中　♡ 及格　♡ 不及格

相关知识链接

产品介绍流程是销售顾问向客户展示车型的优点和卖点的重要环节，可以说销售顾问是4S店形象的代表，对4S店品牌的塑造和口碑的宣传都将起着非常重要的影响。所以，在此环节，销售顾问要把最好的形象和最专业的介绍展现给客户，赢得客户的对销售顾问、4S店、品牌以及厂家的认同，为整个销售活动打下良好的基础。

6.1　产品介绍的概述

6.1.1　产品介绍的目的

车辆展示的目的是为了让消费者更详细地了解产品，使之相信产品的性能及其所带来的利益能满足其需求。通常客户想听的是这款车怎么能满足我的需要，既希望找个专业的销售顾问来讲解车辆，又希望销售顾问讲解的不要太专业，要能听懂才好。所以销售人员要了解本环节客户心里的想法，在进行产品介绍时一定要注意这一点。

6.1.2　产品介绍时客户的期望

汽车销售顾问的介绍一定要让客户真正的理解，不要像某些汽车销售顾问一样咬文嚼字，净说些客户听不懂的语言。而且销售顾问一定要专业，值得信任，并且能够从客户的角度去分析问题，不讲假话。

6.1.3　产品介绍时的执行者

① 负责流程的具体执行工作的是首席销售顾问和销售顾问；

② 负责销售业务流程监督和指导的是展厅经理和销售经理；

③ 负责整个流程执行中的服务态度的监督和指导工作的是客户服务部的总监和经理。

6.2 产品介绍流程的要点

6.2.1 产品介绍过程中应注意的问题

1. 销售人员要充分了解竞争产品

销售顾问不仅要熟练掌握所销售的产品的知识,还要充分了解竞争产品,并且能够进行熟练的产品比较分析。今天的市场已不再是只有捷达和桑塔纳的市场了,同价位同档次的车型越来越多,客户绝不会只看一种车型就作出决定,所销售人员要充分了解竞争产品,能进行熟练的比较,这样才能做客户的顾问。

2. 在车辆展示过程中鼓励客户发问

在车辆展示中,要鼓励客户发问,不要逃避客户的问题。建议销售人员可以边做介绍边进行产品分析。有的销售顾问由于知识掌握不扎实,特别怕客户提问,这是一定要避免的现象。再者一味地叙述也很难真正掌握客户产生的异议,不能解决客户对产品的异议,成交就会很难甚至无法成交。

3. 要使用客户能听懂的语言进行介绍

产品介绍过程中要注意避免使用非常深奥的专业词汇,要用客户能够听懂的语言进行解释。在进行车辆介绍过程中,一定要避免一味地使用专用、深奥的词汇,要充分说明给用户带来的好处,最好举一些生活中客户可能接触到的实例,或是给客户设计一个拥有车后的用车场景,这样给客户的印象一定是很深刻的。

4. 让客户亲自动手体验车辆的配置

产品介绍过程中要鼓励客户亲自动手操作汽车,如图 6-1 所示。无论销售人员讲的多么出色,也没有客户亲自动手操作记忆深刻,所以适当的时机销售人员要鼓励客户动手体验。比如汽车导航系统,无论你怎么讲可能客户还是不会用,如果让客户结合你的讲解亲自设置从 4S 店到客户家的路程,客户不仅对导航功能的印象深刻,而且可能会产生极大的兴趣。

图 6-1

5. 避免生搬硬套销售话术

产品介绍过程中销售顾问切忌死记硬背,应灵活运用相关知识。一般厂家或是4S店都会总结出一套销售话术以供销售顾问使用或参考。这些话术不见得对每一个客户都是适用的,所以一定要见什么人说什么话,不要生搬硬套。

6. 产品介绍过程中要寻求客户认同,无论是语言还是非语言信息

销售顾问切忌不可只顾自己表达,而不给客户思考和表达的机会,像背书一样进行介绍,没有停顿,一气呵成,这是非常不可取的。一定给客户思考和提问的机会,并要随时寻求客户的认同。

6.2.2 新车展示工作要点

销售顾问要对自己所在的4S店和自己所销售的品牌充满信心,并且要有极强的归属感。只有真正喜欢上自己的公司和产品才能够发自内心地介绍。

销售顾问要能够用实车生动形象地展示车辆,调动客户所有感官的兴趣。介绍时要注意介绍的语速。有些销售顾问因为紧张或是因为对产品知识不熟悉,而掌握不好产品介绍的语速,这是非常错误的。此外,还要记住给客户的反应和提问的时间。

销售顾问应充分了解4S店所能赠送的装饰品的品种和它们的报价;要充分了解保险的险种和价格如何计算;要充分了解和4S店合作的银行和汽车消费贷款的流程和相关手续;要充分了解公司的二手车置换业务的流程和相关知识;要充分了解汽车4S店售后的保养项目等。

销售顾问要知道一点,没有疑问的客户的成交率都不是很高,只有问题较多的客户才是真正想买车的客户,所以销售顾问不要碰到你认为麻烦的客户就不愿意接待,这是错误的做法。

【案例】

如何激发客户的兴趣好奇

情景一:独特卖点

汽车销售人员:张先生,您肯定也知道,现在很多品牌频频陷入"召回门"。要找到一款完全没有问题的车,几乎是不可能的,但是您买车肯定还是希望能买一款质量尽可能好、缺陷尽可能少的,对吧?

客户:那当然。

汽车销售人员:您现在看到的这一款车是唯一连续入选"世界十大故障最少汽车"的中型车。

客户:是吗?

汽车销售人员:这款车之所以能做到故障最少,是因为它有三个独特之处……

情景二:加强互动

汽车销售人员:张先生,您坐到驾驶座上,我为您介绍一下车内的配置吧……

客户:行啊,我确实想看看。

汽车销售人员:您觉得前排空间怎么样?

客户:嗯,还行,像我这么大块头,坐在这里一点也不觉得挤。

汽车新销售人员:驾驶座的空间足够大,才能让您更舒适地开车,太小的空间会让人觉得憋闷,很容易引起驾驶疲劳,对行车安全影响很大。你想不想体验一下这款车的空调?它能够在不超过三分钟的时间里让车内的高温降下来。您看通过这里可以调节空调温度。

客户:果然啊,才这么一会儿车内就凉快很多了……

情景三:情景营造

汽车销售人员:张先生,您试着将驾驶座的座椅向后调,然后打开音响,您平时喜欢听谁的歌呢?

客户:××的吧,我很喜欢听他的老歌。

汽车销售人员:您想象一下,这样一款动力强劲的座驾,能带您去到郊外的原野。您可以像现在这样自由舒适地坐着,听着自己喜欢的歌,欣赏原野上红日初升的壮美风光,您工作上的压力、生活中的重担在这一刻都可以暂时抛开,毕竟您现在的辛苦和打拼都是为了更好地生活,您说是吗?

客户:你说得好啊,有时候确实很想放松一下……

情景四:专业表现

客户:你们这款车怎么样啊?

汽车销售人员:张先生,您具体想了解哪一方面?

客户:各方面。

汽车销售人员:呵呵,张先生,恰好我也很喜欢这款车,所以对它比较熟悉,我在一分钟的时间了里背出这款车的20个技术指标一点也不成问题。

客户:是吗?一分钟?

汽车销售人员:要不您来计时,我来背?要是我背不出20个指标,就罚我送您一份礼物。

客户:好啊,你试试看。

汽车销售人员:这款车高1 479 mm,宽1 786 mm,长4 199 mm,车身重量1 370 kg,排量1.4 L,最大功率96/5 000 kW/rpm,最大扭矩220/1 750~3 500 n·m/rpm,油耗6.0 L/100 km,最高时速200 km/h,百公里加速时间9.5秒……

客户:你真的记得住这么多啊?得有二十多个数据吧?

汽车销售人员:呵呵,其实我只背出来19个,还差一个想不起来了,没背完20个,我应该送您一份礼物,这是我们店为老客户精心准备的一份礼物,希望您会喜欢。

客户:谢谢,听你背了这一遍,我对这款车更有兴趣了,它都有什么配置呢……

情景分析:

客户选车往往会走访好几家车行,对千篇一律的销售说辞具有相当的免疫力。汽车销售人员要想从客户见识过的诸多销售人员中脱颖而出,激发对方的兴趣与好奇,就必须能抓住客户的心理,会出奇招、出妙招、出“狠”招。在情景一中,销售人员突出了车子的“最”与“唯一”,也就是区别于其他车型的独特之处。在情景二中,销售人员通过与对方保持积极的互动交流来增加产品对客户的吸引力。在情景三中,销售人员则是通过营造出具体的生动的情境来打动客户。在情景四中销售人员通过巧妙地展现自身的专业来赢取客户的好感与信任。汽车销售人员应该因人而异,对不同的客户采取不同的策略。

错误提醒:

错误一:汽车销售人员在介绍产品的过程中一定要时刻关注客户的反应,不能自顾自的介绍,如果观察到客户意兴索然,甚至是烦躁不已,销售人员应该及时调整介绍思路或寻求其他的解决办法。

错误二:汽车销售人员绝对不要夸大汽车的性能和功能,汽车是用来驾驶的,直接关乎客户的人身安危,一旦销售人员所宣传的卖点不存在,就可能酿成极为严重的后果。

6.2.3 异议处理的方法

第一步,确认客户的异议。当客户提出异议时,要先确认客户的异议内容,表示对客户异议的重视,不能让客户因此更加生气。

第二步,缓解异议。为了让客户缓解情绪,我们可以通过引导客户到休息区,利用茶水、水果等来缓解气氛。

第三步,不要站在公司的角度,也不要站在客户的角度,要站在客观事实的立场来分析客户的异议,实事求是地分析问题,处理问题。

第四步,异议转化。要把客户的异议转化成为一个明确的问题并给予解决,直至达到客户满意。

6.2.4 产品介绍结束时应注意的问题

① 产品介绍结束应该主动引导客户进行试乘试驾,如果客户不进行试驾,就要进行成交试探;

② 如果客户不能马上成交,要把产品的配置单和报价单赠予客户;

③ 进行礼貌送别;

④ 等客户离开后,不要忘记整理展车和客户信息。

6.3 FAB 法则

6.3.1 FAB 法则的定义

客户之所以在购买产品时犹豫不决,往往是对产品的属性和优势还不是特别明确,还不知道产品对他有什么好处。每个品牌都有自己的亮点,但有时客户的需求并不一定都集中到品牌的亮点上。所以销售人员要总结销售的汽车的每一性能的卖点,并且要有条理地、有选择地介绍给客户。为了使自己的介绍按一定的逻辑顺序进行,使产品多个卖点介绍得更加有效,不让客户感到反感,可以采用利益推销法,也叫 FAB 介绍法。

所谓“FAB”,是指在介绍产品过程中,先向客户描述产品所具有的属性,说明这种属性的作用,并指出给客户带来的好处。

6.3.2 FAB 法则的内容

1. Feature(属性)

属性是指产品本身所包含的客观现实,如材料、外观等。属性是有形的,可以看到、尝到、摸到或闻到。它不等于特征或特点,因为特征或特点容易造成误会,让客户以为是你的产品区别于竞争产品的地方。每一样产品都有它的特性,否则就没有存在的意义,关键是你从哪个角度去发现它。

对于你所销售的产品的属性，销售人员必须要有足够的了解和认识。为了更好地销售，需要深刻发掘产品自身的潜质，努力找到其他销售人员忽略的、没想到的属性。当我们给客户“情理之中，意料之外”的惊喜时，下一步的工作就很容易展开了。

2. Advantage(作用)

Advantage 可译为“优势”、“长处”等。但是，“优点”也是在销售活动中容易让人产生更大的抵触情绪的一个字眼，因为优点就是比竞争产品好的方面，然而实际上，汽车市场竞争激烈，所面临的竞争对手非常多，相似的产品也非常多，不可能存在自家所销售的汽车会比所有的汽车都好的情况。这样，如果销售人员对自己所销售的汽车夸夸其谈，多数客户听了会有一种“王婆卖瓜，自卖自夸”的感觉，会对销售人员产生不信任和抵触的情绪，结果适得其反。

因此，销售活动中把 Advantage 翻译成“作用”会更好一些，作用就是能够给客户带来的用处，它是根据汽车的特性总结出来的特殊功能，同时解释了产品的属性如何被利用，能做到哪些。

3. Benefit(益处)

客户最关注的就是产品给他们带来的益处是什么。益处就是能给客户带来的价值或创造价值的部分，是将作用融合起来构成一个或者多个的购买动机，即告诉客户如何满足他们的需求。利益又分为产品的利益和客户的利益。我们必须考虑产品的利益是否能真正带给客户利益。也就是说，要将产品的利益与客户所需要的利益有效结合起来。

6.3.3 FAB 句式的运用

FAB 介绍法其实是一种针对不同客户的购买动机，把最符合客户要求的产品利益向客户加以推介，有条理地讲明白产品的属性、作用以及可以给客户带来的好处的一种销售方法。

这种介绍方法贯穿于产品介绍的因果关系，在产品介绍中，它形成了“因为……，所以……，对您而言……。”的标准句式。即：

“因为 + 属性，所以 + 作用，对您而言 + 利益”

例如：“(因为)这辆车配有 12 缸发动机，(所以)从 0 到 100 公里的加速时间仅为 12 秒，(对您来说)这可以让你快速提升行车速度，享受这种快感。”

【案例】

如何渲染汽车的特色卖点

情景一：FAB 法

汽车销售人员：张先生，您选车主要是为了方便接送孩子，是吧？

客户：是呀，我孩子快上幼儿园了，可淘气了，学校离家比较远，有车要方便些。

汽车销售人员：孩子四岁到十二岁，是最调皮、最好动的时候，行驶途中的安全是第一位的。孩子对车外总是充满好奇，喜欢攀爬车窗，如果碰到车窗上升按钮，很容易被玻璃夹伤。我们这款车采用的是电动防夹车窗，车窗上升的时候，如果孩子将手搭在了玻璃上，车窗会从上升的趋势改为下降，可以避免孩子发生夹伤事故。好动的孩子还有可能在车子行驶途中打开车门，这是非常危险的。您看，我们这款车只要您细心地把开关设到“LOCK”的位置，车门就只能通过车外的门把手打开,而孩子们从车内是打不开的,这样能够有效地防范风险。您来试试……

客户:这样设计不错,我们家那孩子要是不防着他一点,还真怕他出事。

汽车销售人员:欧洲的NCAP新车撞击测试代表了世界最严格的碰撞安全标准,我们这款车在这一测试中得到了综合评定五星的最高评价,无论是正面碰撞还是侧面碰撞,这款车对一岁半幼童和三岁孩童的保护都得到了满分,可以说是同类车型中安全系数最高的,它一定能最大限度地保护您和孩子的安全。

情景二:销售道具辅助

汽车销售人员:张先生,我们去年对将近5 000位车友进行了调研,了解他们平时在驾驶中都会有哪些不便和问题,您看,我手里有36张小书签,就是车友们反应最多的36个问题,您有没有兴趣抽一张,看看您是不是也遇到过这种情况?

客户:好啊。(抽出一张书签,并低声念了出来)“夜间开车,尤其是转弯的时候,驾驶员经常看不见拐弯处的死角,您有没有遇到过这种情况呢?”(念完后随后说出了自己的意见)我还真的碰见过几次这种情况,幸好晚上车不多,都没出什么大问题。不过如果拐弯的地方真的有车开来或者有行人的话,那还真得出大问题。

汽车销售人员:您说得没错,这种状况不出问题最好,一出问题肯定是严重的事故。不过您放心,我们这一款配置的是双氙气前大灯,不仅亮度充足,而且有自动转向功能,夜间行车时,大灯可以照亮您看不清楚的死角和盲区,能提高您行驶的安全性。

客户:我再抽一张看看。这一张写的是:“您平时放在车内储物格里的小物件,例如手机、钱包、钥匙等,会不会在突然刹车或者启动的时候滑落出来?”这种情况也确实常见,车子突然动起来,小物件掉落是常事,有时还需要找上半天。

汽车销售人员:是啊,有时如果有急事,而这些重要的小物件偏偏不知道滑落到了哪里,一找起来就是半天,往往把心情弄得很糟糕。我们这款车为了解决这种不便,在储物格里安装了人性化的防滑垫,小物件放在里面不再担心掉出来,您试试……

情景分析:

从根本上而言,客户喜欢或者购买汽车并不是因为车子本身,而是因为这款车能够解决客户遇到的某些重大问题与难题,能够满足客户的某种需要,带来某种利益。因此,汽车销售人员要将向客户推销汽车的某个卖点与客户面临的问题联系起来,去推销卖点背后的价值和利益。在情景一中,销售人员运用的是FAB法,强调产品的利益;在情景二中,销售人员则是从客户的实际问题出发,并帮助对方在推荐的车型上寻找问题的解决之道。

错误提醒:

错误一:汽车销售人员必须对汽车的各个卖点和重要的指标数据烂熟于心,不要在客户问及时吞吞吐吐,或者临时抱佛脚翻资料,没有哪一位客户敢于相信一个对自己的产品都不了解的销售人员。

客户:这款车最高时速能达到多少?

汽车销售人员:225 km/h……不对,好像是195 km/h,您等一下,我帮您看一下啊……

错误二:汽车销售人员不要一次性抛出一大堆汽车的卖点,这样客户难以记住,不会有深刻的印象。卖点应该慢慢地释放出来,并且要充分阐述每一个卖点对客户的利益和意义所在,这样客户才能够"细嚼慢咽"地一一消化、接收。

技巧展示:

FAB——销售利益,而不是卖点。FAB法是介绍产品的一种简单、有效的方法,它在客户的需求与产品的卖点之间搭起了一座桥梁,将产品解说的重点由单纯的卖点转移到客户的利益上,更加贴合对方的心理,更容易打动客户。FAB指的是:

F——属性(Feature):汽车的特性或卖点;

A——作用(Advantage):汽车的卖点有什么用处;

B——益处(Benefit):汽车能满足客户哪些方面的需求,能为客户带来什么利益。

优秀的汽车销售人员会巧妙地运用FAB法则,不把焦点集中在汽车的卖点上,而是将卖点落在客户的需求上,重点阐述汽车的利益与价值。每一款车都有许多较为独特的卖点,销售人员可以参照表6-1的格式一一将每个卖点运用FAB法整理出来。

表6-1 汽车卖点的FAB法

客户关注点	产品卖点	产品优点	客户利益
驾控性	倒车雷达(泊车辅助系统)	驾驶员在倒车时,车的两侧和后方存在着不可避免的视线盲区,尤其是在天气恶劣、光线不足的环境下,很容易发生倒车事故,造成财产损失和人员伤亡。倒车雷达能通过超声判断障碍物的位置和距离,通过图像和声音来示警	车主倒车时更加安全和轻松,减少车辆擦刮和交通事故

6.4 六方位绕车介绍法

六方位绕车介绍法是指围绕汽车的六个方位做环绕介绍车辆。这样顺序清晰明确,非常有条理,有助于销售人员更容易、有条理地记住所要介绍的具体内容,并且更容易向潜在客户介绍汽车的特征和好处。但是在汽车环绕时,销售人员应确定客户的主要需求,并针对这些需要做讲解。FAB绕车介绍法指的是围绕车辆给客户带来的利益来进行介绍。这两种方法结合使用是很有效果的。

6.4.1 六方位绕车介绍法的定义

六方位绕车介绍法是指汽车销售人员在介绍车辆过程中,围绕汽车的前方、侧面、尾部、车后座、驾驶室与发动机室进行介绍的方法,如图6-2所示。从前方到发动机室刚好沿着汽车绕了一圈,并且把车辆的配置状况做了一个详尽的介绍。按这样的顺序井井有条,很容易让客户对车型留下深刻的印象。但是,在实际销售过程中,客户一般不会从始至终地跟着你绕上一圈,所以我们要灵活运用六方位绕车介绍法。它可以帮助销售人员迅速记忆车辆功能与配置,而且当客户没有特别要求的时候,这样来介绍会使销售人员给客户留下非常专业的印象,取得其信任。在运用此方法时,可与 FAB 介绍法结合使用,效果会更好。

汽车六方位绕车介绍有助于汽车销售人员有条理地记住汽车介绍的具体内容,并且更容易向潜在客户介绍最主要的汽车特征和优点。在进行环绕介绍时,销售人员应确定客户的主要需求,并针对这些需要进行讲解。

图 6-2

6.4.2 车前方

车前方如图 6-3 所示,介绍以下内容:

① 车外形;
② 风阻系数;
③ 大灯;
④ 车身尺寸;
⑤ 标志;
⑥ 保险杠;
⑦ 制造工艺;
⑧ 车身颜色。

图 6-3

6.4.3 车侧面

车侧面如图 6-4 所示，介绍如下内容：

① 车身结构；
② 车身材质；
③ 车门；
④ 刹车系统；
⑤ 悬挂系统；
⑥ 轮胎；
⑦ 油箱。

图 6-4

6.4.4 车尾部

车尾部如图 6-5 所示，介绍如下内容：

① 天线；
② 刹车灯；
③ 尾灯；
④ 行李箱。

图 6-5

6.4.5 车后座

车后座如图 6-6 所示，介绍如下内容：

① 空调；
② 内饰；
③ 音响；
④ 头枕；
⑤ 后排空间。

图 6-6

6.4.6　驾驶室

驾驶室如图6-7所示,介绍以下内容:

① 方向盘;

② 车窗;

③ 中控门锁;

④ 安全带;

⑤ 座椅;

⑥ 仪表盘。

图6-7

6.4.7　发动机室

发动机室如图6-8所示,介绍以下内容:

① 排量;

② 形式;

③ 结构;

④ 碰撞吸能区;

⑤ 前保险杠;

⑥ 发动机管理系统;

⑦ ABS。

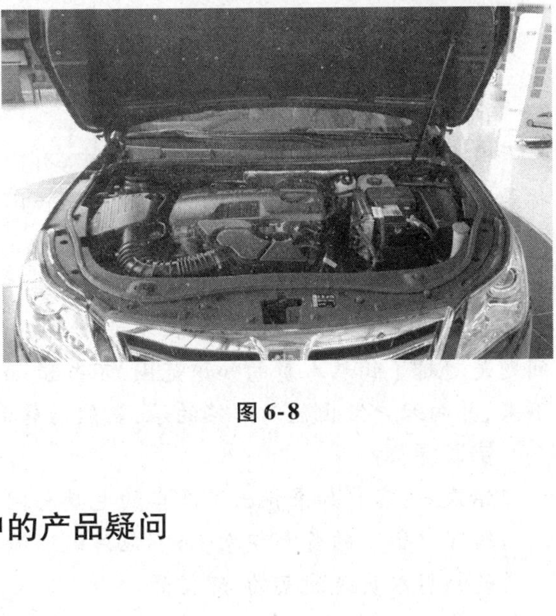

图6-8

【案例】

如何应答客户的产品疑问

情景一:易于回答的疑问

客户:这款车现在售价多少?

汽车销售人员:67元一斤。

客户:什么?

汽车销售人员:张先生,是这样的。我们这款车按斤卖的话,一斤只需要67元。

客户:那这车有多重?

汽车销售人员:这款车自重1.4吨,因此总价是93 800元。

情景二:难以回答的疑问

客户:官方数据显示你们这款车的百米加速成绩是13.2秒,那实际加速起来用的时间肯定比这个还要长,我看其他同类的车百米加速都在12秒以下,你们这款车是不是加速性能很一般啊?

汽车销售人员:张先生,上午就有一位客户和您问到同一个问题呢。我想了解一下,您平时用车的话主要走哪些路段呢？您喜不喜欢飙车呢？

客户：我平时走三环和四环，至于飙车，我不怎么喜欢，再说了，我媳妇也不让啊。

汽车销售人员：您主要走的是比较拥堵的市区道路，隔一两个路口就会有一个红绿灯，即使加速性能再好，也很难用得上，况且，当您猛踏加速踏板时，油耗也会大大增加的，我们这款车车身所用的钢板比同类车的都要厚。所以自重也超过了别的车型，达到了 1.4 吨，如果我们采用薄一点的钢板，相信百米加速成绩达到 12 秒是不成问题的，但是您肯定不希望用人身安全来换取不太实用的加速性能吧？其实，一款好车并不一定非得各项指标都出类拔萃，而是要适合自己，开着舒服，用着安全，您说对吧？

情景三：不会回答的疑问

客户：你们这款车理论上是一百公里 9.41 L 油耗．那在高速公路上行驶的实际油耗是多少？在市区的实际油耗呢？我需要经常去远郊区县，那样的话，油耗又是多少呢？

汽车销售人员：张先生，您真不愧是律师出身，思维缜密，对待事情非常细致认真，我不想随便敷衍您。您问的这三个数据，我非常惭愧，我现在并不知道准确的数据，我先记在笔记本上，待会我打电话问一下我们的专业试车员，问清楚这三个数据再告诉您，好吗？

客户：行。

汽车销售人员：那我们现在来看一下中控台吧……

情景分析：

汽车销售人员在介绍车型的过程中，有很多客户会一个问题都不提，或者只是一味地点头称是，要说动这样的客户做购买决定是比较困难的，真正有购买意向的客户会不断地提出他们所关心的问题，会对车型百般挑剔、质疑，他们才是潜在的“准客户”。客户提出的问题一般可分为三类：一类是普通问题，易于回答的，销售人员可以直接作答；另一类是难以回答的问题，如客户挑出某款车的毛病、缺陷、不足或者刻意刁难等，销售人员应该机敏谨慎地回答；第三类问题是超越了销售人员的知识范围，不知道如何回答的，此类问题汽车销售人员可以先认真记下来，并向客户做出何时解答的承诺，然后转向其他话题。

错误提醒：

错误一：客户如果挑出了汽车的毛病与问题，汽车销售人员应该冷静对待，尽力消除这些问题给客户留下的负面印象，而不应该遮遮掩掩或者矢口否认。每一位客户都希望与自己打交道的销售人员是诚实的、守信的。

客户：听说你们这款车很耗油啊，在网上还被评为“油老虎”，是吧？

汽车销售人员：您从哪里听说的啊？我们这款车的理论油耗只有一百公里 8.4 升，怎么可能是“油老虎”嘛！您不了解就不要乱说。

错误二：“知之为知之，不知为不知”，作为汽车销售人员，应该精通汽车行业的知识，但是人的知识面总是有限的，当客户提出销售人员暂时无法作答的问题时，恰恰是最能体现一个销售人员专业性与风度的时候，不要敷衍客户，也不要随便捏造一个想当然的答案应付对方，应落落大方的承认自己不知道，并仔细地记录下问题，向他人请教后再告知客户，这才是正确的做法。

客户：你们这款车的理论油耗是一百公里 9.4 升，那在高速公路上行驶的实际油耗是多少？在市区的实际油耗呢？我需要经常开车去远郊区县，那样的话，油耗又是多少呢？

汽车销售人员：应该都是 9.4 L 左右吧，反正差也不会差太远。

客户：你到底知道还是不知道？

技巧展示：

真正有购买欲望和意向的客户会不断地就汽车的各方面细节提出问题，汽车销售人员的回答将直接影响他们的最终决策，因此，回答客户提问时，销售人员要慎之又慎，应注意以下三点：

1. 三思而后答

客户提出的问题往往是他们的疑问与顾虑，销售人员如果随意回答，会显得轻率、不可信。三思而后答，既保证了销售人员有充分的思考与语言组织时间，又能体现对客户的尊重与重视。

2. 答复要有根有据

销售人员如果对客户的提问给出了明确具体的答复，则必须是有根有据的，例如有合同明文规定的、有真实的事例与事实、有具体文件数据可以参考等。有根据支撑的答复更容易赢得客户的认同与信任。

3. 答复要有弹性

对于客户提出的敏感问题和边缘问题，销售人员的答复要有弹性，不能过于绝对化。“绝对没问题”“我担保”“您放一万个心”这类话术要慎重使用。

公司一般都会收集、整理客户常问的一些问题，并将标准答案或者参考答案制作成详尽的“答客问手册”，汽车销售人员在上岗之前要熟记这些材料，以便回答客户提出的问题，不要信口作答。

本章课后习题

一、填空题

1. 车辆展示的目的是让消费更详细的了解产品，相信产品的____________及其所带来的____________能满足客户的需求。

2. 当客户提出异议时，要先确认客户的____________，表示对客户异议的重视，不能让客户因此更加生气。

3. 产品介绍结束应该主动引导客户进行____________，如果客户不进行____________，就要进行成交试探。

4. 如果客户不能马上成交，要把产品的____________和____________赠予客户。

5. 销售顾问要对自己所在的4S店和自己所销售的品牌充满信心，并且要有极强的________，只有真正喜欢上自己的公司和产品才能够发自内心的介绍。

二、简答题

1. 产品介绍过程中应注意的问题有哪些？

____

____

____

2. 异议处理的方法有哪些？

____

3. 产品介绍结束注意的问题有哪些?

4. 什么是 FAB 法则?

5. 产品介绍时的执行者是谁?

三、论述题

在为客户介绍车辆时,经常采用六方位绕车介绍法,这种方法清晰明确,能充分体现销售人员的专业性,那什么是六方位绕车介绍法呢?在各个方位具体介绍哪些配置呢?

项目7

车辆试乘试驾

项目目标

◆ **知识目标**：1. 通过试乘试驾流程的学习，使学生了解车辆试乘试驾的目的；

2. 通过试乘试驾流程的学习，使学生掌握车辆试乘试驾的相关办理手续；

3. 通过试乘试驾流程的学习，使学生掌握车辆试乘试驾的具体内容与要求。

◆ **能力目标**：培养学生对车辆试乘试驾接待的能力，能真正理解试乘试驾的含义，能够正确办理试乘试驾的相关手续，并能够按试乘试驾标准流程为客户提供良好的服务。

◆ **情感目标**：使学生认识到在整个销售流程中，试乘试驾流程的重要性。树立试乘试驾能激发客户的购买欲望的认知，并在这个流程中充分地体验试乘试驾过程给客户带来的深刻感受如何，这样可以了解试乘试驾流程客户的思想。

开篇案例赏析

客户拒绝试乘试驾的应对

客户张先生专程到店里来了解最近很热门的一款车型，汽车销售人员为他做了详细的介绍，张先生里里外外将这款车看了个遍，看起来很是喜欢，于是销售人员向张先生提出了试驾的建议，不料，客户摆摆手，连连表示不用试驾……

情景一：寻找原因，对症下药

汽车销售人员：张先生，是不是这款车您不怎么喜欢呢？

客户：没有。

汽车销售人员：那您是不是今天有急事抽不出时间试车呢？

客户：没，我今天特意出来看车的。

汽车销售人员：这样的话，我真心建议您试一试这款车，它在目前市面上几十款紧凑型车中销量排名前三，没有品质保证就不可能有这样的成绩。选车是一个反复挑选和相互比较的过程，您试过这款车，再去对比其他的紧凑车型时，心里不就更有底了嘛，您说是吧？

情景二：以汽车的卓越性能打动客户

汽车销售人员：张先生，这款车在网上有个公认的称号，叫“无敌小钢炮”，说它的动力“激情澎湃”可是一点也不过分，2.0TSI发动机，加上6速DSG双离合自动变速器，它的极限速度可以达到 235 公里/小时，百公里加速成绩达到了 7.1 秒。今天上午就有四位客户专程从南城开了将近两个小时的车到我们店，就为了试试这辆车。好车真的只有试了才知道。张先生，我现在就去给您安排一下试驾吧？

情景三：攻心为上

汽车销售人员：张先生，您如果担心试了车之后，我会缠着您非把这车买下来，那您可以绝对放心。我坚持请您试驾一下，是因为刚才听您聊起现在市面上比较热销的几款车时，您的观点和想法都很有深度，对汽车真的是非常内行。我们这款车今年刚推出来，说实话，我对它了解得还不够透彻。我想请您来试一下车，凭您对车的理解，肯定能让我更深地认识这款车。张先生，您就当是帮我一个忙，试驾一下，好吗？

汽车销售人员：张先生，俗话不是说嘛，"是骡子是马拉出来遛遛"，好还是不好，我说了不算，您得亲自体验一把才能看出来，您说对吧？您看，我们去您平时最常走的二环路上遛一遛怎么样？

情景分析：

客户如果对某款车有一定的兴趣，通常都会很乐意甚至主动要求进行试乘试驾，以求更进一步地体验汽车性能与品质。当客户看上去对车子比较中意，却不愿意参与试乘试驾时，那么汽车销售人员首先应该寻找原因，是客户有急事不方便试驾，还是对该车型根本没有意向，或者担心试车之后不买会遭到销售人员的纠缠甚至埋怨等，确认了客户拒绝试驾的缘由，才好对症下药。情景二中，销售人员是以汽车的卓越性能来吸引客户亲身体验；情景三中，销售人员则明明白白地告诉客户，试车不一定非要当场买车，但是只有试过车，才能知道这款车的优劣，这是一种攻心为上的策略。

错误提醒：

错误一：客户拒绝试驾后，汽车销售人员无法保持冷静、理智、自然的心态，想到什么就说什么，例如：

"张先生，您为什么不肯试车呢？我们试驾又不收您的钱，连油钱都是店里付，您有什么好顾虑的啊？"

"张先生，我真搞不懂您为什么不想试车，不试就算了，我们还有很多客户花两三个小时专程过来试车呢！"

错误二：客户拒绝试驾，汽车销售人员便放弃这个机会，没有坚持第二次、第三次提出试车建议的勇气。

技巧展示：

"先生/女士，我们这款车自从今年面市以来，几乎每天都有五六拨客户来试驾，您看我们的预约表，都排到了一个月以后了，这不，下午两点还有一位姓赵的客户要来试车呢。现在我同事恰好带客户刚试完车，把试驾车开回来了，您看，要不我现在就安排您试驾吧？"（强调其他客户试驾的火爆与热情，以及试驾机会的难得，给客户施加从众的心理暗示）

"先生/女士，一件衣服最光彩的时候不是摆在橱窗里，而是合体地穿在主人身上的那一刻，同样的，这款车最动人的时候也不是待在我们展台上，而是在您驾驶这款车穿梭于车流中的那一刻。您不想体验一下驾驶这款车的快感吗？"（强调试驾的美妙感觉，让客户怦然心动）

"先生/女士，刚才我为您做介绍的时候，我留意到您是很认真地在了解这款车，您问到了它的动力性、制动性，还有它在各种路况条件下的具体油耗量。我想，您是真心喜欢这款车。了解这款车最好的方式就是试车，真正的好车，一定是通过试驾才能看出来的。您看，我现在

为您安排试驾,好吗?”(依据客户的表现,引导客户试驾)

项目实施

任务7.1　试乘试驾前准备模拟

任务名称	试乘试驾前准备模拟
任务组织	将学生分成若干小组,4~8人一组,通过学生自荐或推荐的方式选出每组组长,明确组长的职责:负责本团队组织、协调工作,带头示范,督促、帮助其他组员完成相应工作。教师及时检查学生完成情况,组织学生交流,适当给予提示与建议,并针对共性以及重难点问题在课堂上组织讨论和讲解
任务内容	1. 以小组为单位,每小组派出两名同学,一名扮演销售顾问,另一名扮演客户,进行试乘试驾前的准备工作模拟,情景自己设定; 2. 进行自评,了解自己的优缺点; 3. 小组进行互相评价
任务实施	所选择的车型: 小组的情景设定: 小组成员对我的评价: 优点: 缺点: 自评优缺点: 优点: 缺点: 改进之处:

续表

任务名称	试乘试驾前准备模拟
任务总结	在调研和讨论的基础上，形成小组的分析报告，并制作 PPT 进行汇报，同学互评、教师点评，然后综合评定本次各个小组的成绩
自我评价	♡ 优　♡ 良　♡ 中　♡ 及格　♡ 不及格
教师评阅	♡ 优　♡ 良　♡ 中　♡ 及格　♡ 不及格

任务 7.2　试乘试驾过程产品介绍模拟

任务名称	试乘试驾过程产品介绍模拟
任务组织	将学生分成若干小组，4～8 人一组，通过学生自荐或推荐的方式选出每组组长，明确组长的职责：负责本团队组织、协调工作，带头示范，督促、帮助其他组员完成相应工作。教师及时检查学生完成情况，组织学生交流，适当给予提示与建议，并针对共性以及重难点问题在课堂上组织讨论和讲解
任务内容	1. 以小组为单位，每小组派出两名同学，一名扮演销售顾问，另一名扮演客户，进行试乘试驾过程产品介绍模拟，情景自己设定； 2. 进行自评，了解自己的优缺点； 3. 小组进行互相评价

续表

任务名称	试乘试驾过程产品介绍模拟
任务实施	所选择的车型： 小组的情景设定： 小组成员对我的评价： 优点： 缺点： 自评优缺点： 优点： 缺点： 改进之处：
任务总结	在调研和讨论的基础上，形成小组的分析报告，并制作 PPT 进行汇报，同学互评、教师点评，然后综合评定本次各个小组的成绩
自我评价	♡ 优　♡ 良　♡ 中　♡ 及格　♡ 不及格
教师评阅	♡ 优　♡ 良　♡ 中　♡ 及格　♡ 不及格

任务7.3 试乘试驾流程情景模拟

任务名称	试乘试驾流程情景模拟
任务组织	将学生分成若干小组，4～8人一组，通过学生自荐或推荐的方式选出每组组长，明确组长的职责：负责本团队组织、协调工作，带头示范，督促、帮助其他组员完成相应工作。教师及时检查学生完成情况，组织学生交流，适当给予提示与建议，并针对共性以及重难点问题在课堂上组织讨论和讲解
任务内容	1. 以小组为单位，每小组派出两名同学，一名扮演销售顾问，另一名扮演客户，进行试乘试驾流程情景模拟，情景自己设定； 2. 进行自评，了解自己的优缺点； 3. 小组进行互相评价
任务实施	所选择的车型： 小组的情景设定： 小组成员对我的评价： 优点： 缺点： 自评优缺点： 优点： 缺点： 改进之处：

续表

任务名称	试乘试驾流程情景模拟
任务总结	在调研和讨论的基础上，形成小组的分析报告，并制作 PPT 进行汇报，同学互评、教师点评，然后综合评定本次各个小组的成绩
自我评价	♡ 优　　♡ 良　　♡ 中　　♡ 及格　　♡ 不及格
教师评阅	♡ 优　　♡ 良　　♡ 中　　♡ 及格　　♡ 不及格

相关知识链接

如果说车辆的介绍是静态展示，那么车辆试乘试驾就是动态展示。动态展示可以让用户亲身去体验车辆的动态性能，再加之销售人员的介绍，可以充分激发客户的购车欲望。但是也有一种可能是客户因此而下定决心不购此车，所以试乘试驾流程一定要掌握方法。

7.1　试乘试驾概述

7.1.1　试乘试驾的目的

试乘试驾流程实际上是车辆的动态展示过程，要通过车辆的动态展示来激发用户的购买欲望，让客户亲身体验车辆的动态性能，从而进一步激发客户的购买欲望。

7.1.2　试乘试驾时客户的期望

试乘试驾流程中客户的期望是有一个非常专业的销售顾问或是试乘试驾专员来为我服务，保证我安全的同时，能真正的让我试出这款车的性能，并要给我时间进行车辆的试驾，不要动不动就说“我”要有责任，要赔偿之类的话题。

7.1.3　试乘试驾的执行者

① 试乘试驾流程中负责业务流程的具体执行工作的是首席销售顾问和销售顾问；

② 试乘试驾流程中负责业务流程的监督工作的是展厅经理或是销售经理；

③ 试乘试驾流程中负责流程中服务质量监督工作的是客服部总监或是客服经理。

7.2　试乘试驾前的准备

试乘试驾要先做好试乘试驾前的一些准备工作。试乘试驾车要做好清洁工作，否则会给客户带来不好的印象；试乘试驾车要经常保养，保证好用，否则会使客户对汽车的性能产生疑问，对客户购买决定产生不好的影响；试乘试驾专员最好由销售顾问亲自担当，否则在试乘试驾过程中客户又要接触陌生的服务人员，不太自在，很多想法也不会表现出来。就算表现出来销售顾问也没机会引导客户，不能了解客户在试乘试驾过程中的想法，也会影响以后的议价工作。

7.2.1 试乘试驾车辆的准备

试乘试驾准备工作是非常重要的，所以销售人员一定要做好试乘试驾前的准备，试乘试驾车辆要按照汽车企业的实际要求来进行装配。

第一，试乘试驾车辆要按照汽车企业的要求把型号和数量一定要配备齐全；

第二，试乘试驾车辆要按照汽车企业的要求时刻保持良好车况，及时保养，定期美容；

第三，当车辆出现新款时，要能够按照规定进行及时的更新；

第四，试乘试驾车辆一定要由专门的标识，要标记号这是试乘试驾车辆，并且停放在指定的位置；

第五，试乘试驾车辆必须每天都要及时清理，保持车辆的干净整洁；

第六，试乘试驾车必须上民用牌照，且证照齐全，并有保险；

第七，试乘试驾车只可以进行客户的试乘试驾使用或是出去加油，除此之外，其他用处一律不可；

第八，试乘试驾车辆室内装饰要齐全，如座椅套、脚垫等，除此之外，不可放置其他与车辆无关的个人物品；

第九，试乘试驾车辆要装备一套儿童座椅，以供客户试乘试驾时带来孩子时使用方便；

第十，试乘试驾车辆要配有店内规定的试乘试驾路线图和有关车辆的资料信息。

7.2.2 试乘试驾时资料的准备

① 要准备好试乘试驾时客户需要签署的《试乘试驾协议书》，见表 7-1；

② 要准备好试乘试驾后客户需要填写的《试乘试驾意见表》，见表 7-2；

③ 试乘试驾前不要忘记填写《试乘试驾车辆管理表》，见表 7-3；

④ 要准备好《试乘试驾路线图》。

表 7-1 试乘试驾协议书

甲方：____________________

乙方：____________________

试驾日期：

试驾车型：

协议条款：

1. 本人保证在试驾过程中严格遵守交通法规以及本次试乘试驾活动要求；
2. 本人服从经销店和试乘试驾专员的安排，安全、文明驾驶；
3. 本人如违反以上声明或者非所驾驶车辆之瑕疵的其他原因。

续表

（1）给本人或他人造成了人身损失； （2）给所试驾车辆造成了损失； （3）给其他车辆或道路等设施造成损失，超出保险公司赔偿范围部分。 皆由本人承担全部责任。 试驾人已阅读并理解上述内容。 试驾人签字：______________ 驾驶证号码：______________ 联系电话：______________ 试驾注意事项： 1. 试驾前调整好方向盘、后视镜，并系好安全带； 2. 按事先的路线行驶，严格遵守交通规则要求，安全、文明驾驶； 3. 试驾中服从试乘试驾专员的指挥，禁止危险操作。

表7-2 试乘试驾意见反馈表

意见反馈		非常满意	满意	一般	不满意
1	试乘试驾的组织安排				
2	试乘试驾车辆清洁程度				
3	试乘试驾路线能否满足体验车辆性能要求				
4	乘坐空间、座椅舒适性				
5	音响效果				
6	其他舒适性				
7	对销售顾问试乘试驾过程指导				
8	对此试乘试驾的总体评价				
客户建议					
感谢您的配合与支持！客户签名：			销售顾问：		

表7-3 试乘试驾车辆使用管理表

序号	日期	试驾车型	试驾时间	归还时间	公里数	销售顾问	客户姓名	客户电话
1					—			
2					—			
3					—			

7.2.3 试乘试驾人员准备

① 销售顾问或是试乘试驾专员必修熟悉各车型卖点；

② 销售顾问或是试乘试驾专员必须熟悉竞争品牌的特性及优缺点；

③ 销售顾问或是试乘试驾专员、试驾人员必须具备合法的驾驶执照和熟练的驾驶技巧；

④ 销售顾问或是试乘试驾专员、试驾人员必须非常熟悉试乘试驾路线。

7.3 试乘试驾的过程

一定要认真完成试乘试驾流程，不可敷衍了事。有些销售人员由于不会开车，所以此流程常常敷衍了事，这样做对销售结果是有消极影响的。所以，要更认真地完成此流程。为了确保客户能遵守公司所规定的一些试乘试驾流程规则，避免发生不必要的争议，需要让客户签署《试乘试驾协议》。协议的内容根据汽车厂家或汽车销售企业相关规定而订。在试乘试驾中，一定要注意安全，严格按照规定的路线开完成。同时，也要注意客户的反应，由于各品牌车辆的性能优势是不同的，所以要根据品牌优势随机应变处理试乘试驾中的状况。销售人员也可以总结适合自己和自己品牌的销售话术加以利用。

7.3.1 试乘试驾前

① 试乘试驾前先要了解试乘试驾车辆是否可用。因为有时试乘试驾车辆也会出现故障，或是在维护保养，也有的时候其他客户正在试乘试驾过程中，如暂时不可用，陪同客户在客户休息区等待车辆，但如果试乘试驾车长时间内都不可用，就需要和客户解释清楚并且要预约下次试乘试驾时间。

② 了解客户的驾驶经验并复印客户驾驶证归档。能够接受试乘试驾服务的客户需要具备驾驶证已有两年或两年以上的要求，并且一定要有一年以上的驾驶经验。对于没有、没带，或驾照过期的客户，建议客户享受试乘服务，但绝不可以让不具备试驾条件的客户试驾。

③ 试乘试驾前，要让客户仔细阅读并签署《试乘试驾协议书》。以防在试乘试驾过程中出现不必要的麻烦。

④ 不具备试乘试驾能力的销售顾问要申请试乘试驾专员的帮助。

⑤ 试乘试驾前要向客户说明试乘试驾路线，并向客户推荐一条适合客户的试乘试驾路线，并请客户严格遵守。

⑥ 试乘试驾前向客户说明车辆的主要配置和操作方法。

⑦ 试乘试驾前要了解客户的驾驶偏好和需求。

⑧ 试乘试驾前要了解客户试乘试驾过的品牌车型。

⑨ 试乘试驾前要向客户说明先试乘再试驾，并说明原因。

7.3.2 试乘试驾中

① 若有多位客户参加试乘试驾活动，要请其他客户坐在车辆后排位置。如果有儿童参加试乘试驾，销售顾问要尽量以委婉方式劝客户不要带孩子试乘试驾。如果必须带儿童试乘试

驾则一定要有销售顾问或家人陪同一起坐后排，儿童必须坐在儿童座椅上，并系上儿童座椅安全带。

② 客户试乘阶段，由销售顾问或是试乘试驾专员进行示范驾驶，销售顾问要安排客户坐在副驾驶位置，销售人员应陪同其他随同客户坐后排试乘，在此过程中，主要由销售顾问负责介绍，试驾专员辅助讲解。

③ 出发前，要提醒客户系好安全带、调整座椅、方向盘等，并确认所有成员系好安全带。

④ 销售顾问或试乘试驾专员应将车辆驶出停车区，开始示范驾驶，为客户提供试乘服务。

⑤ 当试乘服务提供完毕，要按照试乘试驾路线图指定的位置换手。

换手时，要注意将车辆停靠在路边安全的位置，将车辆熄火后，拔出钥匙，待客户坐进主驾驶位置，销售顾问或是试乘试驾专员坐进副驾驶位置后再把钥匙交给客户，以避免产生不必要的麻烦。

⑥ 协助或提醒客户调节座椅、方向盘、后视镜等配备，确认客户乘坐舒适并系好安全带，再次提醒安全驾驶事项。

⑦ 让客户自己体验车辆性能，销售人员对商品介绍中用户的关注点和卖点进行提示和强化。

⑧ 主动引导客户在不同的路段体验车辆的不同优势。

⑨ 交谈语句要简短，不要影响客户开车的情绪。

⑩ 鼓励客户和客户试驾过的其他车型进行比较。

⑪ 仔细倾听用户的谈话，观察客户的驾驶方式，鼓励用户发问和动手操作，进一步搜集用户的关注点。

⑫ 当客户出现不当操作行为时，应委婉提醒。

7.3.3　试乘试驾后

① 试乘试驾结束后，要适当称赞客户的驾驶技术。

② 按客户所关注的需求，重点讲解及介绍与竞争品牌的区别及优势。

③ 引导客户回展厅，总结试驾体验，并请用户填写《试乘试驾意见表》，并适时进行交易促成。

④ 待客户离去后，根据得到的用户驾驶特点和关注点，适当更新客户信息。

⑤ 将客户驾驶证复印件、《试乘试驾协议书》和《试乘试驾意见表》装订成册，归档待查。

试乘试驾结束后，要尽量引导客户回到展厅进行商谈，避免客户下了试乘试驾车就直接离店。即使客户不离店，也不代表客户一定能现场成交，成交固然是好，就可以进入下一流程了。如果不能马上成交，也不要放弃客户，销售人员要把客户作为潜在客户进行管理，合理跟踪客户以达成交易。

本章课后习题

一、填空题

1. 试乘试驾流程实际上是车辆的____________过程，通过此过程来激发用户的购买欲望，让客户亲身体验车辆的____________，从而进一步激发客户的购买欲望。

2. 试乘试驾车辆要按照汽车企业的要求把__________和__________一定要配备齐全。

3. 引导客户回展厅，总结试驾体验，并请用户填写______________，并适时进行交易促成。

4. 出发前，要提醒客户系好安全带、____________、____________等，并确认所有成员系好安全带。

5. 客户试乘试驾换手时，要注意将车辆停靠在路边安全的位置，将车辆__________后，____________，待客户坐进主驾驶位置，销售顾问或是试乘试驾专业坐进副驾驶位置后再把钥匙交给客户，以避免产生不必要的麻烦。

二、简答题

1. 试乘试驾时资料的准备有哪些？

2. 试乘试驾人员准备有哪些？

3. 试乘试驾车辆的准备有哪些？

4. 试乘试驾前所做的具体工作有哪些？

5. 试乘试驾后所做的具体工作有哪些？

三、论述题

在试乘试驾时，我们会遇到这样的问题：多个客户试乘试驾、客户携带儿童参加试乘试驾、客户出现操作不当行为，试论述试乘试驾过程中的具体操作项目及以上问题的应对方法。

项目8

售前跟踪

项目目标

◆ **知识目标**：1. 通过售前跟踪流程的学习，使学生了解售前跟踪流程的目的；

2. 通过售前跟踪流程的学习，使学生掌握售前跟踪流程的方法与要求。

◆ **能力目标**：培养学生对客户售前跟踪的能力，能真正理解售前跟踪的含义，并能够正确按售前跟踪流程为客户提供良好的服务。

◆ **情感目标**：使学生认识到在整个销售流程中，售前跟踪流程的重要性。树立售前跟踪流程是客户成交前的重要工作认知，并在这个流程中充分地体验售前跟踪过程销售顾问的实际心理，同时了解售前跟踪流程客户的思想。

开篇案例赏析

吸引准客户再度光临赏驾

情景一：试乘试驾

汽车销售人员：张先生，我们这个周末有试驾体验活动，您中意的两款车都可以试车，到时候您可以比一比，看哪一款车的性能更好一些。

客户：哦，我知道了。

汽车销售人员：这一次试驾很难得，有专业的试车场地，还有专业的试车员，跟平时在普通路面上试车的感觉不大一样，您可以体验到各种路况条件下的车辆性能。我知道您对这一次选车很是看重，所以，我更加建议您参与这次活动，相信您一定能选到满意的好车。

客户：我这个周六日会很忙的。要是今天能试车就好了。

汽车销售人员：张先生，看来您真的很忙，不过忙是好事，忙说明您的生意好，事业旺嘛。您想今天试驾也行，您告诉我一个您方便的时间，我把车开过去，让您试一试？

客户：这样啊，那你下午五点过来吧。

情景二：促销优惠

汽车销售人员：张先生，您还记得上一次您试驾的那款16万元的车么？

客户：当然记得呀，你们当初要是能便宜1万元，我当场就把那款车提走了。

汽车销售人员：呵呵，那我如果告诉您，现在只需要8万块就能开走这款车呢？

客户：你跟我开玩笑吧？

汽车销售人员：是真的，这款车现在有一项优惠活动，您只要先付一半车款，剩余的一半车款可以分12个月支付。您也看得出来,这样的活动我们店方还是要担很多风险的,所以,名额是有限的。

客户:真的?那你给我争取一个名额,我明天上午就过去看看。

情景分析:

汽车销售人员跟进工作的最主要目的不是拿订单,而是吸引客户回到店里,或者同意参与试乘、试驾体验。因此,销售人员在对客户的意向以及近期的选车行动有了全面了解之后,就应该给对方一个"重磅"的理由,引起客户的兴趣和购买欲望,从而为再次洽谈创造机会。

项目实施

任务8.1 给陌生人打电话

任务名称	给陌生人打电话
任务组织	将学生分成若干小组,4~8人一组,通过学生自荐或推荐的方式选出每组组长,明确组长的职责:负责本团队组织、协调工作,带头示范,督促、帮助其他组员完成相应工作。教师及时检查学生完成情况,组织学生交流,适当给予提示与建议,并针对共性以及重难点问题在课堂上组织讨论和讲解
任务内容	1. 电话回访前最重要的是克服电话前的恐惧,所以随便在报纸上选择几个陌生的电话号码,以汽车4S店的销售顾问的名义给陌生的人打电话,获得客户信息; 2. 每小组人员相互进行评价; 3. 个人自评,找到自己改进之处
任务实施	陌生电话号码: 打电话交谈内容: 整理获得的客户信息: 小组评价 优点:

续表

任务名称	给陌生人打电话
任务实施	缺点： 自评： 改进之处：
任务总结	在调研和讨论的基础上，形成小组的分析报告，并制作 PPT 进行汇报，同学互评、教师点评，然后综合评定本次各个小组的成绩
自我评价	♡ 优　♡ 良　♡ 中　♡ 及格　♡ 不及格
教师评阅	♡ 优　♡ 良　♡ 中　♡ 及格　♡ 不及格

任务 8.2　售前跟踪情景模拟

任务名称	售前跟踪情景模拟
任务组织	将学生分成若干小组，4～8 人一组，通过学生自荐或推荐的方式选出每组组长，明确组长的职责：负责本团队组织、协调工作，带头示范，督促、帮助其他组员完成相应工作。教师及时检查学生完成情况，组织学生交流，适当给予提示与建议，并针对共性以及重难点问题在课堂上组织讨论和讲解
任务内容	1. 以小组为单位，每组出两名同学，分别扮演销售顾问和客户进行售后跟踪流程的模拟； 2. 每小组人员相互进行评价； 3. 个人自评，找到自己改进之处

续表

<table>
<tr><td>任务名称</td><td>售前跟踪情景模拟</td></tr>
<tr><td>任务实施</td><td>本次售前跟踪的目的：
打电话交谈内容：

整理获得的客户信息：

小组评价
优点：

缺点：

自评：
优点：

缺点：

改进之处：</td></tr>
<tr><td>任务总结</td><td>在调研和讨论的基础上，形成小组的分析报告，并制作 PPT 进行汇报，同学互评、教师点评，然后综合评定本次各个小组的成绩</td></tr>
</table>

续表

任务名称	售前跟踪情景模拟
自我评价	♡ 优　♡ 良　♡ 中　♡ 及格　♡ 不及格
教师评阅	♡ 优　♡ 良　♡ 中　♡ 及格　♡ 不及格

相关知识链接

8.1 售前跟踪流程的概述

8.1.1 售前跟踪的目的

① 售前跟踪流程是从销售顾问第一次接触到客户直至销售完成的全过程；

② 售前跟踪流程时不可放弃任何一个客户，要通过售前跟踪流程提高客户的再回展厅率、试乘试驾率，争取最多的订单和成交客户；

③ 售前跟踪流程时要站在客户的立场，为客户解决问题，避免给客户压迫感，做有效地售前跟踪，以促成销售，将潜在客户转化为成交客户。

8.1.2 售前跟踪流程客户的期望

售前跟踪流程时客户期望销售顾问不要一直不断地给我打电话催"我"，而是要真心地为"我"服务，给"我"一个合理的价格。

8.1.3 售前跟踪的执行者

① 售前跟踪流程的具体业务流程的执行者是首席销售顾问、销售顾问；

② 售前跟踪流程的业务流程的监督人员是展厅经理、销售经理；

③ 售前跟踪流程的服务质量的监督人员是客户服务部总监、客服经理。

8.2 售前跟踪的方法

8.2.1 克服售前跟踪的心理障碍

由于在进行售前跟踪时，客户的拒绝是经常会发生的，销售顾问经常产生恐惧心理，很难进行下一步的谈判。所以，无论是电话跟踪还是登门拜访都要战胜一切恐惧心理，否则很难和客户站在平等的状态上。

8.2.2　售前跟踪的要点

① 销售顾问根据自身掌握的客户信息,根据客户的级别来进行客户的维护、跟踪的频率,见表1-13;

② 销售顾问每日必须将当天对潜在客户的售前跟踪情况进行及时的更新;

③ 每当对潜在客户跟进结束后,要确认下次回访日期;

④ 由于每次进行跟访都是有可能引起客户的兴趣,所以要了解4S店目前的存货情况、最新信息、折扣政策等,做好充分的准备;

⑤ 根据以往对客户信息的记录,找到每次跟进的理由,而且每次接触时都要注意收集下次跟进的理由,以便于和客户联系。

8.2.3　售前跟踪的方法

1. 登门拜访

登门拜访时需要注意的内容有:

① 登门拜访前要清楚潜在客户的姓名、职务、住址或公司地址;

② 登门拜访前要先想好拜访的理由;

③ 登门拜访前要准备好要谈判的内容;

④ 登门拜访前要事先想好潜在客户可能会提出的一系列问题和应对方法;

⑤ 登门拜访前要做好被客户拒绝的心理准备和应对的技巧。

登门拜访的基本技巧包括:

"5W1H",即Who(谁)、What(什么)、when(什么时候)、Where(什么地方)、Why(为什么)、How(怎么样)。

2. 电话拜访

销售顾问在日常工作中,有很多客户是来电话而成交的,所以电话接待是不容忽视的。接听电话就是在听到响铃之后,拿起话筒说话。这是很简单的举动。但是,接听销售电话,却是一门简单而又深奥的艺术,客户很有可能会因为你电话里传递的声音等信息重新考虑是否继续他们的购买过程。所以。一定要掌握接听的技巧。

电话拜访时需要注意的内容有:

① 电话拜访前找到所记录的客户信息,找到客户的姓名、职务、上次交谈的时间等信息;

② 电话拜访前要先想好打电话的理由;

③ 电话拜访前要准备好谈判的内容;

④ 电话拜访前要做好被客户拒绝的心理准备和应对技巧;

⑤ 电话拜访前要想好客户可能会提出的一系列问题和应对方法。

3. 接打电话的技巧

(1) 接电话的技巧

第一,铃响三声接起电话。接电话的时间是非常重要的。如果你在电话铃响起第一声时就接起来,客户可能会觉得太突然而吓一跳;或者认为你太闲了,或是你太在意生意了,这样他会小心设防的。如果你在电话铃响5声以后才接起电话,客户会觉得你根本不在意,或是等的情绪不好了而影响谈话。最完美最专业的时间就是电话铃声响起第三声时接起电话。

第二,问候并自我介绍。作为汽车销售人员在接听电话时,应非常正规,先主动问候,并自报家门:“您好!这里是××4S店,销售顾问×××为您服务。”然后再开始交谈,千万不要一拿起电话就问:“你找哪位?”这是非常不礼貌的。客户本来就期盼着好的服务,这样会让客户的落差非常大,给自己以后的谈判设下了障碍。

第三,询问对方姓名、电话号码。谈话之初,要礼貌地询问对方姓名:“请问怎么称呼您?”“请问您贵姓?”这样就可以正确地称呼客户。一般来说,男士可以称呼为“×先生”,女士可以称呼为“×女士或是×夫人”,当然,在知道对方职位时可以称呼为“×经理”“×总”等。

在交谈过程中,要想办法把客户的电话号码留下,这对于销售顾问来说是非常宝贵的客户资料。当然,现在绝大多数电话都是带来电显示的,尽管如此,也必须向客户确认此电话号码是否是客户的电话。有时,客户用座机打来电话,还需询问客户的手机号码。

第四,了解对方来电意图。在电话交谈过程中,要注意记录一些有用的信息。还要记住你要面带微笑,发自真心地去和客户交流,因为尽管客户看不见你,他也会感受到的情绪。电话交谈中,避免使用对方可能不会理解的语言,并且注意不可报汽车销售的底价,要尽量邀请客户来店交谈。

第五,确认预约时间。如果在电话中预约客户来店,要确认好预约来店的时间,在客户来店前可以做好充分的准备。

第六,结束语。接完电话,切记不要直接挂掉电话。一定要用礼貌用语,例如:“感谢您的来电,恭候您的光临!”并且等客户先挂断电话后再放下电话。

(2)打电话的技巧

打电话是汽车销售人员每天必须做的工作内容。比如电话维系老客户,电话跟踪潜在客户,这些工作都是通过电话来完成的。

第一,打电话前的准备。确认对方的姓名、电话号码不要弄错,回忆最近的交流内容方便把电话继续下去;准备好要谈的内容、说话的顺序和所需要的资料、文件等;明确通话所要达到的目的。

第二,自我介绍。报出自己的姓名,同时讲话要有礼貌,注意电话礼仪的应用。

第三,问候。一定要确认对方是否是你要找的人,如果是继续交谈就可以,如果不是想办法找到你要找的人,如与要找的人接通后,要重新问候,同时,不要忘记询问客户是否方便接听电话。

第四,洽谈事项。洽谈时应先将想要说的结果告诉对方,说完后最好简单地总结一下所说的内容。

第五,结束语。语气诚恳、态度和蔼。例如:“感谢你百忙中接我电话!”“以后还请您多多指教!”等。与打电话一样,等对方挂断电话后再把电话放回话筒。

接打电话需要注意以下几点:

① 及时接听,勿让铃声超过三声;

② 调整情绪。

电话的沟通是靠语言来进行的,这就要求汽车销售人员在接听电话时必须保持态度和蔼,声音柔和,语音亲切,吐字清晰,语速适中 ,语言简洁;避免口头禅,不允许对着话筒打哈欠、肆无忌惮的大笑等,更不能用不耐烦的口气接听电话。

① 适时调整自己的情绪,时刻保持微笑。虽然客户看不见你的表情,但他会一直注意你的声音,包括语调和态度,你需要把全部的注意力投入到电话中,不可怠慢。

② 不可吸烟、喝茶、吃零食等。如果你是成熟的销售人员,应该接通电话,就把所有的其他事情放在一边,将电话愉快地进行完毕。不可在接打电话过程中做与接打电话无关的事情。

③ 注意规范用语,维护公司形象。在接打电话时,要注意电话的规范用语。时刻记住你是一名汽车销售人员,你的一举一动,一言一行都代表着公司的形象,品牌的形象。

④ 统一销售口径。应尽量使用统一的销售口径来解答客户提出的问题,绝对不能一问三不知或是敷衍了事推诿客户,没有听清楚的问题可以适当提问,回答问题时要明确、清晰。当客户询问车型、车价等信息时要流利的、专业的回答。

⑤ 设法获取你想要的信息。销售电话的接听应由被动变主动,在与客户交谈时,最好能够取得你想要得到的信息,以便备份客户档案,其中客户的姓名和联系方式最为重要。

让客户留下电话号码的几个小方法

及时反馈最新信息

"××先生,我们近期将有价格调整的可能,为了方便随时通知您,可以留下您的电话号码吗?"

"今年车市不是很稳定,你所关注的这款车随时都有降价的可能,而且我们公司最近有可能会搞活动,对您来说这是个好消息,您给我留一个联系方式,有什么变化我好随时通知您?"

公司有活动,让客户留下电话号码

"我们公司最近有个电话号码抽奖活动,凡是进店客户都可参与,你可以留下电话号码,那样您会有机会赢得大奖!"

以现在忙为理由,让客户留下电话(注意不是所有客户都适用的)

"对不起,现在我这里有个客户要接待,方便的话,我可以五分钟后给你打过去吗?"

本章课后习题

一、填空题

1. 销售顾问每日必须将当天对潜在客户的售前跟踪情况进行及时的更新;每当对潜在客户跟进结束后,要确认________________。

2. 由于每次进行跟访都是有可能引起客户兴趣,所以要了解 4S 店目前的________、最新信息、折扣政策等,做好充分的准备。

3. "5W1H"是指______________、______________、______________、Where(什么地方)、Why(为什么)、______________。

4. 作为汽车销售人员在接听电话时,应非常正规,先主动问候,并自报家门:"______________________________________"

5. 接电话的时间是非常重要的。最完美最专业的时间就是电话铃声响起__________时接起电话。

二、简答题

1. 售前跟踪的目的是什么？

2. 登门拜访时需要注意的内容有哪些？

3. 电话拜访时需要注意的内容有哪些？

4. 给客户打电话时注意的问题有哪些？

5. 接电话的技巧都有哪些？

三、论述题

有些客户到展厅购车时会当日提车；有些客户需要和家人商量或与其他车型对比，这种情况不能当日提车，对于不能当日提车的客户，汽车 4S 店销售人员要对客户进行跟踪，进行跟踪时经常采用打电话的方式。试阐述打电话技巧都有哪些？

项目9

议价成交

项目目标

◆ **知识目标**：1. 通过议价成交流程的学习，使学生了解议价成交的目的、内容、工具、原则等知识；

2. 报价成交的流程要点、价格商谈的要点；

3. 了解异议产生的原因和如何处理客户异议的方法；

4. 掌握谈判的技巧和促成交易的方法。

◆ **能力目标**：培养和提高学生议价成交的能力，使学生掌握一些促成交易的方法并能够熟练运用。

◆ **情感目标**：使学生认识到在整个销售流程中，议价成交是非常关键的环节，这个流程中充分地体验议价成交过程中客户的真实感受，同时，可以通过议价成交流程尽情体验成功后的复杂感受。

开篇案例赏析

你们的车不错 但太贵了

客户：我觉得，你们的车还不错，但是太贵了。

汽车销售人员：张先生，您为什么会觉得这款车贵呢？（询问为什么）

客户：我来之前在网上查的价格比你刚才的报价要便宜8 000多元呢！

汽车销售人员：嗯，这样的情况是有可能的，为了吸引客户网上的报价要比实际价格低，张先生，您会不会在网上买汽车呢？

客户：这……我会上网查查价格和配置，但是上网买车，我没考虑过。

汽车销售人员：是啊，网上购车虽会便宜一点，但是质量与售后服务难以保障。汽车不比衣服鞋帽，它是大件、贵重的商品，网上即使报价再低，真正购买却不实际。您放心，现在汽车这一行的竞争非常激烈，信息也非常透明，价格很难有水分。而且我们店是市内最大的经销商，给您的肯定是最优惠的价格，这一点我非常有信心。我们经常会了解同行的售价，我报给您的确实是最低价，您是企业老板，您的社交圈子大，而且交往的都是精英人士，我们不想和您做一锤子买卖，我们更希望您购车满意，能多介绍朋友来光顾，所以，在价格上报的都是实价。

客户：哦，是这样啊，我明白了。

情景分析：

客户在选车前，可以通过多种渠道获得汽车信息，如网络、4S 店、汽车城、亲友介绍等，因此，大多数走进展厅的客户都是有备而来，尤其是在价格上，他们一点也不含糊。当客户认为价格贵的时候，汽车销售人员首先应该弄清楚客户比较的是哪个渠道的价格，这样销售人员才可能给客户以合理客可信的解释。

错误提醒：

错误一：汽车销售人员在价格上第一原则是：坚决不让价，即使坚持到最后不得不让价，也要让客户感受到价格让步的来之不易，从而快速做出决策，并从中得到极大的满足。因此，在客户开始议价时，销售人员绝对不要轻易做出让步。

客户：你们这款还不错，就是太贵了。

汽车销售人员：是吗？你觉得这款车多少钱合适呢？

客户：至少得降三四千块钱吧。

汽车销售人员：您要是今天能买的话，我可以申请给您便宜三四千块钱。

客户：哦，是吗？你看能便宜四千吗……

错误二：客户提出的优惠价格太高而无法接受时，销售人员不论是言语、神态还是动作上都不能有轻视的意思，否则会让客户敏感地发觉，从而引发争吵。

客户：你们这款车还行，就是价格太贵。

汽车销售人员：那当然，我们这本来就是豪华车，价格肯定比一般车要贵。

客户：你的意思是说我买不起这辆车了？

技巧展示：

技巧：以静制动，后发制人

当客户提出质疑与异议的时候，很多汽车销售人员本能的做法就是立即辩解，例如，客户指出产品价格贵，销售人员就解释产品的优点与性能力证产品不贵；客户指出产品质量不可靠，销售人员就拿出权威的检验报告来证明产品的质量可靠……事实上，辩解从本质上来说就带有对立和针锋相对的意味，所以，销售人员越辩解客户的疑问可能就会越深。

面对客户提出的异议，汽车销售人员不要急于辩解，应该表达理解和认同。

老客户一点优惠都没有吗

客户：我现在开的这辆车是三年前在你们店里买的，怎么说也是老客户了，你们一点优惠都不给吗？

汽车销售人员：张先生，我们这店就是三年前成立的，这么说来您是我们第一批客户呀，都怪我一开始没问清楚，差点怠慢了您。我们经理常说，现在这个店能在三年里成长为全市销量第一的店，最应该感谢第一批客户的信任和支持呢。

客户：呵呵，那你给我什么优惠啊？

汽车销售人员：您是老客户，肯定知道我店的定价是透明价格、不耍花样的，您看中的这款车在其他店的售价应该是在 18.7 万到 19 万元之间，我们店的价格是 18.6 万元。对这个价格，我们很有信心，相信您只要考察过几家店就能判断出这个定价透不透明了。当然了，您是老客户，光给您一个实在价格是不够的，您看，那是我们新上市的车型，售价25.8万元，买那款车的客户可以获得一个“贵宾大礼包”，买其他车是没有这个优惠的。今天经理不在，我就做回主，也送您一份这个价值5 000元的“大礼包”，它包括一年的车险、一年的免费保养，还有一年的免费洗车服务。我想，经理回来，知道我这样做，也一定会赞同的。您觉得呢？

客户：呵呵，我就知道来你们店买车准没错。

汽车销售人员：张先生，短短三年，您就从微型车换上了中型车，可见这三年您发展得非常好，我相信，再过一个三年，您的事业一定会换更加高级的“座驾”的。

客户：要真是那样，我还来你们店选车。

情景分析：

老客户对任何一家汽车销售商来说都是极为宝贵的财富和资源。一位老客户再度上门购车，代表着他对这家销售商的认可与信任。对其他新客户而言，无论是在称呼上还是待客方式，甚至是优惠折扣上，都可以有一些区别对待，让老客户感受到他们是店里最尊贵的客人。给客户一种心理优越感，老客户如果能有一个满意的二次购买体验，是很容易发展成为忠实客户。

错误提醒：

错误一：汽车销售人员对待老客户不能像接待普通客户一样，否则，老客户心理上会很失望，很失落，甚至会转向其他的店。

客户：我可是你们的老客户了，我第一款车还是在你们这儿买的呢。

汽车销售人员：哦。

客户：老客户不能优惠一点吗？

汽车销售人员：我们这款车都是同一价。

客户：那算了，我去别的店看看……

错误二：在实际销售中，不排除会有一些客户自称“老客户”，以便拿到更低价格或者更多优惠。这种情况下，汽车销售人员即使识破了也不应该当面戳破，不妨将这样的新客户当老客户一样优待，只要客户购车满意，他们自然就会成为优质的老客户。

客户：我可是你们的老客户了，我四年前还在你们这儿买过车呢。

汽车销售人员：是吗？不大可能吧？我们这家店才开了三年半呀。您肯定是记错了。

客户：……（尴尬）

技巧展示：

老客户一般都是二次购车甚至是多次购车，虽然他们也会砍上一番价，但事实上，价格对大部分老客户来说已经不成太大的问题，他们与其说是想得到价格上的让步，不如说是想体验一番尊贵与优越。老客户希望销售人员能记得他们的名字，希望销售人员能像接待老朋友一样亲切热情，希望自己能成为店里最尊贵的客人。

汽车销售人员在接待老客户时，要充分照顾到对方的心理，在接待规格和交谈方式上要更人性化一些，让老客户能产生心理优越感。如果老客户一再要求在价格折扣上获取实质利益，销售人员应该妥善处理，给予适当的优惠与优待。

项目实施

任务9.1 客户异议处理情景模拟

任务名称	客户异议处理的情景模拟
任务组织	将学生分成若干小组,4~8 人一组,通过学生自荐或推荐的方式选出每组组长,明确组长的职责:负责本团队组织、协调工作,带头示范,督促、帮助其他组员完成相应工作。教师及时检查学生完成情况,组织学生交流,适当给予提示与建议,并针对共性以及重难点问题在课堂上组织讨论和讲解
任务内容	1. 以小组为单位,每组出两名同学,分别扮演销售顾问和客户进行客户异议处理的情景模拟,实际情景自己小组成员商量设定。 2. 每小组人员进行评价; 3. 个人自评,找到自己改进之处
任务实施	情景设定: 小组评价 优点: 缺点: 自评: 优点: 缺点: 改进之处:

续表

任务名称	客户异议处理的情景模拟
任务总结	在调研和讨论的基础上,形成小组的分析报告,并制作PPT进行汇报,同学互评、教师点评,然后综合评定本次各个小组的成绩
自我评价	♡优 ♡良 ♡中 ♡及格 ♡不及格
教师评阅	♡优 ♡良 ♡中 ♡及格 ♡不及格

任务9.2 议价过程情景模拟

任务名称	议价过程情景模拟
任务组织	将学生分成若干小组,4~8人一组,通过学生自荐或推荐的方式选出每组组长,明确组长的职责:负责本团队组织、协调工作,带头示范,督促、帮助其他组员完成相应工作。教师及时检查学生完成情况,组织学生交流,适当给予提示与建议,并针对共性以及重难点问题在课堂上组织讨论和讲解
任务内容	1. 以小组为单位,每组出两名同学,分别扮演销售顾问和客户进行成交前议价过程的情景模拟,实际情景自己小组成员商量设定。 2. 每小组人员进行评价; 3. 个人自评,找到自己改进之处
任务实施	情景设定: 小组评价 优点:

续表

任务名称	议价过程情景模拟
任务实施	缺点： 自评： 优点： 缺点： 改进之处：
任务总结	在调研和讨论的基础上，形成小组的分析报告，并制作 PPT 进行汇报，同学互评、教师点评，然后综合评定本次各个小组的成绩
自我评价	♡ 优　♡ 良　♡ 中　♡ 及格　♡ 不及格
教师评阅	♡ 优　♡ 良　♡ 中　♡ 及格　♡ 不及格

任务9.3 签约过程情景模拟

任务名称	签约过程情景模拟
任务组织	将学生分成若干小组,4~8人一组,通过学生自荐或推荐的方式选出每组组长,明确组长的职责:负责本团队组织、协调工作,带头示范,督促、帮助其他组员完成相应工作。教师及时检查学生完成情况,组织学生交流,适当给予提示与建议,并针对共性以及重难点问题在课堂上组织讨论和讲解
任务内容	1. 以小组为单位,每组出两名同学,分别扮演销售顾问和客户进行签约过程的情景模拟,实际情景自己小组成员商量设定。 2. 每小组人员进行评价; 3. 个人自评,找到自己改进之处
任务实施	情景设定: 小组评价 优点: 缺点: 自评: 优点: 缺点: 改进之处:

续表

任务名称	签约过程情景模拟
任务总结	在调研和讨论的基础上，形成小组的分析报告，并制作 PPT 进行汇报，同学互评、教师点评，然后综合评定本次各个小组的成绩
自我评价	♡优　♡良　♡中　♡及格　♡不及格
教师评阅	♡优　♡良　♡中　♡及格　♡不及格

任务 9.4　议价成交流程情景模拟

任务名称	议价成交流程情景模拟
任务组织	将学生分成若干小组，4～8 人一组，通过学生自荐或推荐的方式选出每组组长，明确组长的职责：负责本团队组织、协调工作，带头示范，督促、帮助其他组员完成相应工作。教师及时检查学生完成情况，组织学生交流，适当给予提示与建议，并针对共性以及重难点问题在课堂上组织讨论和讲解
任务内容	1. 以小组为单位，每组出两名同学，分别扮演销售顾问和客户进行整个议价成交流程的情景模拟，实际情景自己小组成员商量设定。 2. 每小组人员进行评价； 3. 个人自评，找到自己改进之处
任务实施	情景设定： 小组评价 优点：

续表

<table>
<tr><td>任务名称</td><td>议价成交流程情景模拟</td></tr>
<tr><td>任务实施</td><td>缺点：

自评：
优点：

缺点：

改进之处：</td></tr>
<tr><td>任务总结</td><td>在调研和讨论的基础上，形成小组的分析报告，并制作 PPT 进行汇报，同学互评、教师点评，然后综合评定本次各个小组的成绩</td></tr>
<tr><td>自我评价</td><td>♡ 优　　♡ 良　　♡ 中　　♡ 及格　　♡ 不及格</td></tr>
<tr><td>教师评阅</td><td>♡ 优　　♡ 良　　♡ 中　　♡ 及格　　♡ 不及格</td></tr>
</table>

相关知识链接

当客户有意向提车时，销售人员一定要抓住机会促成交易。大部分客户在此阶段会表现犹豫不决，所以销售人员应主动提出成交，帮助客户做决定。但是如果时机掌握不好，很可能会激起客户的抗拒心态，一旦被客户拒绝后，你与客户的关系便会出现某种程度的倒退。所以时机一定要掌握好。比如客户主动和销售人员讨论售后、备件的问题或是询问合同、定金、付款方式等问题时，就可以看作客户有要提出的可能，要积极应对。这些细节销售人员要善于总结。

9.1 议价成交流程的概述

9.1.1 议价成交的目的

议价成交流程的主要目的是要让客户了解到购车的每个细节,体现汽车4S店周到的服务,从而促进购买成交,达成交易;同时,销售顾问要努力做好客户的购车顾问,保证客户的满意度,同时培养客户的忠诚度。

9.1.2 议价成交时客户的期望

议价成交流程中客户最希望的是销售顾问能从“我”的角度出发,给“我”的报价不要太贵,要诚实,价格最好是公正、透明的,以免“我”讲不下来价,车买的比较贵,会让“我”心里很不舒服,同时销售顾问要对价格和交货期及提供的相关服务有诚信和清晰的说明,不要让“我对”整个过程模糊不清的。

9.1.3 议价成交的执行者

① 议价成交流程中的业务流程的具体执行者是首席销售顾问、销售顾问;

② 议价成交流程中的业务流程的监督者和指导者是展厅经理、销售经理;

③ 议价成交流程中的服务质量的监督者是客户服务总监、客户服务经理。

9.2 报价时客户异议的处理

客户在销售人员介绍产品过程中,或在要他们订购时,几乎都会表现出抵触情绪。这些抵触有些是心理上的原因,有些是逻辑上的原因。心理抵触包括:对外来干预的抵制;喜欢自己已经养成的习惯;生性对事物漠不关心;不愿意放弃某些东西;对别人不愉快的联想;反对被别人摆布的倾向;预定的构想;不喜欢做决定。出于逻辑原因的抵触可能包括对价格、交货期,或是对某些产品、某个公司的抵制。要应付这些抵触情绪,销售人员应采取积极的方法,请客户说明他反对的理由,设法找出隐瞒的反对原因,使拒绝成为提供信息的机会,将对方的异议转变成购买的理由。因此,正确对待和妥善处理客户异议,是销售人员必备的基本功。

9.2.1 客户异议产生的原因

所谓客户异议,是客户对汽车销售人员或其营销活动所做出的一种在形式上表现为或怀疑或否定或反对的反应。简单地说,被客户用来作为拒绝购买理由的意见、问题、看法就是客户异议。

对客户异议应该怎么看?是欢迎还是反感,是积极对待还是消极回避?这是每个销售人员都必须做出的选择。客户提出异议,主要有以下原因:

1. 习惯

大部分人在面对汽车销售人员时,总会存有抗拒心理,他们把销售员当成对手,想尽各种办法来推托拒绝,久而久之,成了一种习惯。当每一个新的汽车销售人员出现在他面前时,他很习惯地立刻把自己武装起来,并且很快地提出异议。对销售员来说,只要应付得当,客户的这种习惯并不构成任何威胁。

2. 排斥汽车销售人员

客户如果不愿意接纳特定的汽车销售人员或他所代表的企业,他就会用异议来让对方打退堂鼓。不过,有些时候,他们排斥汽车销售人员是因为他没有时间、没有兴趣或是情绪不好,甚至只是单纯地讨厌眼前的这名汽车销售人员。

3. 需要更多资料

一个客户提出异议,是为了得到更多保证或是对现在的情况并不十分了解。

其实,他心中差不多已经决定要买你的产品,他提出异议,只是希望你能提出更多资料,证明他这样做是正确的。客户心里常常会有两种以上不同的意见在起冲突,当他们内心在交战,不知该买或是不该买,甚至不知是该买哪一种时,销售人员就要帮他解决,提出更多资料或证明,引导他做出一项正确的决定。

4. 没有充分了解产品的利益

这是客户有异议的主要原因。一旦客户了解产品能给他带来的利益,他就没有理由提出异议了。销售人员应该了解,在大部情况下,产品并不在客户的需要清单上,如果他买了你的产品,他就没办法买清单上的其他产品。这就是说,他为了买你的产品,必须牺牲购买其他品牌汽车,因此,他一定要确定你的产品的利益能补偿他的牺牲,他才会购买你的产品。

5. 经济因素

购买能力是交易行为中一个重要的因素,如果客户没有经济能力购买你推销的产品,他就会提出许多异议。

销售人员在进行销售前,最好先调查清楚客户的经济情况,判断他的能力是否足以购买你的产品,以免浪费时间和口舌。

如果在谈话过程中,销售人员发现客户因为经济原因而故意提出一些异议,就要赶紧设法结束销售,安排时间去做其他更有价值的事。

6. 客户根本不需要的产品

如果客户根本不需要你的产品和服务,销售人员就是说破了嘴、跑断了腿也没用。

9.2.2 客户异议的类型

1. 对价格的异议

“这辆车价格太贵了……”“这种价格,我负担不起……”“你们有价格低一点的汽车吗……”。

对价格有异议,是所有异议中最常见的一种,汽车销售人员如果无法处理这种异议,十之八九他的销售工作会遭到失败。

2. 对产品的异议

“听说这车很耗油……”“我不喜欢这车的外形……”“发动机不是原装进口的……”。

这也是常见的一种异议。汽车销售人员一定要对产品有充分认识,然后才能用“性价比”

等适当、有利的理由消除客户异议。

3. 对服务的异议

客户常常抱怨提车方式或时间不能跟他们配合,也常抱怨定期保养工作不够理想,这些都是他们对公司提供服务的不满。

汽车销售人员如果能了解公司的政策和售后服务程序,就能以恰当的方式取得客户的谅解。

4. 对公司的异议

客户的异议有时不只是针对产品,他们对公司财务情况和经营方式等,有时也会提出异议,因此,销售员要营销的,往往不只是产品,还要营销汽车制造商和销售商良好的口碑和信誉等。

5. 对订购时间的异议

有些客户会说:"我还要仔细想想……"或"下个星期再做决定吧!"

他们不肯立刻采取行动或用拖延的方式,无非是要拒绝你的销售。他们不买的真正理由可能是价钱、产品或是其他问题。遇到这种客户,销售员要找出真正的原因,只要还未到绝望的程度,就不要放松和放弃。如果他想改时间再谈,你就要当场约定下次见面的时间,千万不要等到他要做决定时再谈。

6. 对销售员个人的异议

有些客户不肯达成交易,只是对销售员个人有异议,他不喜欢这个销售员的推销方式,不愿意让销售员接近,同时也排斥销售员带来的构想和建议。

为了不惹人厌,销售员一定要穿着整洁,善于察言观色,还要设法让客户觉得你是诚心诚意想帮他的忙,尤其重要的是不能欺骗客户,你如果让他上一次当,他就永远不会再相信你。

7. 因为竞争者而产生的异议

一些客户常常会说:"我们现在对某品牌的汽车非常满意。"对许多有经验的销售员来说,有竞争对手不是一个严重的问题,只有你能向客户证明你的东西比别人的东西更好,你的服务又远远好于别人,你的对手就会被你击败。

8. 因为不需要而产生异议

有些客户会说:"我根本不需要……""我觉得坐地铁更方便……"。对于这样的客户,也应该以热情的态度表示理解,欢迎以后光临。

9.2.3 客户异议处理方法

1. 处理异议的态度

异议不能限制或阻止,而只能设法去加以引导和控制。在处理异议时应注意以下几点:

(1) 情绪轻松,不可紧张

汽车销售人员要认识到异议是必然存在的,在心理上不能有异常的反应,听到客户提出异议后,应保持冷静,不可动怒,而必须继续以笑脸相迎,并了解反对意见的内容或要点及重点。一般可先用下列语句作为开场白:"我很高兴你能提出此意见""你的意见非常合理""你的观察很敏锐”等。当然,要轻松地应付异议,必须对商品、公司政策、市场及竞争者都要有深刻的了解,这些是控制异议的必备条件。

(2) 认真倾听,真诚欢迎

汽车销售人员在听到客户所提出的异议后,应表示对客户的意见真诚欢迎,并聚精会神地倾听,千万不可加以阻挠。另外,汽车销售人员必须承认客户的意见,以示尊重。那么,当你提出解决异议的提议时,准客户自然也较易接纳你的提议。

(3) 重述问题,证明了解

汽车销售人员要向准客户重述其所提出的反对意见,表示已了解。必要时可询问准客户,其重述是否完整,并选择反对意见中的若干部分予以诚恳的赞同。

(4) 审慎回答,保持友善

汽车销售人员对准客户所提的异议,必须审慎回答。一般情况下,应以沉着、坦白及真诚的态度将有关事实、数据、资料、证明,以口述或书面方式送交准客户。措辞必须恰当,语调必须温和,并在和谐友好的气氛下进行洽商,以解决问题。假如不能解答,也不可乱说。

(5) 尊重客户,圆滑应付

汽车销售人员切记不可忽略或轻视准客户的异议,以避免准客户的不满或怀疑,使交易谈判无法继续下去。汽车销售人员也不可赤裸裸地直接反驳准客户。如果粗鲁地反对其意,甚至指出其愚昧无知,则你与准客户之间的关系将永远无法弥补。

【案例】

我要先和家人商量商量

客户:买车也不是小事,十多万元呢,我要先和家人商量商量。

汽车销售人员:张先生,是不是我们这款车您不太满意啊?

客户:不是,不是,我都试了两回车了,它给我的感觉非常好。我就是想听听家里人的意见。

汽车销售人员:确实,买车要花钱,养车也需要花钱,而且车子也是要与家人一起使用的,家人的参与确实很重要。张先生,您这样细心顾及全家人的感受,您的家庭一定很幸福。

客户:呵呵,还可以。

汽车销售人员:张先生,我有个小故事,不知道您想不想听呢?我对小时候的事情印象不深,但是有一件事记得特别清楚。五六岁的时候吧,我爸瞒着家人买了一台电视机,用大红的包装纸盖着,摆在桌子上,蒙着我的眼睛让我打开包装,当我看到电视机的时候,我乐的整整两天没心思吃饭,直到现在我还记得当初又惊又喜的心情。我觉得,如果您真的喜欢这辆车,那么您的妻子和孩子也一定会喜欢的,为什么不给他们一个惊喜呢?后天就是周末,您想,当您蒙着孩子的眼睛,将他抱到副驾驶座上,在放开手让孩子看到这款帅气的车时,他该有多么兴奋啊!我相信,就算他到我这个年纪时,也还会记得第一次看到这款车时的情景。

客户:呵呵,是呀,我爸当年买回第一台电视的时候,我也跟你是一样的心情。你这个点子好,就这么办吧,给孩子一个惊喜。

汽车销售人员:那您看,选什么颜色呢?您孩子最喜欢哪种颜色呢?

(6) 准备撤退,保留后路

客户的异议不是轻而易举就能解决的。不过,汽车销售人员与他面谈时所采取的方法,对于你与他将来的关系都有很大的影响。如果根据洽谈的结果,认为一时不能成交,那就应设法使日后重新洽谈的大门敞开,以期再有机会去讨论这些分歧。因此,要时时做好遭遇挫折的准备。如果你最后还想得到"胜利"的话,那么在这个时候便应"光荣地撤退"。

2. 处理"异议"的步骤

(1) 注意与关怀

客户在发表他的意见时,要注意倾听,并且不要打断。同时,要仔细听完他的全部意见,不要妄下断言,否则,你的客户会认为既然你不了解他,那就不必再谈其他的了。请注意,在倾听对方谈话时,要表现出你了解并重视他观点的样子,即使他的"异议"是荒谬无知的,也要让他觉得你诚恳、关怀、热情和友善。

让对方感觉你的体贴,是销售工作中重要的一环。你在倾听对方的"异议"后,不妨告诉他:"你的意见的确与众不同,我确实了解你的感受。""大部分人刚一开始都会有这种感觉,当然了,我想你一定想知道更多有关这种产品的一切,是不是?"关怀并不是同情,你一定要把握尺度,才能克服"异议"。

(2) 评估"异议"

汽车销售人员在倾听对方述说他的"异议"时,要立即在心中作一番评估并且想好以什么态度以及何种方式来处理对方的"异议"。对方的"异议"谈得越多越详细,你就越知道该怎么处理这些"异议";同时,你对"异议"的评估越正确,你就越能确定自己该采取什么样的态度。

如果在评估对方异议时,发现对方只是在拖时间、找借口或是习惯性的抱怨,那你只需要点头,然后开始告诉对方本公司产品的优点以及可能为他带来的利益。

(3) 点头效益

对方在述说他的"异议"时,如果这些"异议"并没有实质内容,你大可不必浪费时间去跟他争论。因为唇枪舌剑的结果,不但于事无补,反而可能把对方惹火了。

对付这类"异议",最聪明的办法,就是先点头或是用简单的"我懂""很好"或"我了解"来赢得他的信任,然后再把他不知道或是没有提到的优点告诉他,让他对你推介的产品印象整个改变。

客户述说他的"异议",就是告诉你"到现在为止,你还没有把我想要的利益卖给我"。如果你明白了这一点,那么,对那些无关紧要的"异议",你只需点头而不必多辩,你真正该做的就是"满足他的需要,把产品的利益卖给他";换言之,就是要告诉对方他所不知道的产品的真正好处。

(4) 将"异议"转换成问话

客户的"异议",代表了他的观点、意见和臆断,他既然述说了他的"异议",很自然地一定会为他的"异议"辩护。汽车销售人员的任务,是消除客户的"异议"。

这种把"异议"转换成问话的方式,有几点好处:

① 改变敌对的立场。让对方觉得,你是能替他设想的"参谋"而不是"敌人"。

② 博取对方的好感。你让对方觉得你了解他的感觉,重视他的意见,因而产生了"与我心有戚戚焉"的感觉。

③ 把对方嫌汽车价钱太贵的简单意念,变成对"花钱的价值"的探讨。

④ 技巧地把价钱问题，转成“品质”和“服务”的问题。如果客户认为你说得有道理，那么，他就不会再把重点放在价格上了。

⑤ 在问话中，强调汽车产品的好处能满足对方的需要，可以使原来有“异议”的对方，接受你的建议，成为你真正的客户。

(5) 答案清晰有力，并具说服力

当你把客户的“异议”转换成问话后，你还得给这个问话一个清晰有力的答案，满足对方的需要，让对方确信购买公司产品是一种正确的决定，否则，客户的“异议”还是一项无法解决的问题。

当客户的某些“异议”变成“同意”后，你还要考虑到对方是否还有其他“异议”，怎么样才能知道客户还有没有“异议”？最简单、最直接的方法就是请他签订单。如果他签了订单，你的推销工作便成功了。如果他不肯签，你就要再接再厉，问出原因，了解他的其他“异议”，然后再照着前面的方法，克服“异议”。

签订单来了解客户的“异议”是一种有效的方法，不要担心这样做会使你失去一位可能的客户，不去追根究底才真的会失去客户。如果对方的“异议”都已经消除，而他仍犹豫不决，不知道要不要订购本公司产品时，你不妨以别人为例(当然，这个“别人”，最好是对方认识并尊重的)。例如，你可以说：“牛津公司张经理，最早的感觉和看法也跟你一样，不过，他后来还是改变主意，订购了本公司的产品。”这样的说法，让对方觉得：第一，他并不是唯一先有“异议”后来转成“同意”的人；第二，他所尊重的人也都买了，那他就更应该买了。

适当地运用“第三者的例子”，对销售工作有很大的帮助，不过，用这个方法时，要注意下列几点：

① 这个第三者，确实是对方所尊重的。

② 你所述说的第三者的经历是确有其事而不是凭空捏造的。

③ 让对方觉得，如果他不像他尊崇的第三者那样改变看法，别人知道后，可能会笑他。

(6) 问明对方是否满意你的答案

当你觉得你已经给对方清晰而强有力的答案后，你还要问明对方是否满意你的答案。如果他说“不满意”，那表示你还有某些地方做得不够好，必须再努力。如果他的答案是“满意”，那表示你的做法正确，努力也没有白费，这个时候，你就应该采取进一步行动。

(7) 采取进一步行动

当客户对汽车销售人员的答复表示满意时，汽车销售人员就要抓住机会，采取进一步行动，请他购买本公司产品。

3. 处理异议的策略

(1) 转折处理法

这种方法是汽车营销工作的常用方法。汽车销售人员根据有关事实和理由来间接否定客户的意见。应用这种方法是首先承认客户的看法有一定道理，也就是向客户做出一定让步才讲出自己的看法，一旦使用不当可能会使客户提出更多的意见。在使用过程中要尽量少用“但是”一词，而实际谈话中却包含着“但是”的意思，这样效果会更好。

(2) 转化处理法

这种方法是利用客户的反对意见本身来处理。客户的反对意见具有双重属性，它是交易的障碍，同时又是很好的交易机会。汽车销售人员要是能利用其积极因素去抵消其消极因素，未尝不是一件好事。直接利用客户的反对意见时应讲究礼仪，绝对不能伤害客户的感情，一般不适用于与成交有关的或敏感性强的反对意见。

【案例】

我朋友觉得这车不太好

客户张先生带着他的朋友赵先生一起来参加试驾，试车完毕后，客户比较满意，但赵先生却不太看好这款车。

汽车销售人员：赵先生，看得出来您对汽车很精通，您能跟我说说这款车哪里不太令人满意吗？

赵先生：它外观很漂亮，内饰也还可以，但提速比较慢，而且这款车的动力一般。

汽车销售人员：赵先生，难怪张先生买车会那么尊重您的意见，您真的相当内行。说实话，要论动力性、加速性，确实不是这款车的强项。我了解到张先生买车是为了给新婚的太太一个惊喜，是吧？

客户张先生：呵呵，是这样的。

汽车销售人员：您对太太真好，我相信，收到这样的一份特别的礼物，你太太这一辈子都会记在心里的。女士用车和男士用车有一些不一样，像赵先生，就会注重驾车的快感和乐趣，一马当先，纵横驰骋，这才是男士心中的好车，赵先生，您说是不是？

赵先生：没错。

汽车销售人员：女士选车最看重的则是外形的美观、空间的舒适，以及安全保障是否齐备，张先生，您说是不是？

客户张先生：嗯，我觉得是。

汽车销售人员：我们这一款车是专为女士打造的，无论是外形还是空间都非常迎合女士的需求，尤其是安全配置，它配备了预紧式安全带、六大安全气囊、人体工学安全座椅、四门内置强化防撞钢梁等配置，它可以为您太太提供多重的安全防护。赵先生，您对汽车非常了解您说是不是这样的呢？

赵先生：嗯，你说的没错。

汽车销售人员：张先生，赵先生，您二位觉得这款车怎么样？我敢说张太太看到这样一款时髦炫丽的车子，一定会很高兴的。

情景分析：

客户在选车时经常会带上懂行情、懂汽车的朋友，以便获取专业的、可信的意见与建议。这些“参谋”如果提出负面评价，对销售人员来说无疑是一种很大的障碍。要想有效地控制“参谋”人员的消极影响，甚至让他们帮自己劝说客户销售人员，应从两方面着手：一方面对“参谋”人员要多加重视、多加赞美，让其感到尊重与愉快；另一方面，要紧扣客户的需求，强调汽车产品对于客户的价值和利益，并积极争取客户的认同，这在无形中给“参谋”人员以压力，让他们不好对客户中意的车型持反对立场。这就是“糖衣＋炮弹”的方法，“糖衣”指的是尊重与赞美，而“炮弹”指的是软性的、适度的压力。通过这种方式，汽车销售人员能够达到“团结”客户的目的。这款车对客户具有相当大的利益和价值，或者客户非常喜欢这款车，那么即使是“参谋”也会顾及客户的这种利益与感受，在做出评价时会慎重一些，具体话术如下。

"先生/女士,您真的在行,如果我是张先生我也会请您来帮忙参谋。上一次张先生和太太来看车,一眼就看上了这款车,张太太很是喜欢,您觉得这辆车怎么样?"

"先生/女士,您说的是。这款车内饰确实比较朴素,它没有奢华的真皮座椅,也没有豪华的全景天窗,但它是一款注重性价比、经济性的车。无论是买车,还是以后养车,它都不会给张先生造成经济负担,这才叫作理性的消费方式,您说呢?"

(3) 以优补劣法

如果客户的反对意见确实切中了你的产品或你的公司所提供的服务中的缺陷,你千万不可以回避或直接否定。明智的方法是肯定有关缺点,然后淡化处理,利用产品的优点来补偿甚至抵消这些缺点。这样有利于使客户的心理达到一定程度的平衡,有利于使客户做出购买决策。比如你推销的产品质量有些问题,而客户恰恰提出:"这东西质量不好。"你可以从容地告诉他:"这种产品的质量的确有问题,所以我公司削价处理,价格优惠很多,而且公司还要确保这种产品的质量不会影响到您的使用效果。"这样既打消了客户的疑虑,又可以以价格优势激励客户购买。

【案例】

你们品牌不是非常知名呀

情景一:

客户:车看起来是好车,但是你们A品牌不是非常知名呀,你看现在不少大品牌的车都会闹毛病,小品牌就更难保证啦。

汽车销售人员:张先生,其实之前我们也有好几位客户和您有一样的担心,确实,我们公司成立比较晚,品牌的名气也比不上大牌的汽车厂商。(一句理解)

汽车销售人员:"我有个客户叫王志,他去年从我们店里买的车。每次我们有新车上市,他都会来试一试,这位王先生有一句话说得很对,他说,"我知道你们牌子不是很响亮,但是经济实用,而且开你们的车很放心,平时有问题只要打一个电话,售后人员就会快速地帮忙解决问题,用车用得很舒心。"(一个故事)

汽车销售人员:张先生,大品牌有大品牌的好处,小品牌也有小品牌的妙处呀,同级别的车型,我们的售价要低三万到五万元,同样的维修保养,我们的收费只有其他品牌的三分之一。我们为了赢得更多的客户,将小品牌做成大品牌,一方面在质量上一丝一毫都不敢马虎,另一方面,在服务上想客户之所想,急客户之所急,能让您买车放心,用车更安心。您说是不是这样呢?(一个实证)

客户:嗯,你说的还真有些道理。

情景二:

客户:你们的品牌不是很知名吧,我还从来都没听说过呢。

汽车销售人员:张先生,这一点都不奇怪,您这个问题好几个客户都问过呢。我们是著名汽车厂商A公司旗下的品牌,有十二年的历史了,刚刚进入国内不久,所以您可能没有留意过。现在在很多旗舰店,我们这款车的销量都很不错呢,好几个店都出现了库存紧张的状况。

客户:原来是这样啊……

情景分析:

客户在购车时,汽车品牌知名度和美誉度是一个很重要的考量因素。通常来说,好的品牌在质量上相对而言更有保障，在售后服务上更加细致，在维修保养收费上也比较规范。如果汽车销售人员销售的是客户了解较少的知名品牌车型，那么可以礼貌、耐心地向客户介绍品牌历史和成就，加深客户的认识；如果产品非知名品牌，则可以通过价格和售后服务上的优势进行推销。

错误提醒：

很多客户对汽车缺乏了解，不熟悉某个汽车品牌或车型是很正常的，汽车销售人员一定要照顾这类客户的心理，不能冷嘲热讽，言语讥笑。

汽车销售人员：我们的品牌这么有名，你都没听过么？我们天天在电视台黄金时段做广告呢！

汽车销售人员：您连我们品牌都没有听说过啊？真想不到！我们的品牌很有名气的！

技巧展示：

汽车销售人员在应对客户异议是如何处理、如何化解都是次要的，最重要的是心态调整。如果能对任何异议都保持积极乐观的心态，即使是最苛刻、最难处理的异议，销售人员也能实现绝境“突围”，当客户提出不利的问题时，心态良好的销售人员总能看到这个问题对销售有利的一面，例如在上文的情境中，客户提出“品牌不知名”，这确实是不利于销售的。随后销售顾问强调了其品牌虽不知名，但价格有优势，而且为了争取客户的支持在售后服务上也会更加细致周到，这就是有利的一面，当客户看到不利的因素时，销售人员要学会引导他们去发现有利的那一面，从而让客户重新建立信心和信任。

（4）委婉处理法

销售人员在没有考虑好如何答复客户的反对意见时不妨先用委婉的语气，把对方的反对意见重复一遍，或用自己的话复述一遍，这样可以削弱对方的气势。有时转换一种说法会使问题容易回答得多。但要注意你只能减弱而不能改变客户的看法，否则客户会认为你歪曲他的意思而对你产生不满。你可以在复述之后问一下：“您认为这种说法确切吗？”然后再说下文，求得客户的认可。

（5）反驳处理法

从理论上讲，这种方法应该尽量避免使用。直接反驳对方容易使气氛僵化而不友好，使客户产生敌对心理，不利于客户接纳销售人员的意见。但如果客户的反对意见是产生于对产品的误解而你手头上的资料能帮助你说明问题时，你不妨直言不讳，但要注意态度一定要友好而温和，最好是引经据典，这样才最有说服力，同时又可以让客户感到你的信心，从而也就增强了他对产品的信心。

（6）冷处理法

对于客户的一些不影响成交的反对意见最好不要反驳，采用不理睬的方法往往是最佳的。千万不能客户一有反对意见，你就反驳或以其他方法处理，那样就会给客户造成你总在挑他的毛病的印象。当客户抱怨你的公司或你的同行这样一类无碍成交的问题时，你都不要接话，实行冷处理法。

9.3 汽车报价成交的技巧

9.3.1 汽车价格的构成

汽车价值决定汽车价格,汽车价格是汽车价值的货币表现。但在现实汽车市场营销中,由于受汽车市场供应等因素的影响,汽车价格表现得异常活跃,价格时常同价值的运动表现不一致:有时价格高于价值,有时价格低于价值。在价格形态上的汽车价值转化为汽车价格构成的四要素:汽车生产成本、汽车流通费用、国家税金、汽车企业利润。

1. 汽车生产成本

它是汽车价值的重要组成部分,是汽车价格形成的基础,也是制定汽车价格的重要依据。

2. 汽车流通费用

它是发生在汽车从汽车生产企业向最终消费者移动过程各个环节之中的,并与汽车移动的时间、距离相关,因此它是正确制定同种汽车差价的基础。

3. 国家税金

它是汽车价格的构成因素。国家通过法令规定汽车的税率,并进行征收。税率的高低直接影响汽车的价格。国家对汽车企业开征的有增值税、所得税、营业税,在汽车产品的流通过程中还有消费税和购置税。

4. 汽车企业利润

它是汽车生产者和汽车经销者为社会创造和占有的价值的表现形态,是汽车价格的构成因素,是企业扩大再生产的重要资金来源。

汽车购置费用是消费者拿到一辆车实际承担的费用。汽车购置费是在汽车销售价的基础上加上车辆的购置税。

9.3.2 议价成交的技巧

1. 直接促成法

(1) 直接促成法的意义与步骤

直接促成法又叫开门见山法,是指汽车销售人员在充分肯定客户意向的前提下,解决了客户主要的异议与问题后,顺势向客户提出成交建议的方法。直接促成法适用于老客户、有丰富的汽车知识和经验的客户、善于理性思考和分析的客户,这种方法的优点是最快速高效;缺点在于,如果应用时机不当,容易给客户造成很大的压力,破坏成交的气氛。

直接促成法可以分成明显的三段式,如表 9-1 所示。

表 9-1　直接促成法的三段式及示例

直接促成法的三段式	示例
第一步：确认客户对车子的看法和满意度	您看这款车还满意吗？ 您看需要我为您介绍一下其他的车型吗？
第二步：询问客户存在的异议和问题	您现在还有什么顾虑吗？ 对这款车，您是不是还有什么担心的地方？
第三步：提出成交建议	您看您是打算一次性付款还是分期付款呢？ 我们一起来看看合同条款吧……

（2）胜利就在于再坚持一下的努力

一个人曾经谈过他女儿的一个故事，一天，他正在工作时，小女儿走过来问他要50元零花钱，他头都没抬就拒绝了。过了一会，女儿又走过来，仍然是要50元，他挥挥手又拒绝了。第三次，女儿走过来，拉他的衣袖，再一次要求他给50元零花钱，这一次，他给了。

这是一个非常简单的小故事，很多汽车销售人员在小的时候甚至也有过这样的经历，关键是销售人员在客户面前是否有这样的勇气呢？是否能不停地向客户提出成交请求呢？当客户拒绝时，销售人员是否有再尝试一次的勇气呢？

汽车销售人员成功签单的技巧就在于，永远在客户的拒绝声中再多要求一次。

【案例】

汽车销售人员：张先生，您也亲身试驾过了，觉得这款车怎么样？

客户：哦，这款车你确定十天后可以提车吧，不会让我等上好几个月吧？（购买信号）

汽车销售人员：呵呵，您放心，十天后可以提车。

客户：我只喜欢车身灰色的这款，还有内饰一定要是深色调的，这也没问题吧？（购买信号）

汽车销售人员：没问题。张先生，您之前提过，要分期付款购买，是吧？

客户：嗯，分期付款压力要小一点。

汽车销售人员：您既看重品质品位，又懂得平衡，真是个难得的理性的人。您打算首付付几成，分期想分几年呢？

客户：首付付六成吧，剩下的钱两年还清的话，你帮我算算月供吧。

汽车销售人员：这款车总价是____万元，贷款额是____万元，包含保险费用、上牌杂费以及第一个月的月供款的话，首付一共是____万元，每个月的月供是____元。您看看这份费用明细表……

客户：嗯，这不错。我担心啊，现在我交了钱，但如果十天后你们交不了车，或者交了车，但是有毛病，那怎么办啊？（购买信号）

汽车销售人员：这个您放心，我们在合同里都一一写明了，来，我们来看看合同，我跟您详细说说比较重要的一些条款吧……您看，合同我解释得清楚吗？您还有没有什么问题呢？

客户：明白了，基本上没什么问题了。

汽车销售人员：那么，张先生，您需要在合同这个位置上填写一些信息……

情景分析：

通常情况下，大多数的客户在最后要做出购车决策时往往会再三斟酌，即使他们对某款车非常喜欢，一般也不会果断地、主动地提出签约购买的要求，但是，客户对产品的这种强烈意向总会通过语言或者神情表现出来，这就是购买信号。这种信号很可能转瞬即逝，因此，汽车销售人员一定要能够敏感地捕捉到客户的购买信号，并及时把握时机，引导客户做出最终决策。在最后关头，客户会提出很多细微琐碎的顾虑与疑问，汽车销售人员必须耐心、细心地一一解答，在确认客户的问题与异议都得到了彻底的解答后，再顺势、自然地提出成交的建议。

2. 假设促成法

(1) 假设促成法的注意事项

假设促成法是指客户意向明显并且不存在重大的异议时，汽车销售人员先假设客户一定会购买，在此基础上与客户讨论一些具体的交易中或使用中的细节问题，从而推动客户购买的一种方法。这种方法是以假设为前提的，因此不会给客户太大的压力，即使客户拒绝了，销售人员仍然有回旋的余地。假设促成法对老客户、熟客户，以及个性随和、依赖性强的客户比较适用。

在使用假设促成法时，汽车销售人员需要注意以下几点：

① 巧妙转换用词，让客户真正陶醉其中，把自己当成汽车的主人，例如，不使用“这款车”，而是使用“您的爱车”；不说“我建议您”，而是说“您打算”。这样一种词眼的转换，对客户心理是一种积极地暗示。

② 在提出假设成交的建议时，汽车销售人员要注意保持自然，不要让客户感觉到销售人员是在催促其做购买决定。常用的假设促成话术如下所示。

“先生/女士，您打算为爱车选什么风格的内饰呢？”

“先生/女士，国庆节快到了，开着您的爱车带孩子去郊外玩一玩，他一定很高兴的，您说呢？”

“先生/女士，您是打算分期付款是吧，我给您算一下……”

(2) 识别客户的成交信号

当客户对一款车非常中意时，即使客户刻意掩藏这种喜爱，他们的语言、表情、行为也会在心理作用下产生微妙的变化，这些就是客户的购买信号。客户发出的这种信号对汽车销售人员来说就像发令枪一样，一旦发现信号，销售人员就应该把握住机会迅速出击，主动引导客户成交。

语言信号：

①客户询问汽车产品的细节，例如油耗、发动机、内饰、分期付款方案等；②客户询问其他客户的信息与购买情况；③客户坦诚告知其财务情况以及支付能力；④客户对汽车销售人员的专业或其他素质表示赞赏并主动拉近双方关系；⑤客户的话题开始集中于某一点或某一方面，例如询问购买之后每年具体的养车费用、询问目标车型与其他同级别汽车的价格差别等；⑥客户征询同伴的意见或者与同伴进行讨论；⑦客户不断认同汽车销售人员的意见和解释；⑧客户询问折扣优惠的政策或者频频要求价格让步；⑨客户对售后的具体事项表示关注并提出细节问题，例如售后维修的收费情况、提车日期、验车手续、牌照办理手续等。

行为信号：

①反复、仔细地翻看合同以及其他资料；②仔细查看分期付款方案；③积极参与到谈话中，不断点头，对汽车销售人员的话语及动作很关注；④坐着的姿态由前倾转为后仰，身体和语言都变得轻松；⑤倾斜身体，靠近汽车销售人员，以便认真倾听销售人员的话语；⑥突然用手轻敲桌子或身体某部位以帮助自己集中思路；⑦突然认真地直视汽车销售人员；⑧突然变得沉默不语；⑨不再提问，进行思考；⑩双手不再抱在胸前。

表情信号：

①皱着眉头，进入思考或者犹豫状态；②表情由冷漠、深沉转为自然、亲切、随和；③眼睛转动由慢变快、眼神发亮而有神采；④由若有所思转为明朗轻松；⑤听汽车销售人员介绍产品时瞳孔放大、眼睛发亮。

【案例】

汽车销售人员：张先生，这款车您觉得中意吗？

客户：呵呵，不错，我很喜欢。它的越野性能很不错。（购买信号）

汽车销售人员：是呀，这款车有着优越的越野性能，内部空间也非常宽敞，您平时经常有户外的活动，它真的挺适合您的。我们来确定一下内饰吧，您比较喜欢深色调的是吧？

客户：是的。

汽车销售人员：您看要不要给爱车加上导航呢？

客户：这倒不用。你们是赠送一年的车险，对吧？

汽车销售人员：没错，张先生，这个在合同里也注明了，我们一起来看看合同吧……

情景分析：

汽车销售人员如果能够确认客户对产品很满意，并且没有其他的异议或者疑虑，那么可以采取“假设促成法”，假设客户已经购买，进而商讨具体的购买细节问题，例如内饰选择、装饰选择、车险、合同等。客户如果没有明确提出反对意见，也就相当于默认了购买决议。假设促成法比较温和委婉，不会给客户带来太大的压力，即使客户对成交提出了反对意见，销售人员也有回旋的余地，可以继续探询对方的想法，并一一排除成交的障碍。

错误提醒：

错误一：汽车销售人员提出成交的请求时，要留心措辞，不要给客户造成太大的心理压力，例如，“买”“全价”“交定金”“付钱”这一类词语会让客户意识到购车将要付出一大笔钱，在这样的刺激下，客户很可能冷静下来，再次权衡思考，甚至会拖延购车的决定。

错误二：假设促成法的前提是客户对汽车销售人员推荐的车型确实比较喜欢，并且形成了一定的购买意向。如果客户压根就不喜欢这款车，销售人员就不应该急于求成，硬性推销。

汽车销售人员：张先生，我觉得这款车非常适合您，您看要不今天定下来吧？

客户：我看看再说。

汽车销售人员：张先生，好车不等人啊，我认为这款车是最适合您的，您如果没有带够钱的话，先交一部分定金也是可以的。

客户：关键是我一点都不喜欢这款车，定什么定啊！

3. 选择促成法

选择促成法是指汽车销售人员为客户提供几种可选择的方案，无论客户选了哪一种，都意味着对成交决定的默认。选择促成法适用于缺乏决断力、性格优柔寡断的客户。从表面上看，选择的主动权似乎掌握在客户手中，但事实上却是客户没有选择“买”还是“不买”的权利，而只是选择“买这个”还是“买那个”，或者“这样买”还是“那样买”的权利，这是一种必然导致成交的选择。常用的选择促成法的话术如下所示。

“您喜欢灰色的车身颜色呢，还是黑的呢？”

“您想为爱车选择深色调的内饰呢，还是浅色调的？”

“您打算付全款呢，还是分期呢？”

“您希望分期分几年呢？一年，两年，还是三年？”

“您喜欢手动挡还是自动挡呢？”

【案例】

汽车销售人员：张先生，您比较喜欢手动的，还是手自一体的？

客户：手动的，我习惯了。

汽车销售人员：您刚刚试车的时候，我就猜到了，像您这样车技精湛的，肯定比较偏爱手动挡的。这一款车有红、黑、灰三种可选颜色，您更喜欢哪一种呢？

客户：黑色的，黑色的车看着沉稳大气，无论什么场合都挺适合。

汽车销售人员：是呀，黑色是汽车永远不落时的经典颜色，很多像您这样的精英白领都钟情黑色。您倾向于一次性付款，还是分期付款呢？

客户：我想先付六成的首付应该没问题的。

汽车销售人员：剩余的车款您想分成一年，还是两年还清呢？

客户：分两年的话，每个月的月供是多少啊？

汽车销售人员：您稍等，我帮您算一下，分两年的话，每月的月供是____元。以您的经济能力和发展前景，这笔投资是完全可以承受的，没错吧？

客户：分期的话，压力小一点，毕竟我现在还在还房贷，生活可不轻松。

汽车销售人员：呵呵，是呀，但是有了一款车，不仅方便了您和家人的工作与生活，更会提升生活的品质和档次。以后的每一个周末，每一次长假，您都可以与家人一起自由地去想去的地方了。您的奋斗不就是为了家人更好的生活吗，您说是吧？

客户：（沉默）

汽车销售人员：张先生，我们库房现在有现车，您今天就可以开着现车回家呢……

情景分析：

客户在进入最后成交阶段后，往往会在买与不买、现在买还是以后再买之间犹豫不决。这就需要汽车销售人员能够主动地提出成交细节的若干方案，让客户可以轻松地做出选择。一般来说，在进行问题设置时，销售人员不要给客户太多的可选方案，两到三项就足够了。无论客户选择哪一个方案，都等于默认了购买。在运用选择促成法时，销售人员一定要保持自然的神态和语调，让客户感觉自己是在自由地、自主地做决定，而不是被圈定在某个范围内被动地做选择。

错误提醒：

错误一：汽车销售人员要通过前期的沟通不断缩小客户的选择范围和意向车型，这样才能更加深入地了解客户的真实想法。在使用选择促成法时不要给予客户太多的选择，否则只会让犹豫的客户更加犹豫，让成交更加困难。

汽车销售人员：张先生，您看，我们这五款车各具特色，您更喜欢哪一款呢？

客户：我都挺喜欢的。

汽车销售人员：您最看好哪辆呢？

客户：这五款车都挺不错的，我再考虑考虑吧……

错误二：选择促成法从根本上来说是汽车销售人员在主导和引导客户，客户是处在一个比较被动的位置的，但是，销售人员绝对不能让客户感觉到这种被动，在交流时应充分地尊重客户，让其可以愉悦地做出选择。

汽车销售人员：张先生，我们这款车有红、灰、黑三种颜色，您选一种吧。

客户：没有其他颜色吗？

汽车销售人员：没有了，就这三种，您看要哪种？

客户：我再看看……

4. 让步促成法

让步促成法是指汽车销售人员以价格上的让步或者给出某些优惠条件，促使客户即刻做出购买决定的办法。运用这一方法时，汽车销售人员要注意以下几点：

① 明确自己可以控制的折扣权限，不能滥用折扣，如果超出权限，必须向店内相关负责人申请。

② 在客户未交定金或者未做出购买的承诺前，不要轻易让步。客户要求折扣时，销售人员可以反过来请客户先交一部分定金，然后再做出适当让步，例如：

这位先生/女士，您看能不能先付一点定金，这样经理会认为您很有诚意，我也好跟他提出您的要求，您说行吗？”

“先生/女士，上次有一位客户非要9.6折，我找了经理四次才把优惠批下来，但最后这位客户还是不满意。您要求9.5折我真的很难跟经理开口，您看要不这样，您交一点定金，这样我也好跟经理谈，如果9.5折的优惠批不下来，我们再退还您的定金，您看行吗？”

③ 要控制让步的幅度和成本，例如，客户希望能优惠，销售人员可以尝试用赠品来抵折扣。

④ 为了让客户意识到优惠的“来之不易”和价格的“不可再降”，汽车销售人员可以与经理配合，经理“唱黑脸”，销售人员“唱红脸”，这样客户会更珍惜最终落实下来的优惠，也会对销售人员增加好感与信任。

⑤ 让步后请求客户不要向其他业主或客户泄露优惠，从而让客户更加相信价格的真实性。例如：

“先生/女士，您也看到了，这个价格是我们经理特批的，您不能和其他客户或朋友讲您买车的这个价格，不然我们老客户都会上门找麻烦的，您看可以吗？”

【案例】

汽车销售人员：张先生，您看这款车还有什么问题吗？

客户：其他问题我没有了，我跟你讲了这么久的价，你好歹再给我便宜点嘛。

汽车销售人员：张先生，刚才您要求打9.6折，我找经理申请了三次，他才肯特事特办给您特别优惠。9.6折确实是我们的最低价了，您如果信不过我，我可以带您去看我们这一星期签的所有单子，要是有比9.6折更高的折扣，让我送您一款车都没问题。

客户：小李，你再去问问嘛，再低一点，我今天就买了。

汽车销售人员：你确定今天能定下来吗？您如果能定下来，我也有底气跟经理谈呀。

客户：没问题。

汽车销售人员：那我去请经理过来谈一谈，您稍等……

经理：张先生，刚刚小李把您的情况跟我说了。您一看就是个爽快人，我也不跟您绕弯子，9.6折这个价确实是最低了，其他店里这额款车基本上都是不打折的。

汽车销售人员：经理，张先生是我一位老客户的好朋友。他住在××区，家门口就有一家4S店，可是张先生还是大老远地跑来我们店，这都是第二次来了，很有诚意的，您能不能再给一点优惠呢？

经理：是这样啊。张先生，感谢您这么信任我们店。冲您这份诚意，我们店就是不挣钱也要交您这个朋友。跟您说实话吧，9.6折确实是我们的底价了，其他客户买车时最多只能拿到9.8折。要是可以降价，我早就给您降价了。这样吧，我们赠您一年的车险，价值3 625元，算是我们店的一份诚意。您看这样行吗？

汽车销售人员：张先生，您买车是肯定要上车险的，我们赠您车险，不仅节省了您的费用，而且以后理赔也更方便一些。您看，刚刚在您之前买车的那两位客户都是自己花钱上的车险呢。

客户：这样啊，那好吧。

情景分析：

在最后的成交阶段，很多客户都会据守在价格和优惠的问题上，不获得实质性让步绝不轻易答应购买，这种情况下，客户与其说是想获得价格实惠，不如说是为了赢得砍价的愉悦感和满足感。因此，如果能确定客户的购买意愿，销售人员可以做出合理的、少许的让步，让客户“心满意足”。无论让步多少，汽车销售人员都必须向客户传达两点信息：一是销售人员付出了巨大努力才能争取到让步，二是让步后的价格是确确实实的最低价，绝对不可能再降价了。这样，客户才会适可而止，终止砍价，做出购买决策。

错误提醒：

错误一：让步不能太爽快，爽快的让步只会让客户对价格生疑，进而要求更大的让步。

客户：我昨天去了一家店，他们给我的底价是18.5万元，你要是也给这个价我就买。

汽车销售人员：行吧，那就依您的，18.5万元。

客户：你这么爽快就同意了？不会是价格还有水分吧？再便宜两千，我立马交钱！

汽车销售人员：……

错误二：汽车销售人员一定要明确自己在价格让步上的权限与底价，不能为了达成交易牺牲利益，过分地让步。

客户：我是个爽快人，话不多说，打个9.5折，怎么样？

汽车销售人员：9.5折这样的低价我做不了主，这得问我们经理。我想经理也不会批这么低的价格的。

客户：9.5折吧，要是行，我现在就跟你去交款。

汽车销售人员：那好吧，就给您9.5折。

5. 激将促成法

激将促成法是指汽车销售人员利用客户的自尊心理或逆反心理，以“刺激”的方式激起对方不服输的情绪，从而快速做出决断的方法。运用激将法时，汽车销售人员要注意以下几点。

(1) 刺激性的话题要选准

销售人员选择刺激客户的话题必须是客户关心的、注重的、有兴趣的。不能选择与客户没有太大相关性的话题。

(2) 运用时要把握尺寸

激将法既不能过急，也不能过缓。过急，欲速则不达，很容易激怒客户；过缓，则客户很可能无动于衷，达不到预期的效果。因此，汽车销售人员要根据环境、对象和条件来斟酌运用。

【案例】

情景一：

汽车销售人员：张先生，看得出来您很满意这款车呀。

客户：是呀，这款车跟网上评价的一样，动力真不错。我今天回去再想想，要是没什么大问题，我明天来订车。

汽车销售人员：张先生，没关系，这车是应该多考虑一下，我们店这两天应该都能提到现车，上午有位客户直接提走了两辆，现在还有一辆。

客户：谁会一次提两辆车啊？

汽车销售人员：哦，这个人您应该认识，他也和您一样是IT行业很有名气的一位经理人，他就是XX公司的赵总，上午我们还聊起您呢。

客户：哦，我跟他确实认识，他为什么买两辆车呀？

汽车销售人员：听说，一辆是他自己用，还有一辆是给他妻子买的。

客户：哦，原来是这样。

汽车销售人员：张先生，您看是今天订车还是明天订呢？我可以带您去看看库房的现车。

客户：呃，行吧，去看看现车，要是合适，今天订也一样……

情景二：

客户：这款车我觉得很适合我，但买车也不能急嘛，我再想想，明天回复你吧。

汽车销售人员：张先生，选车这事跟您做生意有相通之处的。

客户：哦？为什么这么说呢？

汽车销售人员：您刚刚三十出头，却把生意做得红红火火，我想，这和您非凡的决断力是分不开的。要是一桩生意合理、合法、合适，又能带来实际的利益，您肯定会当机立断把握机会的，是吧？

客户：这个是自然的。就像我去年接的一笔生意一样，那时候……

汽车销售人员：听您讲过去的经历真是让我学到不少东西。我觉得，选车就像您做生意一样，只要您真的喜欢，而且承担得起，那为什么不马上开着爱车回家呢？明天早上，您就可以载着孩子去学校；白天，您可以开着它出去谈生意；晚上，可以带上家人一起去一个安静的馆子，一家人好好庆祝一下。我想，您这么辛苦地打拼，就是为了这份天伦之乐，对吧？

客户：呃……

汽车销售人员：我带您去看看新车吧……

情景分析：

汽车销售人员大都有这样的经验：有些客户无论如何劝说都难以让他们做出购买决策，但是只要加以适度的刺激，客户反而会二话不说果断签约。选择什么样的话题和方式来刺激客户,关键在于销售人员对客户脾性的了解程度,只要找准了客户的要害,才能取得最佳的刺激效果。如果客户非常自信和强势,销售人员可以赞美他们非凡决断力来促进对方的决策;如果客户非常喜欢某款车,销售人员可以强调产品的价值和利益,以及紧张的库存量来刺激客户;如果客户很爱面子,很看重地位与品位,销售人员可以列举其他客户的购买情况来激励客户。

错误提醒:

汽车销售人员一定要把握好"度",不要将激将法用成了激怒法,让客户有被轻视甚至是被羞辱的感觉。例如:

客户:我再想想啊。

汽车销售人员:张先生,这还有什么可想的呢,这款车多适合您啊,价位不高,功能齐全,是性价比最高的车了。您看,那位客户,他就驾着车试了一圈,就定下来了,全额付款,多痛快啊。

客户:那又怎么样?你是不是觉得我没他有钱啊!

6. 利益促成法

利益促成法是指汽车销售人员以汽车的价值和利益来打劫客户,促使对方采取购买行为的方法。从根本上来说,客户购车是因为车子能满足自己的某些关键性的需求,所以,让客户不断地重温、体验车子的利益是引导成交的一种好方法。

运用利益促成法时,销售人员要注意以下几点:

(1) 锁定一款意向车型

这是利益促成法的前提,销售人员只有确定了客户最中意的一款车型,才能有的放矢地进行利益阐释和说服。

(2) 提炼几个主要卖点

汽车大部分的卖点和优势在销售人员为客户做产品介绍时已经重点推介过了,因此,在促成阶段,销售人员只需提炼汽车的1~3个最主要的卖点向客户做说明即可。

(3) 适时保持沉默

当客户被汽车的价值和利益再次打动,开始认真思考推销人员的成交建议时,销售人员应该适时地保持沉默,或者转移到一些较为轻松的话题上,不宜再一一罗列更多的产品卖点,或者催促客户购买,应给予客户一定的自主思考时间。

【案例】

情景一:

客户:这款车不错,但是相同的配置,A品牌的车要便宜很多呢。

汽车销售人员:张先生,A品牌的车确实比较便宜,但是我猜,现在您的第一选择肯定不会是A品牌。

客户:为什么?

汽车销售人员:因为您现在买车最看重的不是价位,而是品质与品位,您和太太的工作都非常优越,即使在这样的一线城市,您一家的生活水平完全可以说是处于中高层次的。在平时的工作中,您接触的也都是精英人士,即使您不用座驾来标榜自己,别人也会用您的爱车来衡量您。所以,您需要的是一款能够体现品位与档次的车,我们这款车知名度很高,很多大企业在为公司购置高级商务车时都选择了我们,例如××公司等。有这样一款爱车,您在任何场合都不会失面子的,您说呢?

客户:(沉默)

汽车销售人员:张先生,我们库房有现车,您比较喜欢什么颜色……

情景二:

汽车销售人员:张先生,您不想今天就把这款车开回家吗?

客户:我是想啊,但是,你们这款车为什么从来不打折呢?

汽车销售人员:这款车不打折,是因为它的服务从来不打折。现在大多款的汽车售后服务期限一般是2年,但是我们这款车是4年,就这一条,就可以省2~3倍的养护费用。而且,以您的能力,将来肯定会发展得更好,两三年后换车是必然的,那个时候还在售后服务期限内,将车转手,保值率比其他车要高得多。这款车不打折,还有一个原因就是它的品质与口碑,它畅销了十多年,没有品质保证,不可能有这么强盛的生命力的。您也一定想买一款放心车、安心车,是吧?

客户:唔……

汽车销售人员:张先生,这款车我们库房就剩下一辆了,我们去看看吧……

情景分析:

汽车是大件贵重商品,购车是一笔不小的投资,因此,客户在做最后决定时,最关注的还是车子本身的价值与利益,而其他的一些因素,例如降价、促销、折扣等只能起到锦上添花的作用。所以说,汽车销售人员在确定客户对某款车确实有较为强烈的意向后,可以直入主题,有重点地强调汽车的卖点、价值、利益与优势,让客户再次感受到产品的"物有所值"甚至是"物超所值",从而快速地作出购买决定。

错误提醒:

汽车销售人员在运用利益促成法时要注意两点:第一,不要将产品的所有卖点一一进行重复和强调,只需要重点提炼客户最关注的卖点,这样才能给客户留下最深刻的印象;第二,销售人员在强调了产品利益并发出了成交请求之后,应该及时"刹车",保持适度地、适时地沉默,不要喋喋不休地强调各大卖点,要让客户利用这段短暂的沉默来回味、思考,并做出选择。

9.4 签约成交的要点

9.4.1 签约成交的信号

当客户出现购买意愿时,客户的身体语言、语言语调会随之有所改变,并且会提出一系列的问题,这种情形可以视为客户的购买信号。

1. 身体语言

① 点头对销售人员看法表示同意;

② 出现放松或愉悦的表情和动作;

③ 不断审视产品;

④ 用心与仔细观看目录、合同或订货单;

⑤ 详细地阅读说明书,并且逐条地检视;

⑥ 眼睛闪闪发光,表现出很感兴趣的样子。

2. 提及下列这些问题

① 询问契约规定、定金金额；

② 询问指定的颜色或型号车型何时交车；

③ 询问办牌相关准备事宜；

④ 询问贷款、交款手续；

⑤ 询问交车事项、交车地点；

⑥ 询问售后服务和保修期。

9.4.2　促成交易的方法

一个优秀的销售人知道，若想成功地完成销售，关键是全面地了解目标客户的态度，以及他对产品说明和成交试探的反应。这就要求销售人员选择使用最恰当的成交技巧，而不是直接询问客户是否愿意购买产品。

1. 假设型成交

销售人员假设目标客户将要购买，通过语言或无声的行动来表示这种感觉："假如你买车，你会选择银色还是白色？"或"是一次性付清还是贷款？"

2. 二选一法

把最后决定集中到两点上，然后迫使客户从二者中挑选其一的一种办法。

销售人员："以车身的颜色来说，您是喜欢银色的还是白色的？"

客户："嗯，如果从颜色上看，我比较喜欢白色的。"

销售人员："你真有眼光，我们这款车的白色叫珍珠白，非常流行的，而且卖的也非常好，如果您喜欢，我们就到车库选一选？"

客户："看看也好，不过这价格……"

如果客户给你上述答复，基本上就表示他告诉你他要买你的产品了，如果他迟疑片刻而向你表示他未做最后决定时，则你也没有半点损失，仍然可以继续采取新方式进行你的销售工作。

3. 以小切入法

从无足轻重的小的方面开始，逐步使目标客户在更大的决定上点头。对于有些客户来说，做出一个大的购买决定十分困难，而获得目标客户对些较小问题的同意则比较容易。这个技巧同样适用于没有购买意图的目标客户。在征求订单之前，销售人员就产品特性、外形、颜色、品质保修期、付款方式等方面向目标客户提出问题。这种方法好在即使是第一次失败还可以再次使用。在这种情况下，销售人员可以先让客户同意一些无关紧要的问题，然后再试图让客户同意购买。

4. 供应压力型成交

给目标客户施加了一定的压力，让其现在购买而不拖延。销售人员暗示说很多人在购买这款汽车，以至于再晚一些，可能就买不到了，或者即使有库存，也不一定能满足客户的需求量。销售人员必须非常小心，唯有当确信库存问题就要发生时，才能用这种方法。尽管这种方法能够反映销售的真实情况，但它也不免会引起客户的猜疑，尤其是销售人员的真诚及库存问题不是很明显的情况下。而且,如果库存问题不发生的话,那么客户就会对销售人员的职业道德产生疑问,给关系的建立及将来的销售造成很大的困难。

5. 赞扬型成交

特别适合那些自诩为专家、十分自负或情绪不佳的客户。这类客户比较乐于接受赞美的话,恭维可以使客户喜欢倾听和做出反应。

所有的客户都很重视别人对自己过人之处的真心赞赏。作为一个销售人员,需要了解对客户来说重要的是什么,并在准备成交时寻找能够在哪个方面恭维对方。绝大多数人能辨别出虚伪或不当的赞美,因此,必须注意的是,只有真诚地赞美才能使用。

在谈判中,一定要营造出一种商谈的氛围。4S 店一般都有专门的洽谈区,避免其他销售人员和其他客户的干扰。

9.4.3 签约时的注意事项

① 签约时最好要在相对独立的房间,避免影响自己和其他销售顾问的客户接待;
② 签约时要使用公司统一的销售合同或是订单协议,不可私自找一张白纸随意填写;
③ 销售顾问对合同条款和其他的文件说明要相对具体;
④ 销售顾问要给客户充分的时间考虑合同条款的相应内容;
⑤ 完成签约后,要对客户表示感谢,并预约交车的时间、地点。

【案例一】

赠品我不要,直接抵现金

情景一:情感套进

客户:你刚才说,买这款车的话,就赠送价值 3 800 元的赠品,是吧?我听朋友说,一般买车赠送的东西都是劣质品,不好用。我不要赠品,这 3 800 元,就直接抵车款吧。

汽车销售人员:张先生,我理解您的想法。您两次过来都是我接待的,一回生,二回熟,我已经拿您当朋友了。如果这些赠品可以抵车款,我肯定早就给您折换了。这款车的价格很透明,在其他的店售价也是差不多的。我给您报的是最优惠的价格。这价值 3 800 元的赠品本来是买中级车才会赠送的,我是觉得和您很投缘,所以特地跟店里申请来的。这些赠品确实非常实用,而且都是市场上不错的品牌产品,质量上绝对有保证,所以我才申请一份给您的。

情景二:强调赠品价值

客户:赠品我不要了,都是劣质品,没多大价值,你给我直接抵现金吧。

汽车销售人员:张先生,您的心情我理解。现在确实有一些店的赠品存在质量问题,或者是不实用,所以您觉得不放心,宁愿不要,是吗?

客户:是呀,我很多朋友买车都吃过赠品的亏。

汽车销售人员:您放心,我们这几样赠品绝对不会让您失望:第一,它们实用,您是懂车的人,GPS 和倒车雷达,还有贴膜,这些实用不实用您肯定是清楚的;第二,它们都是市面上不错的品牌,是我们为这款车精心挑选出来的。您看,在我们店里这些赠品可都是明码标价销售的;第三,我们对这些赠品的质量有信心,如果出现问题,店里负责调换或者维修。我们这个店在这里经营五年了,有 40% 的老客户都是在我们这里买第二款车。我们是不会在赠品上坑客户的,您放心吧。

情景分析:

现在几乎每一家汽车销售商对购车的客户都会送出价值不等的赠品礼包,例如防盗器、挡泥板、脚垫、地胶、座椅套、贴膜、香水、导航、车险、汽车保养服务等,这些确实是客户在购车之后很可能购买或者必须购买的产品。但是,这类赠品很大一部分在质量上没有保证,在真实价格上不太透明,在售后上就更缺乏保障,因此,很多消费者对赠品都有抗拒心理,他们更愿意将赠品折换成实际的现金或者折扣。也就是说,客户之所以拒绝赠品,在很大程度上是因为看不到赠品的实用价值与意义。汽车销售人员如果能够向客户讲明赠品的价格、价值、用途以及售后保障,并委婉地说明“赠品抵现金”是不可行的,那么大多数客户是能够接受赠品方案的。

错误提醒:

错误一:要想让客户重视赠品、喜欢赠品,汽车销售人员首先要摆正自身对赠品的认识,不能看轻赠品。

汽车销售人员:今天买车我们店里会送您一份价值3 800元的赠品。

客户:都是什么赠品啊?

汽车销售人员:也没什么,就是汽车常用的地胶、脚垫、座椅套这一类东西。

客户:听你这么说,看来赠品也不怎么样嘛,那我不要了,抵现金吧。

错误二:汽车销售人员说话要讲求方法技巧,像以下的几种应对就过于生硬,很容易破坏客户的情绪,失去即将到手的成交机会。

汽车销售人员:赠品您不想要就算了,但是折换成车款是不可以的。

汽车销售人员:赠品是我们店送的,汽车售价是厂商限定的,价格上我们不能降了,赠品您喜欢就要,不喜欢也可以不要。

汽车销售人员:赠品反正是送的,您不要白不要啊。

技巧展示:

赠品是汽车销售商常用的促销方法,但是赠品价格不透明,有的赠品的质量很难保证,越来越精明的客户自然希望得到更实惠的现金或折扣。其实,怎么送出赠品也是有技巧的,只要送得巧,送得好,客户还是比较乐意接受的。表9-2所示为几种巧送赠品的方法。

表9-2 巧送赠品的方法、含义及示列

巧送赠品的方法	具体的含义	示例
先渲染价值再送出赠品	先向客户详细介绍赠品的价值和利益,勾起客户的兴趣与爱好后再送出赠品	您有没有算过买车后的一年里,您洗车、保养、上车险,大概得花多少钱呢?如果我们来为您承担这笔费用,您觉得划算吗?这就是我们送您的礼物—包含了一年的车险、洗车、保养服务的大礼包
先卖出车再送出赠品	客户对赠品不是太关注的情况下,销售人员可以先专心销售汽车,等销售达成后再送出赠品,让客户有额外的“惊喜”	谢谢您选择我们的汽车!每天我们店里第一位购车的客户都可以得到一份大礼包,您恰好是今天第一位购车的客户,我们的大礼包包括车载冰箱、导航,全套的坐垫、靠垫和脚垫

续表

巧送赠品的方法	具体的含义	示例
先劣后优送赠品	先送出价值不大的赠品，再送出实用的、有价值的赠品	我们店里送出的大礼包有防盗器、座椅套和防爆贴膜，价值1 588元 先生/女士，您今天如果能够订车的话，我们可以帮您申请一个特别实用的大礼包，价值2 000元的油卡
先少后多送赠品	先送出一部分赠品，等到成交进入关键时刻，或者已经成交后再送出其余的赠品	先生/女士，这几天我们会送赠品购车的客户一份礼包，包括香水、脚垫、座椅套，还有防爆贴膜 先生/女士，陪您选车我觉得真的从您身上学到了不少东西，能力长进了不少，我刚跟经理特别申请了一份礼物送给您，价值1 000元的油卡，祝您以后用车愉快

【案例二】

我等你们降价后再来买

客户：我都来你们店两回了，这款车还是一点折扣都没有，我再等等，你们什么时候降价打折，我什么时候过来买。

汽车销售人员：张先生，如果这款车有一天真的降价打折了，我一定不会劝您买。（引发客户好奇）

客户：为什么啊？

汽车销售人员：这款车是我们最经典的车型，上市以来累计销量已经突破了80万辆。我销售这款车型四年了，除了店里推出的优惠活动，我从没见过它降价或者打折，说它是我们价格最稳定的车型可是一点都不夸张。它是二手车市场保值率排名第一的车型。很多客户买它就是看准了它保值率高，轻易不贬值。如果有一天这款车降价打折了，那有可能是快停产了，我肯定不会劝您买。

客户：唔……

汽车销售人员：张先生，可以这么说，现在市面上质量最稳定、最耐用、最保值的就是这款车，以您的年龄和职业，将来您肯定会有大发展，三两年之后换车是必然的，而这款车，您用的时候可以体验到它最稳定的性能和质量，您更换它的时候，也可以以最小的损失顺利脱手，拥有这样的车，您一定不会后悔的。

客户：听你这么一分析，确实挺有道理的。

汽车销售人员：早买可以早享用，我相信在您的生活和工作中，一定需要这么一款"座驾'，是吧？您看，我们去看看现车好吧？

情景分析：

在房子、汽车这类贵重商品、大件商品消费中，“持币观望”是一种很常见的消费者心态，尤其是在频繁地降价和促销面前，客户往往都抱着这样的心里：现在正在降价或促销的车型，过一阵可能会有更大幅度的优惠；现在没有任何优惠的车型，在一段时间后可能会有降价或者促销活动。对这些客户，汽车销售人员在强调汽车产品的价值和利益的基础上，还要明确的告知客户该款车型不会轻易降价，而且，早购买可以早享受。

错误提醒：

汽车销售人员的自信在客户看来就代表着汽车产品的品质。销售人员越自信客户会认为这款车越可信，所以，汽车销售人员绝对不要低声下气求客户，否则会彻底动摇客户对产品的信心。

客户：我再等等，你们什么时候降价打折，我再来买。

汽车销售人员：张先生，您要是喜欢这款车的话，还不如今天买呢。

客户：为什么？

汽车销售人员：我刚入行没多久，您买这款车对我很重要的。

客户：那我也不买这么贵的车……

技巧展示：

当客户抱有“持币观望”的心态时，销售人员关键的任务就是寻找客户的“软肋”，不断地刺激对方的购买欲望。例如，对一位讲究时髦个性的年轻人，可以说“这款车的价格是非常实在的，要是有一天打折了，购买它的人也就多了，您希望每天出门都看到一大帮人跟您开着一模一样的车吗？年轻，就应该引领潮流嘛。”对一位很看重优惠与折扣的客户，可以说“现在这款车正是销售旺季所以优惠特别丰厚，以后这款车如果降价了，最多也就是降一两千，但是赠品肯定没有现在的这么实用、这么好，这样算下来，其实车子打折了，实际上还是吃亏了，您说是吗？”不同的客户有不同的“软肋”，汽车销售人员也要因人而异地采取不同的刺激方法。

本章课后习题

一、填空题

1. 议价成交流程的主要目的是要让客户了解____________________，体现汽车4S店周到的服务，从而促进购买成交，达成交易；同时，销售顾问要努力做好客户的购车顾问，保证客户满意度的，同时培养客户的______________。

2. 议价成交流程中客户最希望的是销售顾问能从“我”的角度出发，要诚实，价格最好是公正、透明的，同时销售顾问要对____________和____________及提供的相关服务有诚信和清晰的说明，不要让“我”对整个过程模糊不清的。

3. 客户的异议有时不只是针对产品，他们对______________和________________等，有时也会提出异议，因此，销售员要营销的，往往不只是产品，还要营销汽车制造商和销售商良好的____________和____________等。

4. 销售人员在进行销售前，最好先调查清楚客户的____________________，以此来判断是否足能购买你的产品，以免浪费时间和口舌。

5. 客户常常抱怨提车方式或时间不能跟他们配合，也常抱怨定期保养工作不够理想，这些都是他们对公司提供服务的不满。汽车销售人员如果能了解公司的政策和__________，就能以恰当的方式取得客户的谅解。

二、简答题

1. 客户异议产生的原因有哪些？

2. 客户异议的类型有哪几种？

3. 处理异议的态度？

4. 处理异议的策略？

5. 促成交易的方法？

三、论述题

销售人员在为客户讲解车型时，客户会提车各种各样的疑问，例如：车辆太贵了，车型不好等问题，那我们如何解答呢？如果客户提出其他的异议，处理这些异议的步骤都有哪些呢？

项目10

交车流程

项目目标

◆ **知识目标**：1. 通过交车流程的学习，让学生了解交车流程的目的、内容；
2. 通过交车流程的学习，明确交车的流程的标准；
3. 通过交车流程的学习，明确交车流程存在的常见问题。

◆ **能力目标**：培养和提高学生交车流程的能力。

◆ **情感目标**：使学生认识到在整个销售流程中，交车流程是提升客户满意度的最佳时机的认知，在这个流程中充分体验交车成交过程中客户的真实感受。

开篇案例赏析

顺利验车交车的流程细节

情景一：协助客户收车验车

汽车销售人员：张先生，您看，这款车的配置和颜色跟您预订的是一致的吧？

客户：嗯，是的，我就喜欢这种颜色和内饰。

汽车销售人员：张先生，这是我们的交车清单，我们以前回访过很多客户，发现一个很有趣的现象，有的客户买了车开了一两年了，但是车子的很多功能都没用过，不是没有派上用场，而是客户不知道有这样的功能。您看，我们今天就按照这份清单上的内容一一来验收，这样，您对这款车的每一个功能都可以了解得非常透彻，以后用车也会更方便，可以吗？

客户：行啊，那我们开始吧……

情景二：进行连带销售

汽车销售人员：张先生，您平时经常需要出差，经常会上高速公路行驶，总要控制油门踏板，控制车速，时间长了，会不会觉得特别累呢？

客户：这个是肯定的。我有一次去××市出差，来回花了六个小时，累的够呛。

汽车销售人员：考虑到您的驾驶需要，我建议您为爱车配一个定速巡航。长时间行车很容易疲惫的，有了定速巡航，您在高速公路上行车时，可以自动保持车速，不用再频繁地控制油门踏板，开车会轻松很多，而且也可以减少不必要的车速变化，节省了燃料。

客户：我是想加一个定速巡航，在你们店里可以买到吗？

汽车销售人员：可以的，而且是有保修服务的。我带您看看……

情景三：引荐售后服务专员

汽车销售人员：张先生，我把售后服务专员请过来了，想让他认识一下您，以后您在用车过程中出现什么问题，可以找这位售后服务专员王启。当然了，您如果愿意，也可以随时联系我。（对售后服务专员）王启，"张先生是我的老客户了，对我们店的工作一直很支持，以后如果张先生用车遇到什么问题，还请你多多关照哦。"

客户：呵呵，谢谢你们。

情景分析：

向客户交车时是最容易加深双方之间信任和好感的过程。汽车销售人员应该尽可能亲自陪同客户验车、试车，尤其是遇到对汽车不熟悉的客户，一定要细致认真地帮助客户验车。在交车时销售人员也可以抓住时机，根据时机情况进行连带销售。在交车后，销售人员应该主动介绍售后服务专员给客户，让双方相互熟悉，为售后工作的开展打下良好的基础。

错误提醒：

错误一：客户在提车的时候，难免会忽略对汽车进行详细的、全面的检查验收工作。这种情况下，汽车销售人员不能图省事、图轻松，顺着客户的意思对验车过程敷衍了事。

错误二：汽车销售人员在进行连带销售时，要综合考虑客户的经济承受能力以及连带销售产品对客户的实用性和价值，不能盲目地兜售附加产品，引起客户反感。

错误三：汽车销售人员在交车之后，绝对不能把客户推给售后服务专员后，就不管不顾了，这种前热后冷的态度最容易伤害客户。

技巧展示：

技巧一：帮助客户验车

在客户心目中，一位称职的汽车销售人员不仅要在他们买车前能尽心尽力，最重要的是，在他们付款后，还能一如既往、有始有终地做好服务。每一位客户都希望买到放心的车，因此，验车环节是客户非常看重的，他们希望在验车时也能得到销售人员的帮助。汽车销售人员有能力也有义务提供这样的帮助。在验车时，销售人员可以引导客户按表 10-1 来验收。

表 10-1　车辆验收项目与标准

车的部位	验收项目与标准
外部确认	外观清洁、车身无划痕、污渍，玻璃无划痕、污渍，轮胎、车轮无划痕、污渍
内部确认	1. 清洁车辆（特别是烟灰缸、随车工具以及边角的卫生等） 2. 安置车厢内脚踏垫或脚踏纸 3. 检查内饰颜色、无划痕污渍 4. 确认电动装置能正常工作 5. 确认随车附件和工具（备胎、卸胎工具、千斤顶、点烟器、烟灰缸等） 6. 确认客户订购的装备是否齐全 7. 确认汽油量 8. 确认车辆钥匙，遥控器的数量和灵敏性 9. 相关文件完备（驾驶员手册、保修手册、保险证、行驶证等）

续表

车的部位	验收项目与标准
新车配置	外观,门窗开关及上锁的方法,驾驶位置的调整方法(座椅、方向盘),安全带的使用方法,内外后视镜的调整方法,钥匙和发动程序,组合开关的操作方法(大灯、雾灯、转向灯、紧急指示灯、雨刮器、定速巡航控制等),大灯清洗装置说明,仪表盘及各项指示灯说明,变速器操作方法,各类开关的操作方法和位置指示(发动机盖、行李箱盖、燃油箱盖),空调系统操作说明,音响系统操作说明,天窗的操作说明,后排座椅调整方式说明,防盗系统说明,五油三水及胎压检查说明,随车工具盒千斤顶位置指示和使用方法,备用轮胎

技巧二:连带销售

连带销售是指汽车销售人员在客户购车的基础上,再向其推荐车辆的附件或者配置。在进行连带销售时,销售人员要注意以下几点:

① 连带销售的产品对客户来说必须是有价值的,如果附件或者配置对客户没有使用价值,那么不应该推荐。

② 不要向客户推荐过多的连带产品,这样很容易引起对方的反感与抵触。

③ 抓住时机,在客户处于拿到新车的极度兴奋与喜悦中时,连带销售很容易被客户接受。

技巧三:引荐售后服务专员

客户顺利提车代表着整个销售流程由售前向售后过度,汽车销售人员要亲自将售后服务专员介绍给客户,让客户对售后服务有依赖、有信心,这也可以提高客户购车的满意度。在进行客户交接时,销售人员可以当着客户的面这样叮嘱售后专员:

“××,这位是我的老客户××先生/女士,是非常和气的一个人,这是××先生/女士购买的第一款车,因此可能需要两三个月的磨合期,如果用车有什么问题,拜托你多多帮助××先生/女士。”

这样简单的一句叮嘱,体现的是真诚和负责任,可以大大增加汽车销售人员在客户心中的印象分。

项目实施

任务 10.1 交车前准备工作练习

任务名称	交车前准备工作练习
任务组织	将学生分成若干小组,4~8 人一组,通过学生自荐或推荐的方式选出每组组长,明确组长的职责:负责本团队的组织、协调工作,带头示范,督促、帮助其他组员完成相应工作。教师及时检查学生完成情况,组织学生交流,适当给予提示与建议,并针对共性以及重难点问题在课堂上组织讨论和讲解

续表

任务名称	交车前准备工作练习
任务内容	1. 以小组为单位，每组出一名同学，扮演销售顾问进行交车前准备工作的情景模拟。 2. 每小组人员进行评价。 3. 个人自评，找到自己需要改进之处
任务实施	交车前的准备内容： 小组评价 优点： 缺点： 自评： 优点： 缺点： 改进之处：
任务总结	在调研和讨论的基础上，形成小组的分析报告，并制作 PPT 进行汇报，同学互评、教师点评，然后综合评定本次各个小组的成绩

续表

任务名称	交车前准备工作练习
自我评价	♡ 优　♡ 良　♡ 中　♡ 及格　♡ 不及格
教师评阅	♡ 优　♡ 良　♡ 中　♡ 及格　♡ 不及格

任务10.2　电话预约客户情景模拟

任务名称	电话预约客户情景模拟
任务组织	将学生分成若干小组，4～8人一组，通过学生自荐或推荐的方式选出每组组长，明确组长的职责：负责本团队的组织、协调工作，带头示范，督促、帮助其他组员完成相应工作。教师及时检查学生完成情况，组织学生交流，适当给予提示与建议，并针对共性以及重难点问题在课堂上组织讨论和讲解
任务内容	1. 以小组为单位，每组出两名同学，分别扮演销售顾问和客户进行电话预约客户的情景模拟，实际情景自己小组成员商量设定。 2. 每小组人员进行评价。 3. 个人自评，找到自己需要改进之处
任务实施	情景设定： 小组评价 优点：

续表

任务名称	电话预约客户情景模拟
任务实施	缺点： 自评： 优点： 缺点： 改进之处：
任务总结	在调研和讨论的基础上，形成小组的分析报告，并制作 PPT 进行汇报，同学互评、教师点评，然后综合评定本次各个小组的成绩
自我评价	♡ 优　♡ 良　♡ 中　♡ 及格　♡ 不及格
教师评阅	♡ 优　♡ 良　♡ 中　♡ 及格　♡ 不及格

任务 10.3　交车流程情景模拟

任务名称	交车流程情景模拟
任务组织	将学生分成若干小组，4～8 人一组，通过学生自荐或推荐的方式选出每组组长，明确组长的职责：负责本团队的组织、协调工作，带头示范，督促、帮助其他组员完成相应工作。教师及时检查学生完成情况，组织学生交流，适当给予提示与建议，并针对共性以及重难点问题在课堂上组织讨论和讲解

续表

任务名称	交车流程情景模拟
任务内容	1. 以小组为单位,每组出两名同学,分别扮演销售顾问和客户进行整个交车流程的情景模拟,实际情景自己小组成员商量设定。 2. 每小组人员进行评价。 3. 个人自评,找到自己需要改进之处
任务实施	情景设定: 小组评价 优点: 缺点: 自评: 优点: 缺点: 改进之处:
任务总结	在调研和讨论的基础上,形成小组的分析报告,并制作PPT进行汇报,同学互评、教师点评,然后综合评定本次各个小组的成绩

续表

任务名称	交车流程情景模拟
自我评价	♡ 优　♡ 良　♡ 中　♡ 及格　♡ 不及格
教师评阅	♡ 优　♡ 良　♡ 中　♡ 及格　♡ 不及格

相关知识链接

10.1 交车流程的概述

10.1.1 交车流程的目的

销售顾问在交车流程要履行之前对用户的相关承诺,在客户最开心最激动的交车流程中,给客户一个完美的交车体验,为客户提供完美的产品和服务,提升客户的兴奋度。因为这是销售人员与客户长期接触的开始,培养客户的忠诚度,从而挖掘更多的商机。

10.1.2 交车流程时客户期望

"在交车流程中,客户希望销售顾问不要忘记当初说好要赠我的装饰,并在说好的时间内将一台完好无损的车辆交给我。"

"4S 店应按照承诺准时交车,在交车过程中,销售顾问和服务人员的高效专业的运作让我放心踏实。"

"希望能得到及时的帮助与充足的时间来让我了解必要的车辆操作和维修问题。"

10.1.3 交车流程的执行者

① 交车流程中负责业务流程具体执行工作的是首席销售顾问、销售顾问;

② 交车流程中负责业务流程监督和指导的是展厅经理、销售经理;

③ 交车流程中负责客户服务质量指导和监督的是客户服务总监和客户服务经理。

10.2 交车前的准备

10.2.1 交车区的准备

为了给用户一个完美的交车体验,就要营造一个高档豪华的氛围,所以交车区的布置也不能忽视。一般情况下,交车区都会在宽敞、明亮、干净、整洁的地方,让客户一进来就会受到感染。

① 交车区设立在来店及展厅客户可明显看见的区域;

② 交车区最好位于室内,至少有顶棚及三面落地玻璃遮挡;

③ 交车区应有品牌的标志背景板;

④ 交车区应有作业流程看板、交车客户姓名及预定时间告示牌;

⑤ 交车区可布置洽谈桌椅、饮料供应、精品及绿化点缀等。

10.2.2　车辆的准备

要想有一个完美的交车体验,交车前的准备一定要做好,如图 10-1、图 10-2、图 10-3 所示。

图 10-1

图 10-2

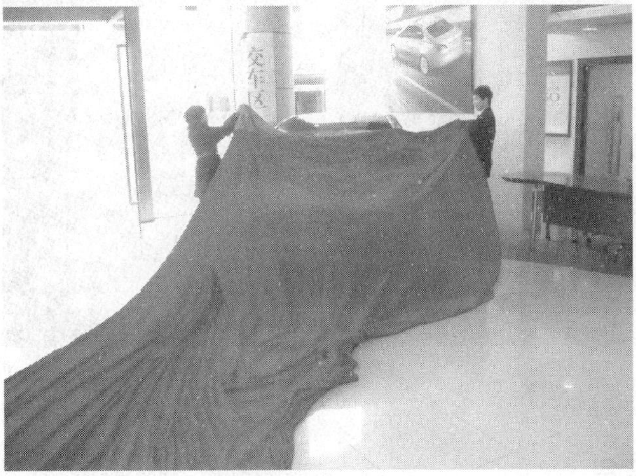

图 10-3

整个交车流程中的核心便是所要交的车辆,所以车辆的准备是非常必要的。可想而知,如果客户来到店里看到自己的爱车很脏,还有划痕,客户一定很不开心,不仅影响满意度,甚至有可能退车。所以车辆的卫生一定要保证,可以参照展车的标准进行处理。其次,还要保证车辆的完好无损,同时加少许燃油,燃油数量一般都有规定。

① 交车前一日由售后服务部门支持完成新车 PDI(选装件安装),销售顾问再次确认并在

PDI 检查单上签名确认；

② 销售顾问填写《出库单》，并由销售经理和财务经理签字确认，车辆管理员在出库单上签字，并在约定的时间内将车送交车区域；

③ 清洗车辆，保证车辆内外美观整洁(含发动机室与后备厢)车内地板铺上脚垫；

④ 重点检查灯光、车窗、后视镜、烟火缸、备用轮胎及工具，校正时钟，调整收音机频率等，在卫星导航系统上事先设定经销店的位置；

⑤ 校准时钟，调整收音机频道 94. 3；

⑥ 根据当地的风俗，对交车场地和待交车辆作一定装饰；

⑦ 为待交车辆注入一定的燃油。

10.2.3 文件的准备

主要指的是订单、合同、定金收据等各项缴费票据和汽车使用说明书、售后服务手册、点燃器等各项资料的准备。保证证件齐全，不在此项耽误时间，以免给客户不好的体验，如图 10-4 所示。

① 随车文件：使用手册、保护保养手册、快捷使用手册、使用光碟、合格证、出厂车检验单、车架号、发动机号拓印本、回函等；

② 各项缴费收据及发票；

③ 其他相关文件：费用清单、交车确认单、交车服务验收清单、满意度调查表等。

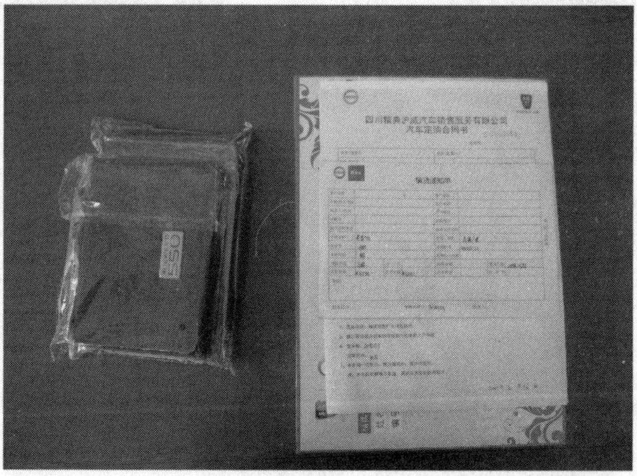

图 10-4

10.2.4 人员的准备

4S 店对交车仪式都会很重视的，交车人员也会很多。一般参加者有客户、销售经理、客服人员或市场部人员、销售顾问和服务顾问等人，主要看 4S 店的规定而定。销售经理亲自到场让客户有一种备受重视的感觉，增加客户的愉悦感。在交车仪式上销售顾问会将服务顾问介绍给客户，方便客户购车后的售后服务事项的咨询等。

① 在前一天的营业日报表上事先详细填写，并告知直接主管；

② 前一日告知售后服务部门并邀请参与及协助；

③ 明确告知销售经理、服务经理、客户经理等相关人员预约的交车时间，让他们了解客户信息，如遇 VIP 客户，总经理要出席。

10.2.5　电话预约交车

准备工作做好之后，就要电话预约客户准备交车。电话预约客户交车时一定不要忘了告知客户带齐必备的交车手续，如图 10-5 所示。

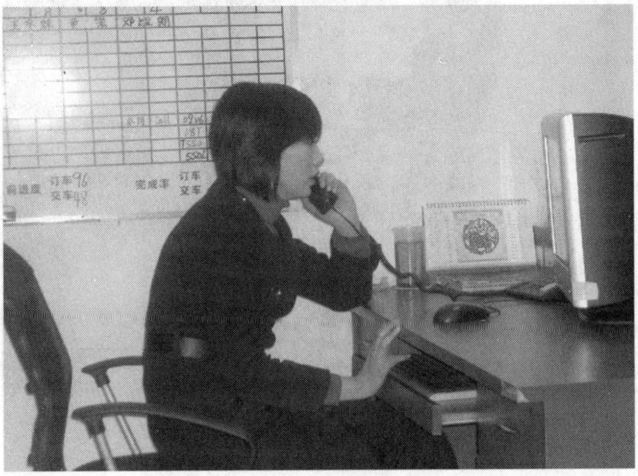

图 10-5

车辆到达 4S 店并经过 PDI 确认无问题后销售顾问应即时和客户联系预约交车时间，预约时应提及以下事项：

① 告知客户交车的流程和所需占用的时间，征得客户的同意，在客户方便的时间约定交车时间及地点；

② 再次与客户确认一条龙服务/衍生服务的需求及完成状况；

③ 提醒客户带齐必要的文件，证件和尾款；

④ 询问客户交车时将与谁同来，并鼓励客户与亲友一起前来；

⑤ 前一日事先联系好售后服务部门、展厅经理、销售主管做好准备迎接客户的到来；

⑥ 约定时间前 15 分钟再次确认，以便做接待的准备；

⑦ 重要客户可安排车辆接送客户；

⑧ 交车期较长时，能让客户随时了解供货讯息；

⑨ 预定交车日期发生延迟时，主动向客户说明原因及解决方案。

10.3　交车日的接待

10.3.1　交车前的预约

交车的当天不仅是客户最兴奋的时候，也是销售顾问最开心的时候。但是开心归开心，不要忘了在约好的时间前 15 分钟给客户打个电话看一下客户到店的准确时间，以免耽误其他的工作。当客户到店了，要陪客户检查车辆、给客户办理手续、交款、讲解车辆等。

10.3.2 交车过程的接待

1. 交车日的接待

① 交车日的接待。如图 10-6 所示，销售顾问在预约时间，到展厅门口迎接交车客户；

图 10-6

② 销售顾问到门口迎接并祝贺客户；

③ 为客户挂上交车贵宾的识别标志；

④ 经销店每位员工见到带有交车贵宾识别标志的客户均应热情道贺；

⑤ 引领客户至商谈桌(室)坐下，并提供饮料。

2. 商谈应对

① 利用流程图或缩影文件向客户概述交车流程和所需的时间并征询客户意见及认可；

② 利用准备好的各项清单与客户结算各项费用；

③ 移交有关的物品：用户手册、保修保养手册、保险手续、行驶证、车辆钥匙等等；

④ 文件手续工作应在最短时间内完成，如有必要，其他部门人员应到场协助避免客户奔波及久等；

⑤ 用户手册结合车辆实车说明使用。其余各项文件皆应打开逐项逐条说明让客户了解，并提醒客户详细阅读；

⑥ 注意饮料的添加。

3. 车辆的点交

① 销售顾问将客户带到新车旁，利用《交车检验表》(见表 10-2)首先确认车辆并点交原厂配件、工具、备胎、送构件、装潢件等；

② 陪同客户绕车检查，分享客户欣喜的心情，同时携带一块毛巾及清洗剂，因为新车难免有洗不净的印记，须随时替客户清除，如图 10-7 所示；

③ 点交完车辆后，还须点交证照，票据等书面文件，与客户逐一核对，需勾选签字的地方恭请客户签名，同时准备好签字笔；

④ 确认无误后装入资料袋，交给客户；

图 10-7

⑤ 提醒缴纳养路费、车船税的时间，并告知地点。

4. 车辆的说明与测试

车辆的说明与测试如图 10-8 所示。

图 10-8

① 结合《用户使用手册》，针对要项，向客户介绍如何操作，每一个开关，每一个步骤须讲解清楚，切忌用“你自己回去慢慢找”、“用户手册上有说明的”等语句，并依据客户的了解程度进行说明；

② 测试车辆的发动机室、电器部分、随车工具、备胎和其他操作功能等；

③ 提醒客户阅读用户手册；

④ 如客户对车子的操作或功能仍不熟悉，应开车带客户行驶一段，边开边做介绍，然后换手让客户开一段。换手时应主动为客户开启车门，请客户坐上驾驶座，并协助调整座椅、方向盘、后视镜等；

表 10-2　交车确认表

客户姓名：__________ 证件号码：__________ 交车日期：______年______月______日

车型：__________ 底盘号：__________ 发动机号：__________

合格证编号：__________ 客户电话：__________

电话：__________ 销售顾问：__________

车况检查					
车辆漆面		车辆外部清洁		装备齐全	
随车物品核对					
保养手册		首次保养凭证		安全使用说明	
备胎		故障警示器		天线	
点燃		千斤顶		主副钥匙	
烟灰缸		安全使用说明		密码卡	
证件及单据点交					
发票		纳税申请表		合格证	
保险单		身份证			
车辆使用讲解					
方向盘调整		电动天窗操作		空调	
后视镜调整		音响系统		引擎盖、油箱盖	
电动车窗操作		灯光、仪表		雨刷	
玻璃水、防冻液、燃油标号等				其他装备	

5. 交车仪式

交车仪式一般都是很隆重的，销售经理亲自对客户祝贺，销售人员把服务顾问介绍给客户，服务顾问要介绍售后服务部门的营业时间、预约流程、热线电话和服务网络等。客服人员为客户赠送鲜花礼品并关怀询问是否满意，并且让客户和爱车、销售人员几人与客户合影留念，与此同时，店里所有人员鼓掌祝贺，如图 10-9 所示。

图 10-9

① 在所交新车的发动机盖上放置红色花球，用托盘准备好车钥匙、鲜花、CD 等小礼品；

② 销售顾问、销售经理、服务经理或服务顾问、客服经理或客服专员等人员出席参加交车仪式，销售服务店有空闲的人员都可到席参与交车仪式并向车主道贺；

③ 销售顾问介绍服务顾问给客户认识，并向客户说明相关售后服务项目：

- 奉上《用户手册》《简易操作手册》，同时介绍车辆检查、维修的里程及日程，重点提醒首次保养的服务项目和公理数以及免费维护项目；
- 说明保修内容和保修范围，强调保修期限；
- 提醒客户在新车磨合期中的注意事项；
- 介绍售后服务的营业时间、服务流程及服务网络、服务特色等。

④ 销售经理/展厅经理进行现场组织，指挥公司人员在车旁列队；

⑤ 由总经理/销售经理/展厅经理奉上鲜花（有女宾赠与女宾），再将车钥匙交与车主，同时向其家人赠送（钥匙圈，车模，地图等）小礼物；

⑥ 现场全体人员与新车合影留念，影毕全体鼓掌并表示祝贺。

6. 欢送客户

① 销售人员取下车辆上的绸带、花球，向客户赠送油票（如有必要，亲自陪同加油）；

② 告之客户将来可能收到销售或售后服务满意度电话或问卷调查，请客户予以支持；

③ 请客户推荐有望客户前来赏车试车；

④ 再次恭喜并感谢客户；

⑤ 微笑目送客户的车辆离去，挥手道别一直到看不见为止；

⑥ 详细填写“客户信息卡”；

⑦ 估计客户到家后再致电问候客户。

7. 完美交车的关键

① 做好交车准备，交车是最令客户高兴的时刻；

② 交车检验表让客户签字；

③ 售后人员参与交车并介绍保修政策；

④ 销售顾问（保修卡）第一页和行驶证复印件留底；

⑤ 交车是客户最喜悦的时刻，销售顾问与客户分享其快乐的同时，要尽量让客户认同汽车服务的品质，以求口碑的宣传并请求介绍亲友以寻找销售的机会。

如有未尽事宜，销售人员应注意提醒客户。所有人员站成两排欢送客户离开。最好在客户离店 20 分钟内发个短信表示祝贺和关心。

本章课后习题

一、填空题

1. 销售顾问在交车流程要履行之前对用户的____________，在客户最开心最激动的交车流程中，给客户一个完美的交车体验，为客户提供完美的__________和__________，提升客户的兴奋度。因为这是销售人员与客户长期接触的开始，培养客户的忠诚度，从而挖掘更多的商机。

2. 在交车时，要明确告知销售经理、服务经理、客户经理等相关人员预约的__________，让他们了解客户信息，如遇 VIP 客户，总经理要出席。

3. 客户的异议有时不只是针对产品，他们对____________和______________等，有时也会提出异议，因此，销售员要营销的，往往不只是产品，还要营销汽车制造商和销售商良好的____________和____________等。

4. 销售人员在进行销售前，最好先调查清楚客户的________________，以此来判断是否能购买你的产品，以免浪费时间和口舌。

5. 客户常常抱怨提车方式或时间不能跟他们配合，也常抱怨定期保养工作不够理想，这些都是他们对公司提供服务的不满。汽车销售人员如果能了解公司的政策和__________，就能以恰当的方式取得客户的谅解。

二、简答题

1. 交车区的准备有哪些？

2. 车辆的准备有哪些？

3. 文件的准备有哪些？

4. 打电话预约交车时应提及的事项有哪些？

5. 完美交车的关键有哪些？

项目11

售后跟踪服务

项目目标

◆ **知识目标**：1. 通过售后跟踪流程的学习，使学生了解售后跟踪流程的目的；
2. 明确售后跟踪流程的具体内容；
3. 掌握成交后跟踪服务的技巧、处理客户投诉的方法与技巧。

◆ **能力目标**：培养和发展学生成交后跟踪服务的技巧、处理客户投诉的方法与技巧。

◆ **情感目标**：树立学生售后跟踪服务流程的服务意识与热情，深刻体会售后跟踪流程中客户的实际思想活动。

开篇案例赏析

客户抱怨售后服务态度差

客户打电话向汽车销售人员抱怨，说售后服务部门的态度差，客户很不满意……

客户：你们的售后服务态度可真差，跟你当初介绍的完全不一样！

汽车销售人员：张先生，您慢慢说，告诉我是怎么一回事呢？

客户：前一阵我觉得开车的时候，老能听到车身异响，我给售后打电话，他们告诉我这是正常的。可是我请几位熟悉车的朋友帮忙看了一下，他们都说这不太正常，我第二次打电话，结果他们说第一次已经回答过我了，异响是正常现象，我话还没说完他们就挂了电话，怎么这样的态度嘛！

汽车销售人员：这样确实是我们同事不对了。张先生，您看这样好不好，您什么时候方便把车开过来，我请店里几位老师傅帮您把车里车外都检查一下，一定要找到问题，让您可以放心地开车。至于那位售后的同事，我请他向您道歉，您看可以吗？

客户：道不道歉没关系，我就是觉得售后这样的态度不行。这样吧，我今天下午把车开过去吧。

汽车销售人员：好的，我给您提前安排一下。今天下午我专程等您过来……

情景分析：

客户如果没有紧急情况或者问题，是不会拨打售后服务电话的。他们希望售后服务专员能够耐心地、专业地、热心地帮助解决问题。如果售后人员冷淡应对,客户一急一恼之下,很容易激起抱怨和投诉。在这种情况下,客户首先想到的就是找汽车销售人员诉苦,希望会得到销售人员的帮助。虽然涉及的是售后的同事,但是销售人员对客户也负有推卸不了的责任,应在力所能及的范围内为客户提供帮助。

错误提醒:

汽车销售人员不能有"事不关己,高高挂起"的心态。虽然客户抱怨和投诉的对象时售后部门的同事,但是影响的却是整个店方的形象和声誉,因此,销售人员应有大局意识和负责到底的态度,尽力消除客户心中的坏印象,帮对方解决实际问题。

技巧展示:责任心和主人翁意识

很多销售人员会有这样的想法:客户把车提走了,我的工作就结束了,至于用车过程中出现问题,由售后部门负责,售后人员服务态度差,我管不了,也没权限管。如果每一位销售都是这样的想法,那么销售人员所服务的企业很快也会丧失活力和生存能力。一位优秀的汽车销售人员一定是有责任心和主人翁意识的,他们知道,售后服务的质量会影响客户的满意度,而客户如果不满意售后,很自然地就会迁怒到企业,最终还是会影响到销售人员自身。因此,当客户对售后服务提出意见时,销售人员要及时向相关部门和同事反馈,并监督改进的过程,这样不仅利于客户,同样利于自己,利于同事,利于企业。

项目实施

任务 11.1 售后跟踪服务情景模拟

任务名称	售后服务跟踪情景模拟
任务组织	将学生分成若干小组,4~8 人一组,通过学生自荐或推荐的方式选出每组组长,明确组长的职责:负责本团队的组织、协调工作,带头示范,督促、帮助其他组员完成相应工作。教师及时检查学生完成情况,组织学生交流,适当给予提示与建议,并针对共性以及重难点问题在课堂上组织讨论和讲解
任务内容	1. 以小组为单位,每组出两名同学,分别扮演销售顾问和客户进行售后跟踪服务的情景模拟,实际情景自己小组成员商量设定。 2. 每小组人员进行评价; 3. 个人自评,找到自己需要改进之处

续表

任务名称	售后服务跟踪情景模拟
任务实施	情景设定： 小组评价 优点： 缺点： 自评： 优点： 缺点： 改进之处：
任务总结	在调研和讨论的基础上，形成小组的分析报告，并制作 PPT 进行汇报，同学互评、教师点评，然后综合评定本次各个小组的成绩
自我评价	♡ 优 ♡ 良 ♡ 中 ♡ 及格 ♡ 不及格
教师评阅	♡ 优 ♡ 良 ♡ 中 ♡ 及格 ♡ 不及格

任务 11.2　汽车销售流程情景模拟一

任务名称	汽车销售流程模拟一
任务组织	将学生分成若干小组,4～8 人一组,通过学生自荐或推荐的方式选出每组组长,明确组长的职责:负责本团队的组织、协调工作,带头示范,督促、帮助其他组员完成相应工作。教师及时检查学生完成情况,组织学生交流,适当给予提示与建议,并针对共性以及重难点问题在课堂上组织讨论和讲解
任务内容	1. 以小组为单位,每组出两名同学,分别扮演销售顾问和客户进行整个销售流程的情景模拟,实际情景自己小组成员商量设定。 2. 每小组人员进行评价; 3. 个人自评,找到自己需要改进之处
任务实施	情景设定: 小组评价 优点: 缺点: 自评: 优点:

续表

任务名称	汽车销售流程模拟一
任务实施	缺点： 改进之处：
任务总结	在调研和讨论的基础上，形成小组的分析报告，并制作 PPT 进行汇报，同学互评、教师点评，然后综合评定本次各个小组的成绩
自我评价	♡ 优　♡ 良　♡ 中　♡ 及格　♡ 不及格
教师评阅	♡ 优　♡ 良　♡ 中　♡ 及格　♡ 不及格

任务11.3　汽车销售流程情景模拟二

任务名称	汽车销售流程情景模拟二
任务组织	将学生分成若干小组，4～8 人一组，通过学生自荐或推荐的方式选出每组组长，明确组长的职责：负责本团队的组织、协调工作，带头示范，督促、帮助其他组员完成相应工作。教师及时检查学生完成情况，组织学生交流，适当给予提示与建议，并针对共性以及重难点问题在课堂上组织讨论和讲解
任务内容	1. 以小组为单位，每组出三名同学，分别扮演销售顾问和客户进行整个销售流程的情景模拟。 2. 每小组人员进行评价； 3. 个人自评，找到自己需要改进之处

续表

任务名称	汽车销售流程情景模拟二
任务实施	情景设定： 一个下小雨的下午，王先生和李先生来到了某某汽车4S店，王先生的年龄是34岁，是个小有成就的老板，李先生是王先生的司机，王先生买车主要是公司和家庭两用。其他情景由小组商定自由设定。 其他限定条件设定： 小组评价 优点： 缺点： 自评： 优点： 缺点： 改进之处：
任务总结	在调研和讨论的基础上，形成小组的分析报告，并制作PPT进行汇报，同学互评、教师点评，然后综合评定本次各个小组的成绩

续表

任务名称	汽车销售流程情景模拟二
自我评价	♡ 优　♡ 良　♡ 中　♡ 及格　♡ 不及格
教师评阅	♡ 优　♡ 良　♡ 中　♡ 及格　♡ 不及格

任务11.4　汽车销售流程情景模拟三

任务名称	汽车销售流程情景模拟三
任务组织	将学生分成若干小组，4～8 人一组，通过学生自荐或推荐的方式选出每组组长，明确组长的职责：负责本团队的组织、协调工作，带头示范，督促、帮助其他组员完成相应工作。教师及时检查学生完成情况，组织学生交流，适当给予提示与建议，并针对共性以及重难点问题在课堂上组织讨论和讲解
任务内容	1. 以小组为单位，每组出三名同学，分别扮演销售顾问和客户进行整个销售流程的情景模拟； 2. 每小组人员进行评价； 3. 个人自评，找到自己需要改进之处
任务实施	情景设定： 在一个阳光明媚的早晨，李女士带着自己 4 岁的儿子到某某汽车 4S 店看车，李女士是专职的家庭主妇，但是很有自己的思想和主见，买车主要是接送孩子上幼儿园，平时买买菜、购购物，喜欢红色的，要求舒适性和安全性，刚考下来驾驶证，购买预算为 25 万左右。 其他限定条件设定： 小组评价 优点：

续表

任务名称	汽车销售流程情景模拟三
任务实施	缺点： 自评： 优点： 缺点： 改进之处：
任务总结	在调研和讨论的基础上，形成小组的分析报告，并制作 PPT 进行汇报，同学互评、教师点评，然后综合评定本次各个小组的成绩
自我评价	♡ 优　♡ 良　♡ 中　♡ 及格　♡ 不及格
教师评阅	♡ 优　♡ 良　♡ 中　♡ 及格　♡ 不及格

任务 11.5　汽车销售流程情景模拟四

任务名称	汽车销售流程情景模拟四
任务组织	将学生分成若干小组，4 ~ 8 人一组，通过学生自荐或推荐的方式选出每组组长，明确组长的职责：负责本团队的组织、协调工作，带头示范，督促、帮助其他组员完成相应工作。教师及时检查学生完成情况，组织学生交流，适当给予提示与建议，并针对共性以及重难点问题在课堂上组织讨论和讲解

续表

任务名称	汽车销售流程情景模拟四
任务内容	1. 以小组为单位，每组出三名同学，分别扮演销售顾问和客户进行整个销售流程的情景模拟； 2. 每小组人员进行评价； 3. 个人自评，找到自己需要改进之处
任务实施	情景设定： 李先生和田女士来到汽车4S店看车，想买一款家用车，过几天结婚也要用，所以想买一款黑色的车，也作为自己的婚车。其他情景小组商量自由设定。 其他限定条件设定： 小组评价 优点： 缺点： 自评： 优点： 缺点： 改进之处：

续表

任务名称	汽车销售流程情景模拟四
任务总结	在调研和讨论的基础上，形成小组的分析报告，并制作 PPT 进行汇报，同学互评、教师点评，然后综合评定本次各个小组的成绩
自我评价	♡ 优　♡ 良　♡ 中　♡ 及格　♡ 不及格
教师评阅	♡ 优　♡ 良　♡ 中　♡ 及格　♡ 不及格

相关知识链接

很多销售人员把汽车销售出去后，就认为大功告成了，售后的事就一概不用管了，认为这是售后服务部的事。这样就犯了严重的错误，没有售后服务的销售，在客户的眼里，是没有信用的销售；没有售后服务的商品，是一种最没有保障的商品。而不能提供售后服务的销售员，也是最不能得到信任的。售后服务是销售的一部分，有远见的企业家和销售员，对于具有延续性销售作用的售后服务，更是重视。认真地维系客户，把客户发展成为忠诚客户，这样就可以获得客户的重复购买或转介绍，对销售人员来说，这是非常重要的。

11.1　售后跟踪流程概述

11.1.1　售后跟踪流程的目的

销售顾问将新车交付给客户后，还要进行客户的售后跟踪服务，这样做的目的主要是维护与老客户的关系，保持客户的满意度，并且通过客户的介绍，不断开发新客户。

4S 店要生存和发展，必须创造利润，而利润来自客户的消费。4S 店的利润来源主要有两部分：第一类是新客户，即利用传统的市场营销组合 4P 策略，进行大量的广告宣传和促销活动，吸引潜在客户来店初次购买产品；另一类是原有 4S 店的消费者，就是已经购买过本品牌产品，使用后感到满意，经过 4S 店加以维护愿意连续购买产品。

新客户开发时，首先要对其进行大规模的市场调查，了解客户各个方面的感受，然后对调查结果进行总结分析，根据分析结果制定相应的广告宣传，同时还要不定期地进行大规模促销活动来提醒消费者购买。以上每一个环节都需要大量的财力、物力和人力的支持，而再一次购买则不需要上述环节。但是如何让老客户继续进行交易，让他们对自己的企业和产品保持足够的信息和好感？4S 店必须引入关系营销中的老客户维护策略，真正认识到老客户是 4S 店最重要的一部分资产，是 4S 店长久发展的必由之路。

11.1.2 售后跟踪流程客户的期望

售后跟踪流程中客户的期望是“我买车以后,我仍然能够有求必应,仍然值得信赖,而不是因为我买完车就不再理我了。”

11.1.3 售后跟踪流程执行者

1. 售后跟踪流程中负责业务流程具体执行工作的是首席销售顾问、销售顾问、客服人员、售后人员等;

2. 售后跟踪流程中负责业务流程监督和指导的是展厅经理、销售经理、售后服务经理;

3. 售后跟踪流程中负责客户服务质量指导和监督的是客户服务总监和客户服务经理。

11.1.4 商品的售后服务

商品的售后服务含义很广,凡与所销售商品有连带关系且有益于购买者的服务,均属于商品的售后服务,这包括商品信誉的维护和商品资料的提供两方面。

1. 商品信誉的维护

售后服务最主要的目的是维护商品的信誉。一个优良的商品,在销售时总是注重售后服务的,在类似或相同商品的竞争中,售后服务也是客户取舍的重要因素。因此,商品的售后服务也就代表了商品的信誉。一般商品信誉的维护工作有两种:

(1) 商品品质的保证

汽车销售人员在出售商品之后,为了使客户充分获得购买的利益,必须常常做些售后服务,这不只是对客户道义上的责任,也是维护本身商誉的必要行动。如专卖点出售了一辆汽车后,为了使这辆汽车能发挥正常的功能,就应该定期进行检查维护和保养的工作。

(2) 服务中承诺的履行

任何汽车销售人员在说服客户购买的当时,必先强调与商品有关,甚至没有直接关联的服务,这些服务的承诺,对交易能否成交是极重要的因素。而如何切实地履行汽车销售人员所做的承诺则更重要。往往有些销售人员在说服成交时,漫不经心地向客户提出售后的某种服务,结果后来却忽略掉了,因此很容易与客户发生误会或不愉快,客户就不会再度光临了。

2. 商品资料的提供

使客户了解商品的变动情况,是汽车销售人员的义务。在说服一位客户之前,销售员通常将有关商品的简介、使用说明及各项文件资料交给客户参考。而在客户购买之后,却疏于提供最新资料,这是不妥的。

销售员要有个基本的认识,那就是开拓一位客户远不如维持一位客户来得重要。开拓客户在功能上是属于“治标”,而真正能维持客户才算“治本”。维持客户的方法,除了使其产生对商品的信心之外,销售员能继续供给客户有关商品的最新资料,也是一项有力的售后服务。

有许多商品,其销售资料常以报道性的文件记载为主,销售员把它作为赠送客户、联络感情的工具,是最好不过的。每上市一款新车,按时寄给客户,一方面可以给客户参考,一方面借以通报商情。这样,可以让客户对商品有持续的好感,同时在商品资料的间接宣传下,往往又可以发掘出更多的客户。

汽车产品售后法律责任是指销售者将汽车产品出售后，依法承担的义务和责任。根据《中华人民共和国产品质量法》《中华人民共和国消费者权益保护法》《中华人民共和国合同法》和《中华人民共和国民法通则》《中华人民共和国仲裁法》（以下简称《仲裁法》）《中华人民共和国民事诉讼法》（以下简称《民事诉讼法》）等规定，销售者对产品瑕疵承担担保责任，对产品缺陷承担赔偿责任，同时，享有依法追偿自己所受到损失的权利以及产品质量民事纠纷处理的义务。

3. 售后服务的义务

汽车产品售出后，根据国家法律、法规规定，对不同的汽车产品、不同情况，销售者应当承担免费服务或者收费服务。服务的内容包括修理、更换和退货。

（1）免费服务

免费服务是销售者承担产品瑕疵担保责任的方式。瑕疵是指产品不具备良好的特性，不符合明示的产品标准，或者不符合以产品说明、实物样品等方式表明的质量状况，但是产品不存在危及人身、财产安全的不合理危险。产品瑕疵担保责任是指在产品买卖关系中，一方当事人，如出卖产品的人，为了全面履行买卖关系中所承担的义务，向对方当事人，如买受产品的人，做出的承诺或者保证。汽车产品的免费服务是指汽车产品售后厂商和销售商在汽车销售合同中承诺的保修期内的服务。

《产品质量法》第十四条规定：“售出的产品有下列情形之一的，销售者应当负责修理、更换、退货；给购买产品的消费者造成损失的，销售者应当赔偿损失。”

我国行政法规规定，列入《实施三包的部分商品目录》的产品，销售者应当承担修理、更换、退货（以下称为“三包”）的责任和义务。这里所称的部分商品，是以家用电器为主的20种商品，如电视机、手机和摩托车等。对实施“三包”的部分商品，《部分商品修理更换退货责任规定》第五条规定：销售者应当履行的义务是法定义务，销售者不得推诿。

汽车产品是特殊的流动商品，目前尚未列入《实施三包的部分商品目录》，但产品瑕疵的担保责任，也应该受《产品质量法》所制约。

（2）收费服务

对于无瑕疵、无缺陷的汽车产品，属下列情况之一者，不实行“三包”，但是可以实行收费修理：

① 车主因使用、维护、保管不当造成损坏的；
② 非承担三包修理者拆动造成损坏的；
③ 无“三包”凭证及有效发票的或已过了“三包”期的；
④ “三包”凭证型号与修理产品型号不符或者涂改的；
⑤ 因法定不可抗拒力因素造成损坏的。

4. 赔偿责任

赔偿是指产品侵权损害的赔偿，即是指因产品缺陷对他人造成了人身伤害或者财产损害时，侵害人应当承担补偿受害人损失的民事责任。

（1）缺陷

缺陷是指产品存在危及人身、他人财产不安全的不合理的危险。产品有保障人体健康和人身、财产安全的国家标准和行业标准的，缺陷是指不符合该标准。

（2）赔偿责任

一般来说，产品造成他人人身、财产损害的，应由产品的生产者承担侵权赔偿责任。但是，销售者在《产品质量法》第42条规定的情况下，应当承担赔偿责任，即"由于销售者的过错使产品存在的缺陷，造成人身、他人财产损害的，销售者应当承担赔偿责任。销售者不能指明缺陷产品的生产者，也不能指明缺陷产品的供货者的，销售者应当承担赔偿责任。"

（3）赔偿的诉讼时效和请求权期限

《产品质量法》第45条规定："因产品存在缺陷造成损害，要求赔偿的诉讼时效期间为2年，自当事人知道或者应当知道其权益受到损害时起计算。因产品存在缺陷造成损害要求赔偿的请求权，在造成损害的缺陷产品交付最初消费者满10年丧失；但是尚未超过明示的安全使用期的除外。"

诉讼时效是指权利人在法定时间内不行使权利，即丧失请求法院依诉讼程序强制义务人履行义务的权利。

5. 追偿

追偿是指追偿损失。《产品质量法》第40条对产品瑕疵担保责任规定："销售者依照前款规定负责修理、更换、退货、赔偿损失后，属于生产者的责任或者属于向销售者提供产品的其他销售者（以下简称供货者）的责任的，销售者有权向生产者、供货者追偿。"第四十三条对产品侵权损害赔偿责任规定："因产品存在缺陷造成人身、他人财产损害的受害人可以向产品的生产者要求赔偿，也可以向产品的销售者要求赔偿。属于产品生产者的责任，产品的销售者赔偿的，产品的销售者有权向产品的生产者追偿。属于产品的销售者的责任，产品的生产者赔偿的，产品的生产者有权向产品的销售者追偿。"

《产品责任法》对受害人获得赔偿后，应当承担赔偿义务的责任人以及应当获得追偿自己所受损失的权利人作出明确规定。《产品质量法》第40条规定：生产者之间，销售者之间，生产者与销售者之间订立的买卖合同、承揽合同有不同约定的，合同当事人按照合同约定执行，即生产者之间、销售者之间、生产者与销售者之间订立买卖合同、承揽合同时，已经明确约定事后处理纠纷的事项，那么生产者、销售者、供货者应当按合同约定追究责任。销售者在这种情况下是否还具有追偿的权利，应当按合同约定而定。

6. 纠纷的处理

处理是指产品质量民事纠纷的处理。产品质量民事纠纷是生产者、销售者与消费者之间的以及他们互相之间因产品质量问题而发生的争论或纠纷。

《产品质量法》第47条规定："因产品质量发生民事纠纷时，当事人可以通过协商或者调解解决。当事人不愿通过协商、调解解决或者协商、调解不成的，可以根据当事人各方的协议向仲裁机构申请仲裁；当事人各方没有达成仲裁协议或者仲裁协议无效的，可以直接向人民法院起诉。"

《产量质量法》规定，纠纷处理有四种途径，即协商、调解、仲裁和起诉。

7. 其他

2004年是我国加入世贸组织及颁布新汽车产业政策后，推进汽车产业法制化管理进程最重要的一年，国家和政府有关部门出台、制定、草拟了20多个与汽车产业相关的法律法规、规章和条例。其中商务部的第二次修改稿《家用汽车产品修理更换退货责任规定(草案)》(简称《三包草案》)是我国汽车产业法制化管理进程的重要举措。

这个草案的出台对我国汽车的生产、销售、售后服务产生很大的影响。对于汽车生产者、销售者、修理者来说,该草案明确规定了他们对汽车产品的三包责任,即对汽车产品的包修、包换、包退的责任;同时规定,制造商自行销售汽车产品的视同销售商,进口商视同制造商;销售商、制造商、修理商应当保证汽车产品符合使用性能、安全性能要求;销售商、制造商、修理商之间订立合同,不得免除其依照法律、法规和该草案规定应当向消费者承担的三包责任;对未列入该规定的汽车产品,其修理、更换、退货按照《中华人民共和国产品质量法》等法律法规,以及销售商、制造商、修理商对消费者的承诺或者约定执行。

11.2 客户维系的方法

11.2.1 客户维系的作用

现在的汽车4S店越来越重视老客户的维系,不再像以往汽车4S店只重视吸引新客户,忽视保持现有客户,使4S店将管理的重心置于售前和售中,造成售后服务中存在的诸多问题得不到及时有效的解决,从而使现有客户大量流失。然而4S店为保持销售额,则必须不断补充"新客户",如此不断循环,这就是著名的"漏洞原理"。汽车4S店可以在一周内失去100个客户,而同时又得到另外100个客户,从表面看来销售业绩没有受到任何影响,而实际上为争取这些新客户所花费的宣传、促销等成本显然要比保持老客户昂贵得多,从汽车4S店投资回报程度的角度考虑是非常不经济的。因此,以"漏斗原理"作为制定汽车4S店的营销策略的指导思想,只适应于传统的生产观念以及产品观念和推销观念为主导的时代。如今,买方市场情况下,产品同质化程度越来越高,同时,由于科学技术的发展,产品本身的生命周期也越来越短。很多企业推出的营销策略和手段也是大同小异,消费者已经变得相当理智,所以对客户进行维护和售后的服务是非常必要的。

11.2.2 客户联络的理由

① 询问客户周围亲朋好友是否有办理置换、年检、保险等服务;
② 通报公司的新车信息;
③ 公司的活动邀请;
④ 生日的祝福、节日的问候;
⑤ 通报优惠促销活动;
⑥ 征询车辆维修保养的情况;
⑦ 询问车辆的使用情况等。

11.2.3 客户维系的方法

对客户所做的售后服务就是做好维系客户的工作。优良的售后服务,无论是对销售员个人或是其销售商都是极为有益的。当然,客户的维系是汽车制造商、销售商及销售人员共同做的工作。

1. 日常的关爱

① 将《用户感谢信》和交车照片寄给客户;

② 交车后3日内致电用户,表示感谢,询问使用情况;

③ 3个月左右致电用户,询问车辆的使用情况并通知首保;

④ 关注客户的车辆使用情况;

⑤ 关注客户回店维修的情况。

2. 感情联络

售后服务的绝大部分工作就是与客户感情联络的工作。由交易而发生的人际关系,是一种很自然而融洽的关系。人常常因为买东西而与卖方交上朋友。汽车销售人员及销售商同样因为与客户的交易促成了深厚的友谊,于是客户不但成为商品的受用者,而且也变成销售商的拥护者以及销售员的好朋友。

(1) 书信、电话联络

书信、电话都是联络感情的工具,人们在日常生活上用得很多。销售人员利用书信的机会不会太少,如有些新的资料要送给客户时,可以书信方式附上便签;客户个人、家庭及工作上有喜事出现时,致函示意,贺年、贺节、贺生日等,通常客户对销售人员的函件会感到意外和喜悦。以电话与客户联络所发挥的效果是不可忽视的,偶尔简短几句问候的电话,会使客户觉得很高兴,然而交谊性的电话,用词要适当,问话要得体,不能显得太陌生,也不能表现得太离谱。

(2) 拜访

经常去拜访客户是很重要的事,拜访不一定非要推销,主要是让客户觉得销售人员关心他,也愿意对销售的商品负责。销售人员的拜访不一定有任何目的,也许只是问好,也许是顺道而访,在行动上有一个原则,那就是尽可能把拜访做得自然一些,不要使客户觉得销售人员的出现只是有意讨好,更不要因拜访,对客户的生活造成干扰,这就会适得其反了。

(3) 赠送纪念品

赠送纪念品是一种常见的招徕手法,有些销售商对其客户一直做着很周到的服务,一有什么纪念品立刻会致赠老客户,纪念品的价值不一定很珍贵。赠送纪念品这种方式基本上可产生两种功能:一是满足人们的心理需求;二是可以把它作为再次访问及探知情报的手段或借口,这是成功推销的捷径。

3. 情报搜集

情报搜集,可以说是售后服务的另一个不明显的目的,许多精明的销售人员利用各种售后服务与客户联系接触的机会,以遂行其搜集情报的目的。因此也可以说,销售人员应该把握任何一次销售服务的时机,尽量去发掘有价值的客户,或有益于销售的任何情报,下面谈谈售后服务中如何做情报搜集的工作要点:

(1) 了解客户背景

与客户作感情联系,无论何种场合,或是拜访当时,或于电话洽谈中,或于办公室,或在任何其他场所碰面时,销售人员都该技巧地询问或观察测知客户的背景,包括他的家庭背景、职业背景以及社会关系。关于客户这些背景资料,销售人员应该花工夫略加整理,如果接触对象多了以后,很可能找到有益于推销的线索,因此,对客户的背景了解越多,就越能把握客户,更何况经由客户的周围人士可得到意想不到的收获呢!

（2）连锁销售

老客户可以成为销售人员的义务“宣传员”，一位以真诚热情打动客户的销售人员，碰见一些热心而乐于助人的客户，往往一切事情的沟通都会进行得很顺利，销售人员请客户连锁介绍——让老客户介绍新客户。

【案例一】

客户认为买贵了索偿差价

客户：我上星期在你们这里买车，12.5 万元，今天我去 A 车市逛的时候他们的销售人员告诉我这款车他们最低可以卖 12.2 万元，整整比你的报价便宜 3 000 元呢！你们得赔我这个差价！

汽车销售人员：张先生，您说的是 A 车市，对吗？是的，他们的价格比我们便宜 2 000 ~ 3 000 元的情况是有的。

客户：你自己也认了，那就说明我确实买贵了，你们得赔我这 3 000 元。

汽车销售人员：张先生，您有没有注意到，A 车市售出的车是在哪里享受售后服务呢？

客户：这个没留意。

汽车销售人员：A 车市是一个汽车城，以销售为主导，不像我们，是一条龙服务，我们店售后维修中心每天都会接待很多客户，都是在 A 车市买车，到我们店里做维修保养的。您要是不信，待会儿我们可以过去看看，您肯定能遇上几位车主。与他们相比，您能享受到更低价、更优惠、更周到的售后服务。买车不是一次性的，售后也是一笔很大的开销，您在我们店买车，价格上可能确实高出了 2 000 ~ 3 000 元，但是在售后上，您会少付出上万元的费用，您说，您会选哪一个呢？

客户：是这样啊，我以前还真不知道。

情景分析：

很多客户在最后的购买关头犹豫不决，很大一部分原因就是担心在价格上吃亏，怕买贵了。所以，客户即使已经购买了某款车，在购车后的一段时间内对市场价位仍然会保持高度的关注，一旦发现其他店有更低的价格，客户往往会觉得很失落，甚至有上当受骗的感觉。这种情况下，汽车销售人员应该充分地挖掘两家店之间在产品和服务上的不同之处，让客户觉得虽然价格贵了一点，但是贵的有价值。

错误提醒：

汽车销售人员在面对索偿差价的客户时，不要以任何方式向客户挑衅。

汽车销售人员：您说 A 店比我们便宜 3 000 元，您有证据吗？

汽车销售人员：A 店的销售人员没准是在忽悠您呢，您怎么也当真啊？

汽车销售人员：不就 3 000 元嘛，值得您这么一来一回的要吗？

技巧展示：

寻找差别，曲线解难

在当前的汽车市场，每一款汽车的价格都比较透明，不同的销售点之间，一般不会有太大的价格差距。当客户上门来索偿差价时，汽车销售人员不要与客户在差价这个问题上过分纠缠，而应该询问客户用车的感受如何，只要客户对汽车产品没有意见，那么差价问题就不难解决。不同的店之间多少是有价格差别的，汽车销售人员要从这些价格差别中去挖掘本店的优势，让客户感觉到物有所值、物超所值。

【案例二】

客户因质量问题要求退车

客户：我这款车才买了没几个月，这天窗中看不中用，密封性不好，一到下雨天就是外面下大雨，里面下小雨。拉到你们这儿维修了两回了，修好了又坏了，我都不想开了！我把车开来了，就停在你们店门口，我要退车，你们看着办吧。

汽车销售人员：张先生，新天窗出现这样的问题我还是第一次遇到，难怪您会这么生气，您别急，先到我们贵宾区喝杯茶，我请售后的技术人员再为您的车做一个全面的检查吧？

（检查结果发现天窗密封性不太好，容易发生渗水渗漏）

汽车销售人员：张先生，抛开这个让您心烦的天窗不提，您觉得这款车整体上还满意吗？

客户：这款车没有问题啊，我好几个同事都想买一款一样的。可是那个天窗太气人了！新车就出现这样的问题，太让人难以置信了。

汽车销售人员：非常抱歉，给您造成这么多的不便。张先生，您看这样好不好，我能感觉到您心里其实还是很喜欢这款车的。我们店要为您更换新的天窗这几天您先用我们提供的代步车。毕竟车子开了几个月了，也有一些感情了，如果更换天窗之后您还是不满意，我们再来商量对策，您看可以吗？

客户：我刚买的新车，还没开满半年呢，就开始大修了，这多不像话呀。

汽车销售人员：我理解您的心情，出现这样的问题，我们有很大的责任。在您的车更换天窗后，我们赠送您一年的免费洗车和保养的礼包，作为我们对您的补偿，您看这样可以吗？

客户：那好吧。

情景分析：

频繁的汽车召回让客户对汽车质量问题越来越重视，维权的意识也越来越强烈，尤其是刚使用不久的新车出现问题时，客户的愤怒与不满是可想而知的。遇到这样的问题，汽车销售人员首先要安抚客户的情绪，不推诿，不退缩，积极地面对问题，分析问题，然后找出可行的解决方案，既要尽力满足客户的合理要求，又要最大限度地减少公司的损失。

错误提醒：

错误一：汽车销售人员不要被客户的愤怒情绪吓倒，从根本上来说，客户对销售人员并没有恶意，只是将对产品的不满发泄在销售人员身上而已，所以，销售人员要保持冷静和镇定，才有可能找到解决问题的方法。

错误二：汽车销售人员必须在公司的利益和客户的要求之间找到平衡点，既不能为了客户的要求牺牲公司的利益，也不能为了公司的利益而不顾客户的感受。

技巧展示：

在处理客户投诉问题时，汽车销售人员既要考虑到客户的利益，同时也不能忽视企业的利益。同一个投诉问题，会有多种解决方案，汽车销售人员要尽量在客户满意的底线上，将企业的损失降到最小。比如，客户提出要换车，如果销售人员同意了，客户满意了，但厂家如果不承担责任，不接受销售商的退换车要求的话，那么销售商的损失会很惨重。因此，销售人员在应对时，要随时与上级沟通，尽量以最小成本、最小损失来解决问题。

本章课后习题

一、填空题

1. 销售顾问将新车交付给客户后，还要进行客户的________，这样做的目的主要是维护与老客户的关系，保持客户的满意度，并且通过客户的介绍，不断开发新客户。

2. 商品的售后服务含义很广，凡与所销售商品有连带关系且有益于购买者的服务，均属于商品的售后服务，这包括________和________的提供两方面。

3. 售后服务最主要的目的是________。一项优良的商品，在销售时总是强调售后服务的，在类似或相同商品的竞争中，售后服务也是客户取舍的重要因素。

4. 任何汽车销售人员在说服客户购买的当时，必先强调与________有关，甚至没有直接关联的服务，这些服务的承诺，对交易能否成交是极重要的因素。

5. 使客户了解商品的变动情况，是汽车销售人员的义务。在说服一位客户之前，销售员通常将有关________、________及各项文件资料交给客户参考；而在客户购买之后，却疏于提供最新资料，这是不妥的。

二、简答题

1. 列举出商品信誉的维护工作？

2. 客户联络的理由有哪些？

3. 列举对客户日常的关爱 ？

4. 列举几种感情联络的方法？

5. 售后服务中如何做情报搜集的工作？

课后习题答案

项目1 课后习题参考答案

一、填空题

1. 整车销售　售后服务　零配件供应　信息反馈

2. 来店(电)客户登记表　潜在客户等级推进表　营业日报表　客户信息卡

3. 50 分钟　20 分钟

4.《来店(电)客户登记表》(也叫《客流量信息表》)

5.《营业日报表》

二、判断题

错　错　错　对　错

三、简答题

1. 汽车销售顾问是指经过专业的品牌车型与汽车相关知识培训,在指定的汽车销售场所接待客户,通过销售技巧,分析客户需求,为客户讲解车辆,并为客户办理交车手续及相关服务,将车完好无损地交给客户,并在用户用车过程中,解答他关于本车的相关问题的人员。

2. 客户开发、客户跟踪、销售导购、销售洽谈、销售成交等基本过程,还可能涉及汽车保险、落籍、装饰、改装、贷款、交车、理赔、年检等业务的介绍、成交或代办。

3. ① 全面贯彻落实销售的核心流程;

② 负责车辆的销售,完成既定的销售目标;

③ 搜集区域市场信息,为上级领导提供决策支持;

④ 建立、完善客户信息系统,做好客户管理工作;

⑤ 保证展车的清洁,做好展厅 5S 维护;

⑥ 处理客户的售后服务、技术支持事宜,对不能解决的问题,提交给相关人员,并协助其工作;

⑦ 不断学习销售知识,进行自我提升;

⑧ 完成岗位目标和上级下达的其他任务。

4. 客户的分类：

级别	分类依据	首次跟进时间	持续跟进频率
O 级	当场签约成交的客户	24 小时内	1 次/3 天
H 级	7 天之内有订车可能的客户	24 小时内	1 次/2 天
A 级	7 天以上 1 个月以内有订车可能的客户	3 天以内	1 次/3 天
B 级	1 个月以上 3 个月以内有订车可能的客户	7 天以内	1 次/4 天
C 级	3 个月以上 6 个月以内有订车可能的客户	15 天以内	1 次/7 天
N 级	暂时无法确定购车日期的客户	一个月以内	1 次/15 天

四、论述题

来店(电)客户登记表　潜在客户等级推进表　营业日报表　客户信息卡

(1)《来店(电)客户登记表》,也叫《客流量信息表》

要　点:① 值班前台接待或是销售顾问接待客户完毕后,应立即填写;

② 不留资料的客户也要记录信息;

③ 销售顾问对接待情况要简写,注重把握关键内容;

④ 信息要真实。

用　途:① 合计每天来店(电)的客户批次;

② 分析客户所留资料与不留资料的比例,分析原因采取对策;

③ 通过地址分析客户分布区域;

④ 进离店时间反映销售顾问接待能力、客户意向以及每一天客户来店规律;

⑤ 洽谈情况的记录也有利于销售顾问记忆客户,分析原因采取对策。

(2)《有望客户进度管制表》,也叫《潜在客户等级推进表》

要　点:① 销售顾问接待客户后或是电话回访后应立即填写顾虑等级的变化;

② 客户接待完毕后应马上填写;

③ 信息要真实。

用　途:① 掌握控制客户资源;

② 分析客户等级变化的原因与等级判断的准确度;

③ 有效记录客户的等级变化。

(3)《营业日报表》,也叫《销售活动日报表》

要　点:① 信息要真实;

② 下班前必须填写;

③ 没留资料的客户也要做好记录。

用　途:① 记录销售顾问一日的销售活动内容;

② 通过客户资料的记录,方便销售顾问联系客户、分析客户;

③ 方便销售经理对销售顾问工作的考察。

(4)《客户信息卡》,也叫作《客户管理卡》

要　点:① 信息要真实;

② 客户接待完毕后应马上填写;

③ 注重把握关键内容;

④ 没有留资料的客户不必建卡。

用　途:① 用于对潜在客户的管理,便于与客户的跟进,从而达成交易;

② 对已经成交的客户进行管理,便于与客户的长期联络,从而表达对客户的忠诚。

项目2　课后习题参考答案

一、填空题

1. Money(金钱) Authority(决策权) Need(需要) 购买能力、购买决策权、购买需要

2. 早8:00　晚8:00

3. 姓名　职位　所在公司　相关资料　记录表

4. 潜在客户 重点客户 关键客户

5. 宣传企业　企业车型

二、判断题

对　对　对　错　对

三、简答题

1. 是指对某类产品或服务存在需求且具备购买能力的待开发的客户,是可能成为现实客户的个人或组织。这类客户或有购买兴趣、购买需求,或有购买欲望、购买能力,但尚未与销售者发生交易关系。

2. 客户开发是为了能给整个销售流程打下坚实的基础。

客户开发为了积累公司客户群体。

客户开发能够使销售稳定。

通过客户开发,可以达到宣传企业和企业车型的目的。

3. 第一,要对客户开发的销售人员进行公司的历史与文化培训。

第二,培训客户开发销售人员的汽车产品知识。

第三,培训客户开销售人员的各种经营业务知识。

第四,客户开发的销售人员要了解竞争产品信息。

第五,懂得客户的消费心理。

4. 竞争产品的价格、竞争产品的优惠幅度、竞争产品的车型信息、竞争产品的广告宣传等。

5. 来源于老客户

① 来源于汽车生产厂家和销售企业的网站;

② 来源于广告;

③ 来源于个人的人际关系;

④ 来源于生活;

⑤ 来源于销售人员的电话拜访;

⑥ 来源于销售人员的登门拜访;

⑦ 来源于车展、上市发布会等各种活动。

四、论述题

MAN 法则，是指 Money(金钱)、Authority(决策权)、Need(需要)法则，也称男人法则。

三种要素的不同组合

M + A + N:这类客户是有效客户，是理想的开发客户；

M + A + n:这类客户是可以接触的客户，配上熟练的销售技术，有成功的希望；

M + a + N:这类客户可以接触，并设法找到具有决定权的人；

m + A + N:这类客户可以接触，需调查其业务状况，应长期培养观察，使之具备另一条件；

m + a + N:这类客户可以接触，应长期培养观察，使之具备另一条件；

m + A + n:这类客户可以接触，应长期培养观察，使之具备另一条件；

M + a + n:这类客户可以接触，应长期培养观察，使之具备另一条件；

m + a + n:非客户，应停止接触。

项目 3　课后习题参考答案

一、填空题

1. 人　车　物
2. 有品位　有档次　价值
3. 汽车销售人员的自我准备　汽车销售人员对汽车产品的准备　销售工具的准备
4. 展厅文化氛围的营造　汽车装饰品展示区的设计　客户休息区的布置
5. 展车摆放　汽车卫生

二、判断题

错　对　对　错　对

三、简答题

1. ① 相信自己；
   ② 树立目标；
   ③ 把握原则；
   ④ 创造魅力，一位汽车销售人员在营销产品之前，实际上是在自我推销。
2. ① 专业化；
   ② 服务化；
   ③ 顾问化；
   ④ 人性化；
3. ① 观察能力；
   ② 记忆能力；
   ③ 思维能力；
   ④ 交往能力；
   ⑤ 说服能力；
   ⑥ 演示能力；
   ⑦ 核算能力；

⑧ 应变能力。

4. ① 名片与名片夹；

② 通讯录；

③ 计算器；

④ 便笺纸、笔；

⑤ 产品配置单；

⑥ 最新价格表；

⑦ 空白“合同申请表”、“拜访记录表”等专业销售表格。

5. 头发：干净整洁，不留怪发，无头皮屑。

眼睛：不要有渗出的眼线、睫毛液，无眼袋、黑眼圈。

嘴唇：可以涂些口红，并且保持口气清香。

服装：西装套裙或套装，色泽以中性为好。不可穿着过于男性化或过于性感的服装，款式以简洁大方为好。

鞋子：黑色中跟淑女鞋，保持鞋面的光亮和鞋边的干净。

袜子：连裤丝袜，色泽以肉色最好。

首饰：不可太过醒目和珠光宝气，最好不要佩戴三件以上的首饰。

身体：不可有异味。选择淡雅的香水。

化妆：一定要化妆，否则是对客户的不尊敬。但以淡妆为好，不可浓妆艳抹。

四、案例分析题

王先生是因为展车太脏，车漆保护膜又没有撤掉，觉得没有在网上看着好看。

1. 展车的摆放

① 展车的摆放数量应该按照厂家的要求达到展厅设计图纸数量要求，并尽可能款式齐全；

② 展车在展示时要考虑到展车的颜色和主次顺序，比如：滞销颜色和畅销颜色的选择，滞销车型和畅销车型的摆放关系；

③ 4S 店内的主展台位置上建议摆放厂家主推车型中的最高配置，不仅起到宣传作用，同时也让消费者了解车辆所有的配置，方便消费者选择车型；

④ 展车的具体摆放的位置要按照汽车生产厂家的展厅设计图纸设计的位置摆放；

⑤ 建议展厅内摆放改装好汽车装饰的车型供客户参观选择，便于汽车装饰的销售；

⑥ 展厅内不容许摆放其他品牌的轿车、装饰和宣传物品以及其他品牌的任何东西。

2. 展车的清洁

(1) 展车的外部

① 作为展车要除去新车的油漆保护膜；

② 展车表面应做到“近看无灰尘，远看无手印”；

③ 展车轮胎表面应没有灰尘，并且轮胎要保持光亮；

④ 展车的门锁和行李箱盖应保持开启状态，主要是方便客户参观；

⑤ 展车的前车窗建议完全放下，配备天窗的车型应打开遮阳内饰板，可且天窗斜开；

⑥ 展车的轮毂品牌标志应该向上；

⑦ 展车的前后牌照位置应放置注明车辆型号的车牌，并在展车旁边位置放置带有展车配

置表的配置架；

⑧ 展车要保证电瓶有电，能够随时参观车辆的电器设备。

(2) 展车的内部

① 展车应除去新车座椅保护套；

② 展车应使用品牌统一指定的展车脚垫；

③ 展车内部禁止吸烟；

④ 展车内的时钟要调到北京时间并且要将收音机调到当地最清晰的收听率最高的频道，将音量调到适中，以免惊到消费者；

⑤ 为展车 CD 准备 3 组风格不同的音乐光盘；

⑥ 方向盘的位置应按照长度调整至最靠近仪表板、高度调整到最高位置上；

⑦ 展车中除了装潢之外不能有其他附加物；

⑧ 展车的前排座椅靠背建议调整到与 B 柱平行的位置，座椅的高度调整至最低的水平为好；

⑨ 展车随车附件要齐全，如备胎、随车工具、说明书、天线、点烟器和烟灰缸等，且需要安装到位。

项目 4　课后习题参考答案

一、填空题

1. 品牌良好的形象　4S 店优质的服务

2. 70 ~ 80　100 ~ 120

3. 点头　微笑　主动招呼　“您好，欢迎光临”

4. 展厅经理　展厅经理

5. 首席销售顾问 销售顾问 展厅服务员

二、简答题

1. 内向型 随和型 刚强型 神经质型 虚荣型 好斗型 顽固型 怀疑型 沉默型

2. 别出心裁的名片、请教客户的意见、迅速提出客户能获得的重大利益、告诉准客户一些有用的信息、指出能协助解决准客户面临的问题

3. “像您这样的成功人士，选择这款车是最合适的。”

“先生(小姐)很有眼光，居然有如此高见，令我佩服。”

“您是我见过的对汽车最熟悉的客户了。”

“真是快人快语，您给人的第一印象就是干脆利落。”

“先生(小姐)真是满腹经纶；您话不多，可真正算得上是字字珠玑啊！”

“您太太(先生)这么漂亮(英俊潇洒)，好让人羡慕。”

4. ① 站岗的保安人员对客户敬礼致意，欢迎客户的到来；

② 保安人员通知展厅内的前台接待或销售顾问准备迎接客户的到来(一般的 4S 店都选择用对讲机来通知，也有的店不用对讲机)；

③ 保安人员以标准动作指引客户去展厅；

④ 如果客户是开车来店时，保安人员主动引导客户进入客户停车位。

⑤ 销售顾问出门迎接客户。如若客户来店时正赶上雨雪天或炎热天气时，销售顾问应主动拿伞出门迎接，如若客户开车前来，销售顾问应帮助客户打开车门；

⑥ 销售顾问出门时，应通知展厅经理安排其他销售顾问及时补位，如果此时销售顾问全忙，展厅经理要亲自补位，如果展厅经理也忙碌，展厅服务员要上前补位，但展厅服务员不具备客户接待的全部技能，所以此时如果有客户来到展厅，展厅服务员应引导客户到展厅的休息区或是汽车文化区稍坐片刻，奉上茶水和品牌资料，表示歉意，请客户稍等，并告知展厅经理客户所在的具体座位，展厅经理方便尽快安排销售顾问接待客户。

项目5　课后习题参考答案

一、填空题

1. 显性需求　隐性需求
2. 渴望　欲求　购买行为
3. 动机 动机
4. 紧密型群体　松散型群体　渴望群体
5. 少　集中

二、简答题

1. ① 需要具有多样性；
   ② 需要具有伸缩性；
   ③ 需要的替代性；
   ④ 需要的诱导性；
   ⑤ 需要具有发展性。
2. ① 社会文化因素；
   ② 社会阶层因素；
   ③ 参照群体因素；
   ④ 家庭群体因素；
   ⑤ 消费流行因素；
   ⑥ 购物环境与情境因素。
3. ① 向经销商购买；
   ② 直接购买；
   ③ 互惠采购；
   ④ 租赁；
   ⑤ 招投标购买；
   ⑥ 协议供货。
4. ① 问题识别；
   ② 确认需求；
   ③ 产品规格；
   ④ 寻找供应商；

⑤ 征求供应建议书；

⑥ 选择供应商；

⑦ 发出正式订单；

⑧ 绩效评价。

5. ① 领导型；

② 情感型；

③ 人际型；

④ 理智型。

三、论述题

(1) 购买者数目相对较少

如政府机关、大的企业集团、专业运输公司等。特别是在商用车市场，汽车集团用户更加集中。

(2) 购买数量较大

(3) 供需双方的关系密切

(4) 需求具有衍生性

比如当一个地区经济发展以后，当地居民旅游消费非常旺盛，旅游公司对旅游大巴的需求就会增加。所以，汽车厂商不能只关注自己的产品，还必须重视研究社会经济发展与集团用户购买行为之间的关系。

(5) 需求缺乏弹性

(6) 购买专业性强

(7) 影响购买的人员众多

(8) 购买的行为方式比较特殊

例如：招投标购买。这是政府机关采购时常用的一种购买方式。它通过事先公布采购条件和要求，众多的投标人按照同等条件进行竞争，招标人按照规定的程序从中选择订约方这一系列程序，真正实现了“公开、公平、公正”的市场竞争原则，公开招标，能让信息充分公开，让社会上合格的、潜在的供应商都得到平等地参与竞争的机会。

(9) 需求的波动性较大

政府部门为削减财政开支，进行公车改革，取消部分公务用车，改发相应的用车补贴，此举将直接减少政府机关和部分事业单位的汽车需求。

项目6 课后习题参考答案

一、填空题

1. 性能 利益

2. 异议内容

3. 试乘试驾 试驾

4. 配置单 报价单

5. 归属感

二、简答题

1. ① 销售人员要充分了解竞争产品；
② 在车辆展示过程中鼓励客户发问；
③ 要使用客户能听懂的语言进行介绍；
④ 让客户亲自动手体验车辆的配置；
⑤ 避免生搬硬套销售话术；
⑥ 产品介绍过程中要寻求客户认同,无论是语言还是非语言信息。

2. ① 确认客户的异议；
② 缓解异议；
③ 不要站在公司的角度,也不要站在客户的角度,要站在客观事实的立场来分析客户的异议,实事求是地分析问题,处理问题；
④ 异议转化。

3. ① 产品介绍结束应该主动引导客户进行试乘试驾,如果客户不进行试驾,就要进行成交试探；
② 如果客户不能马上成交,要把产品的配置单和报价单赠予客户；
③ 进行礼貌送别；
④ 等客户离开后,不要忘记整理展车和客户信息。

4. 所谓“FAB”,是指在介绍产品过程中,先向客户描述产品所具有的属性,说明这种属性的作用,并指出给客户带来的益处。

5. ① 负责流程的具体执行工作的是首席销售顾问和销售顾问；
② 负责销售业务流程监督和指导的是展厅经理和销售经理；
③ 负责整个流程执行中的服务态度的监督和指导工作的是客户服务部的总监和经理。

三、论述题

六方位绕车介绍法是指汽车销售人员在介绍车辆过程中,围绕汽车的前方、侧面、尾部、车后座、驾驶室与发动机室进行介绍的方法。

1. 车前方
车外形、风阻系数、大灯、车身尺寸、标志、保险杠、制造工艺、车身颜色等。

2. 乘客侧
车身结构、车身材质、车门、刹车系统、悬挂系统、轮胎、油箱等。

3. 车尾部
天线、刹车灯、尾灯、行李箱等。

4. 车后座
空调、内饰、音响、头枕、后排空间等

5. 驾驶室
方向盘、车窗、中控门锁、安全带、座椅、仪表盘等。

6. 发动机室
排量、形式、结构、速箱、碰撞吸能区、前保险杠、发动机管理系统、ABS 等。

项目7 课后习题参考答案

一、填空题

1. 动态展示　动态性能
2. 型号　数量
3.《试乘试驾意见表》
4. 调整座椅　方向盘
5. 熄火　拔出钥匙

二、简答题

1. ① 要准备好试乘试驾时客户需要签署的《试乘试驾协议》；
② 要准备好试乘试驾后客户需要填写的《试乘试驾意见表》；
③ 试乘试驾前不要忘记填写《试乘试驾车辆管理本》；
④ 要准备好《试乘试驾路线图》。
2. ① 销售顾问或是试乘试驾专员必修熟悉各车型卖点；
② 销售顾问或是试乘试驾专员必须熟悉竞争品牌的特性及优缺点；
③ 销售顾问或是试乘试驾专员试驾人必须具备合法的驾驶执照和熟练的驾驶技巧；
④ 销售顾问或是试乘试驾专员试驾人员必须非常熟悉试乘试驾路线。
3. ① 试乘试驾车辆要按照汽车企业的要求把型号和数量一定要配备齐全；
② 试乘试驾车辆要按照汽车企业的要求时刻保持良好车况，及时保养，定期美容；
③ 当车辆出现新款时，要能够按照规定进行及时的更新；
④ 试乘试驾车辆一定要由专门的标识，要标记号这是试乘试驾车辆，并且停放在指定的位置；
⑤ 试乘试驾车辆必须每天都要及时清理，保持车辆的干净整洁；
⑥ 试乘试驾车必须上民用牌照，且证照齐全，并有保险；
⑦ 试乘试驾车只可以进行客户的试乘试驾使用或是出去加油，除此之外，其他用处一律不可。
⑧ 试乘试驾车辆室内装饰要齐全，如座椅套、脚垫等，除此之外，不可放置其他与车辆无关的个人物品；
⑨ 试乘试驾车辆要装备一套儿童座椅，以供客户试乘试驾时带来孩子时使用方便；
⑩ 试乘试驾车辆要配有店内规定的试乘试驾路线图和有关车辆的资料信息。
4. ① 试乘试驾前先要了解试乘试驾车辆是否可用；
② 了解客户的驾驶经验并复印客户驾驶证归档；
③ 试乘试驾前，要让客户仔细阅读并签署《试乘试驾协议书》；
④ 不具备试乘试驾能力的销售顾问要申请试乘试驾专员的帮助；
⑤ 试乘试驾前要向客户说明试乘试驾路线，并向客户推荐一条适合客户的试乘试驾路线，并请客户严格遵守；
⑥ 试乘试驾前向客户说明车辆的主要配置和操作方法；
⑦ 试乘试驾前要了解客户的驾驶偏好和需求；

⑧ 试乘试驾前要了解客户试乘试驾过的品牌车型；

⑨ 试乘试驾前要向客户说明先试乘再试驾，并说明原因。

5. ① 试乘试驾结束后，要适当称赞客户的驾驶技术；

② 按客户所关注的需求，重点讲解及介绍与竞争品牌的区别及优势；

③ 引导客户回展厅，总结试驾体验，并请用户填写《试乘试驾意见表》，并适时进行交易促成；

④ 待客户离去后，根据得到用户驾驶特点和关注点，适当更新客户信息；

⑤ 将客户驾驶证复印件、《试乘试驾协议书》和《试乘试驾意见表》装订成册，归档待查。

三、论述题

1. 如若有多位客户参加试乘试驾活动，要请其他客户坐在车辆后排位置

如果有儿童参加试乘试驾，销售顾问要尽量以委婉方式劝客户不要带孩子试乘试驾，如果必须带儿童试乘试驾则一定要有销售顾问或家人陪同一起坐后排，儿童必须坐在儿童座椅上，并系上儿童座椅安全带。

2. 客户试乘阶段，由销售顾问或是试乘试驾专员进行示范驾驶，销售顾问要安排客户坐在副驾驶位置，销售人员应陪同其他随同客户坐后排试乘，在此过程中，主要由销售顾问负责介绍，试驾专员辅助讲解。

3. 出发前，要提醒客户系好安全带、调整座椅、方向盘等，并确认所有成员系好安全带。

4. 销售顾问或试乘试驾专业应将车辆驶出停车区，开始示范驾驶，为客户提供试乘服务。

5. 当试乘服务提供完毕，要按照试乘试驾路线图指定的位置换手

换手时，要注意将车辆停靠在路边安全的位置，将车辆熄火后，拔出钥匙，待客户坐进主驾驶，销售顾问或是试乘试驾专业坐进副驾驶后再把钥匙交给客户，以避免产生不必要的麻烦。

6. 协助或提醒客户调节座椅、方向盘、后视镜等配备，确认客户乘坐舒适并系好安全带，再次提醒安全驾驶事项。

7. 让客户自己体验车辆性能，销售人员对商品介绍中用户的关注点和卖点进行提示和强化。

8. 主动引导客户在不同的路段体验车辆的不同优势。

9. 交谈语句要简短，不要影响客户开车的情绪。

10. 鼓励客户和客户试驾过的其他车型进行比较。

11. 仔细倾听用户的谈话，观察客户的驾驶方式，鼓励用户发问和动手操作，进一步搜集用户的关注点。

12. 当客户出现不当操作行为时，应委婉提醒。

项目8　课后习题参考答案

一、填空题

1. 下次回访日期

2. 存货情况

3. Who(谁)　What(什么)　when(什么时候)　How(怎么样)

4. 您好！这里是××4S店，销售顾问×××为您服务。
5. 第三声

二、简答题

1. ① 售后跟踪流程是从销售顾问第一次接触到客户直至销售完成的全过程都需要售前跟踪；
② 售前跟踪流程时不可放弃任何一个客户，要通过售前跟踪流程提高客户的再回展厅率、试乘试驾率，争取最多的订单和成交客户；
③ 售前跟踪流程时要站在客户的立场，为客户解决问题，避免给客户压迫感，做有效的售前跟踪，以促成销售，将潜在客户转化为成交客户。
2. ① 登门拜访前要清楚潜在客户的姓名、职务、住址或公司地址；
② 登门拜访前要先想好拜访的理由；
③ 登门拜访前要准备好要谈判的内容；
④ 登门拜访前要事先想好潜在客户可能会提出的一系列的问题和应对方法；
⑤ 登门拜访前要做好客户拒绝的心理准备和应对的技巧。
3. ① 电话拜访前找到所记录的客户信息，找到客户的姓名、职务、上次交谈的时间等信息；
② 电话拜访前要先想好打电话的理由；
③ 电话拜访前要准备好谈判的内容；
④ 电话拜访前要做好客户拒绝的心理准备和应对技巧；
⑤ 电话拜访前要想好客户可能会提出的一系列的问题和应对方法。
4. ① 适时调整自己的情绪，时刻保持微笑；
② 不可吸烟、喝茶、吃零食等；
③ 注意规范用语，维护公司形象；
④ 统一销售口径；
⑤ 设法获取你想要的信息。
5. ① 铃响三声接起电话；
② 问候并作自我介绍；
③ 询问对方姓名、电话号码；
④ 了解对方来电意图；
⑤ 确认预约时间；
⑥ 结束语。

三、论述题

第一，打电话前的准备。

确认对方的姓名、电话号码不要弄错，回忆最近的交流内容，方便把电话继续下去；准备好要谈的内容、说话的顺序和所需要的资料、文件等；明确通话所要达到的目的。

第二，自我介绍。

报出自己的姓名，同时讲话要有礼貌，注意电话礼仪的应用。

第三，问候。

一定要确认电话的对方是否是你要找的人，如果是继续交谈就可以，如果不是想办法找到你要找的人,如与要找的人接通后,要重新问候,同时,不要忘记询问客户是否方便接听电话。

第四,洽谈事项

洽谈时应先将想要说的结果告诉对方,说完后最好简单地总结一下所说的内容。

第五,结束语

语气诚恳、态度和蔼。例如:"感谢你百忙中接我电话!""以后还请您多多指教!"等。与打电话一样,等对方挂断电话后再把电话放回话筒。

项目9　课后习题参考答案

一、填空题

1. 购车的每个细节　忠诚
2. 价格　交货期
3. 公司财务情况　经营方式　口碑　信誉
4. 经济情况
5. 售后服务程序

二、简答题

1. ① 习惯;
   ② 排斥汽车销售人员;
   ③ 需要更多资料;
   ④ 没有充分了解产品的利益;
   ⑤ 经济因素;
   ⑥ 客户根本不需要的产品。
2. ① 对价格的异议;
   ② 对产品的异议;
   ③ 对服务的异议;
   ④ 对公司的异议;
   ⑤ 对订购时间的异议;
   ⑥ 对销售员个人的异议;
   ⑦ 因为竞争者而产生的异议;
   ⑧ 因为不需要而产生异议。
3. ① 情绪轻松,不可紧张;
   ② 认真倾听,真诚欢迎;
   ③ 重述问题,证明了解;
   ④ 审慎回答,保持友善;
   ⑤ 尊重客户,圆滑应付;
   ⑥ 准备撤退,保留后路。
4. ① 转折处理法;
   ② 转化处理法;
   ③ 以优补劣法;

④ 委婉处理法；

⑤ 反驳处理法；

⑥ 冷处理法。

5. ① 假设型成交；

② 二选一法；

③ 以小切入法；

④ 供应压力型成交；

⑤ 赞扬型成交。

三、论述题

（1）注意与关怀

客户在发表他的意见时，要注意倾听，并且不要打断。同时，要仔细听完他的全部意见，不要妄下断言，否则，你的客户会认为既然你不了解他，那就不必再谈其他的了。请注意，在倾听对方谈话时，要表现出你了解并重视他观点的样子，即使他的“异议”是荒谬无知的，也要让他觉得你诚恳、关怀、热情或友善。

（2）评估“异议”

汽车销售人员在倾听对方述说他的“异议”时，要立即在心中作一番评估并且想好以什么态度以及何种方式来处理对方的“异议”。对方的“异议” 越多越详细，你就越知道该怎么处理这些“异议”；同时，你对“异议”的评估越正确，说你就越能肯定自己该采取什么样的态度。

（3）点头效益

对方在述说他的“异议”时，如果这些“异议”并没有实质内容，你大可不必浪费时间去跟他争论。因为唇枪舌剑的结果，不但于事无补，反而可能把对方惹火了。对付这类“异议”，最聪明的办法，就是先点头或是用简单的“我懂”“ 很好”或“我了解”来赢得他的信任，然后再把他不知道或是没有提到的优点告诉他，让他对你推介的产品印象彻底改变。

（4）将“异议”转换成问话

客户的“异议”，代表了他的观点、意见和臆断，他既然述说了他的“异议”，很自然地一定会为他的“异议”辩护。汽车销售人员的任务，是消除客户的“异议”。

这种把“异议’夕转换成问话的方式，有几点好处：

① 改变敌对的立场。让对方觉得，你是能替他着想的“参谋”而不是“敌人”。

② 博取对方的好感。你让对方觉得你了解他的感觉，重视他的意见，因而产生了“与我心有戚戚焉”的感觉。

③ 把对方嫌汽车价钱太贵的简单意念，变成对“花钱的价值”的探讨。

④ 技巧地把价钱问题，转成“品质”和“服务”的问题。如果客户认为你说得有道理，那么，他就不会再把重点放在价格上了。

⑤ 在问话中，强调汽车产品的好处能满足对方的需要，可以使原来有“异议”的对方，接受你的建议，成为你真正的客户。

（5）答案清晰有力，并具说服力

当你把客户的“异议”转换成问话后，你还得给这个问话一个清晰有力的答案，满足对方的需要，让对方确信购买公司产品是一种正确的决定，否则，客户的“异议”还是一个无法解决的问题。

当客户的某些“异议”变成“同意”后，你还要考虑到对方是否还有其他“异议”，怎么样才能知道客户还有没有“异议”？最简单、最直接的方法就是请他签订单。如果他签了订单，你的推销工作便成功了。如果他不肯签，你就要再接再厉，问出原因，了解他的其他“异议”，然后再照着前面的方法，克服“异议”。

（6）问明对方是否满意你的答案

当你觉得你已经给对方清晰而强有力的答案后，你还要问明对方是否满意你的答案。如果他说“不满意”，那表示你还有某些地方做得不够好，必须再努力。如果他的答案是“满意”，那表示你的做法正确，努力也没有白费，这个时候，你就应该采取进一步行动。

（7）采取进一步行动

当客户对汽车销售人员的答复表示满意时，汽车销售人员就要抓住机会，采取进一步行动，请他购买本公司产品。

项目10　课后习题参考答案

一、填空题

1. 相关承诺　产品　服务
2. 交车时间
3. 公司财务情况　经营方式　口碑　信誉
4. 经济情况
5. 售后服务程序

二、简答题

1. ① 交车区设立在来店及展厅等客户可明显看见的区域；
② 交车区最好于室内，至少有顶棚及三面落地玻璃遮挡；
③ 交车区应有品牌的标志背景板；
④ 交车区应有作业流程看板、交车客户姓名及预定时间告示牌；
⑤ 交车区可布置洽谈桌椅、饮料供应、精品及绿化点缀等功能。
2. ① 交车前一日由售后服务部门支持完成新车PDI（选装件安装），销售顾问再次确认并在PDI检查单上签名确认；
② 销售顾问填写《出库单》，并由销售经理和财务经理签字确认，车辆管理员在出库单上签字，并在约定的时间内将车送交车区域；
③ 清洗车辆，保证车辆内外美观整洁（含发动机室与后备厢），车内地板铺上脚垫；
④ 重点检查灯光车窗、后视镜、烟火缸、备用轮胎及工具，校正时钟，调整收音机频率等，在卫星导航系统上事先设定经销店的位置；
⑤ 校准时钟，调整收音机频道94.3；
⑥ 根据当地的风俗，对交车场地和待交车辆作一定装饰；
⑦ 为待交车辆注入一定的燃油。
3. 主要指的是订单、合同、定金收据等各项缴费票据和汽车使用说明书、售后服务手册、点燃器等各项资料的准备。保证证件齐全，不在此项耽误时间，以免给客户不好的体验。

① 随车文件:使用手册、保护保养手册、快捷使用手册、使用光碟、合格证、出厂车检验单、车架号、发动机号拓印本、回函等。

② 各项缴费收据及发票。

③ 其他相关文件:费用清单、交车确认单、交车服务验收清单、满意度调查表等。

4. ① 告知客户交车的流程和所需占用的时间,征得客户的同意,以客户方便的时间约定交车时间及地点;

② 再次与客户确认一条龙服务/衍生服务的需求及完成状况;

③ 提醒客户带齐必要的文件,证件和尾款;

④ 询问客户交车时将与谁同来,并鼓励客户与亲友一起前来;

⑤ 前一日事先联系好售后服务部门、展厅经理、销售主管做好准备迎接客户的到来;

⑥ 约定时间前 15 分钟再次确认,以利接待的准备;

⑦ 重要客户可安排车辆接送客户;

⑧ 交车期较长时,能让客户随时了解供货讯息;

⑨ 预定交车日期发生延迟时,主动向客户说明原因及解决方案。

5. ① 做好交车准备,交车是最令客户高兴的时刻;

② 交车检验表让客户签字;

③ 售后人员参与交车并介绍保修政策;

④ 销售顾问(保修卡)第一页和行驶证复印件留底;

⑤ 交车是客户最喜悦的时刻,销售顾问与客户分享其快乐的同时,要尽量让客户认同汽车服务的品质,以求口碑的宣传并请求介绍亲友以寻找销售的机会;如有未尽事宜,销售人员应注意提醒客户。所有人员站成两排欢送客户离开。最好在客户离店 20 分钟内发个短信表示祝贺和关心。

项目 11　课后习题参考答案

一、填空题

1. 售后跟踪服务
2. 商品信誉的维护　商品资料
3. 维护商品的信誉
4. 商品
5. 商品的简介　使用说明

二、简答题

1. (1) 商品品质的保证

汽车销售人员在出售商品之后,为了使客户充分获得购买的利益,必须常常做些售后服务,这不只是对客户道义上的责任,也是维护本身商誉的必要行动。如专卖点出售了一辆汽车后,为了使这辆汽车能发挥正常的功能,就应该定期进行检查维护和保养的工作。

(2) 服务中承诺的履行

任何汽车销售人员在说服客户购买的当时,必先强调与商品有关,甚至没有直接关联